GOKURAKUGAI

楽街

1

Yuto Sano

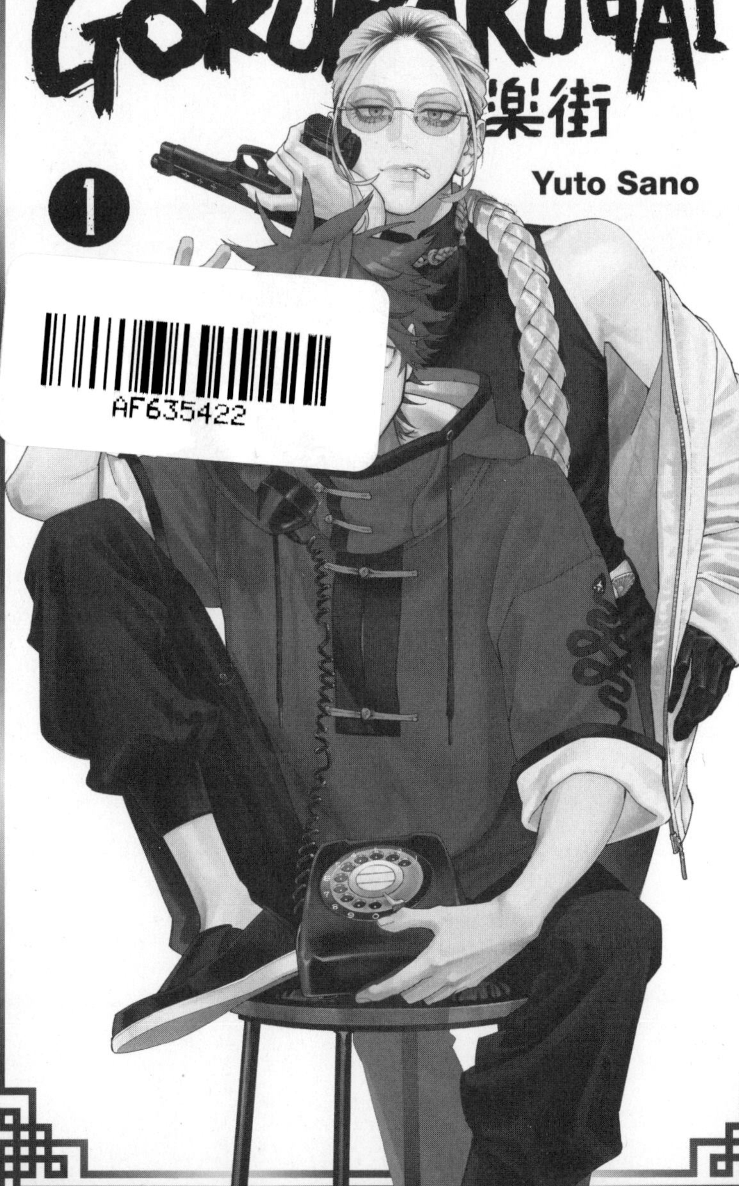

GOKURAKUGAI 極楽街 1

INHALT

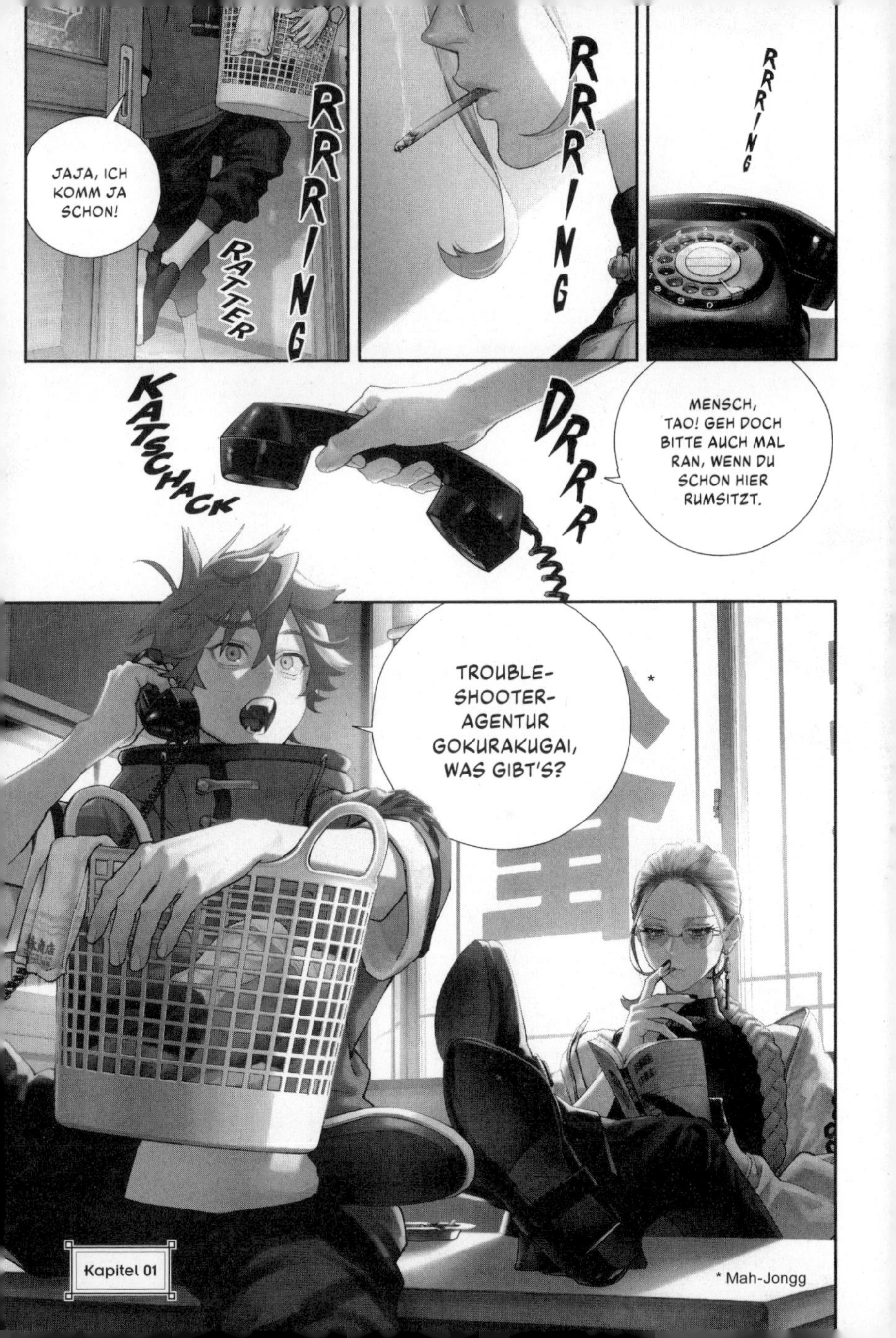

Kapitel 01

* Mah-Jongg

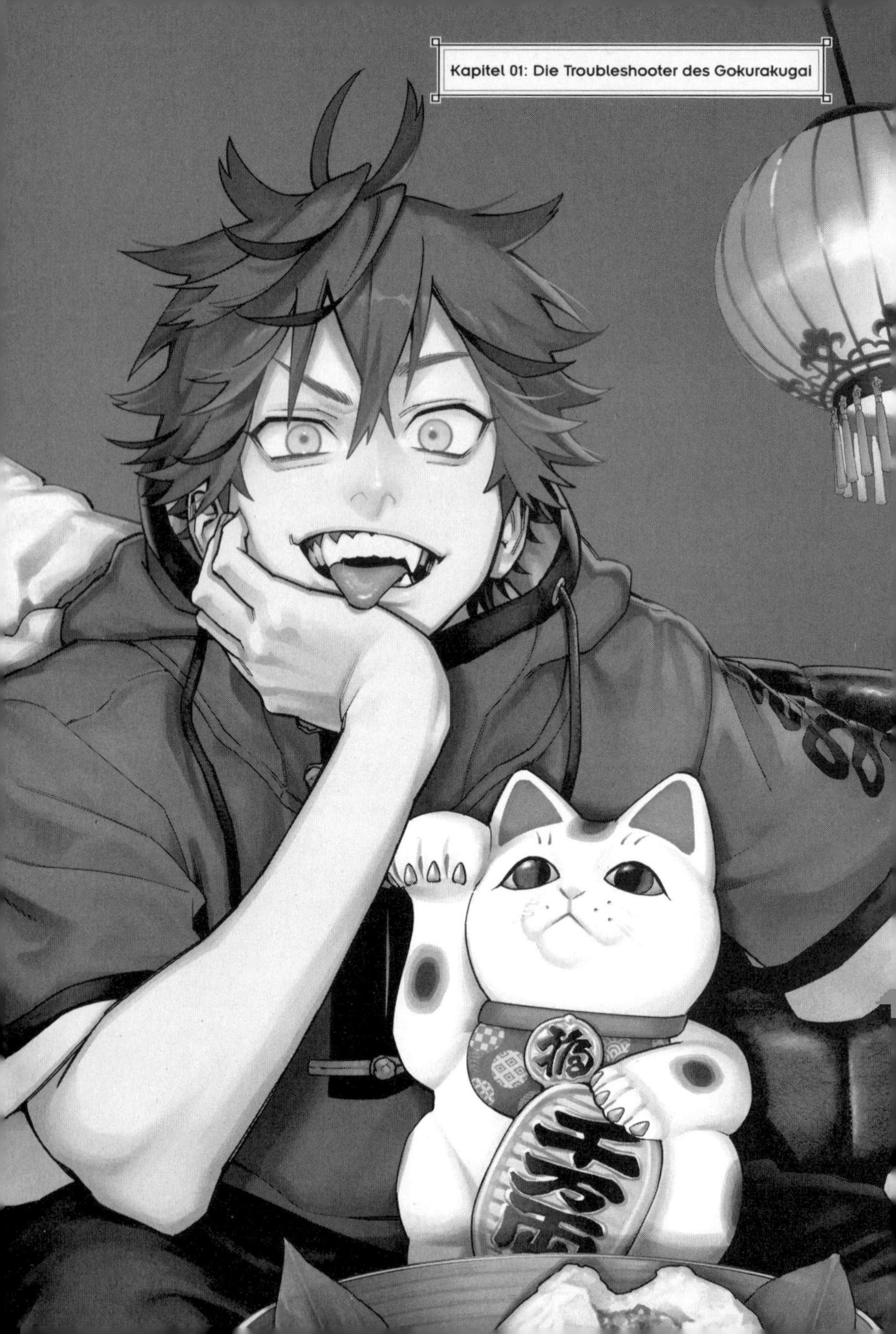
Kapitel 01: Die Troubleshooter des Gokurakugai

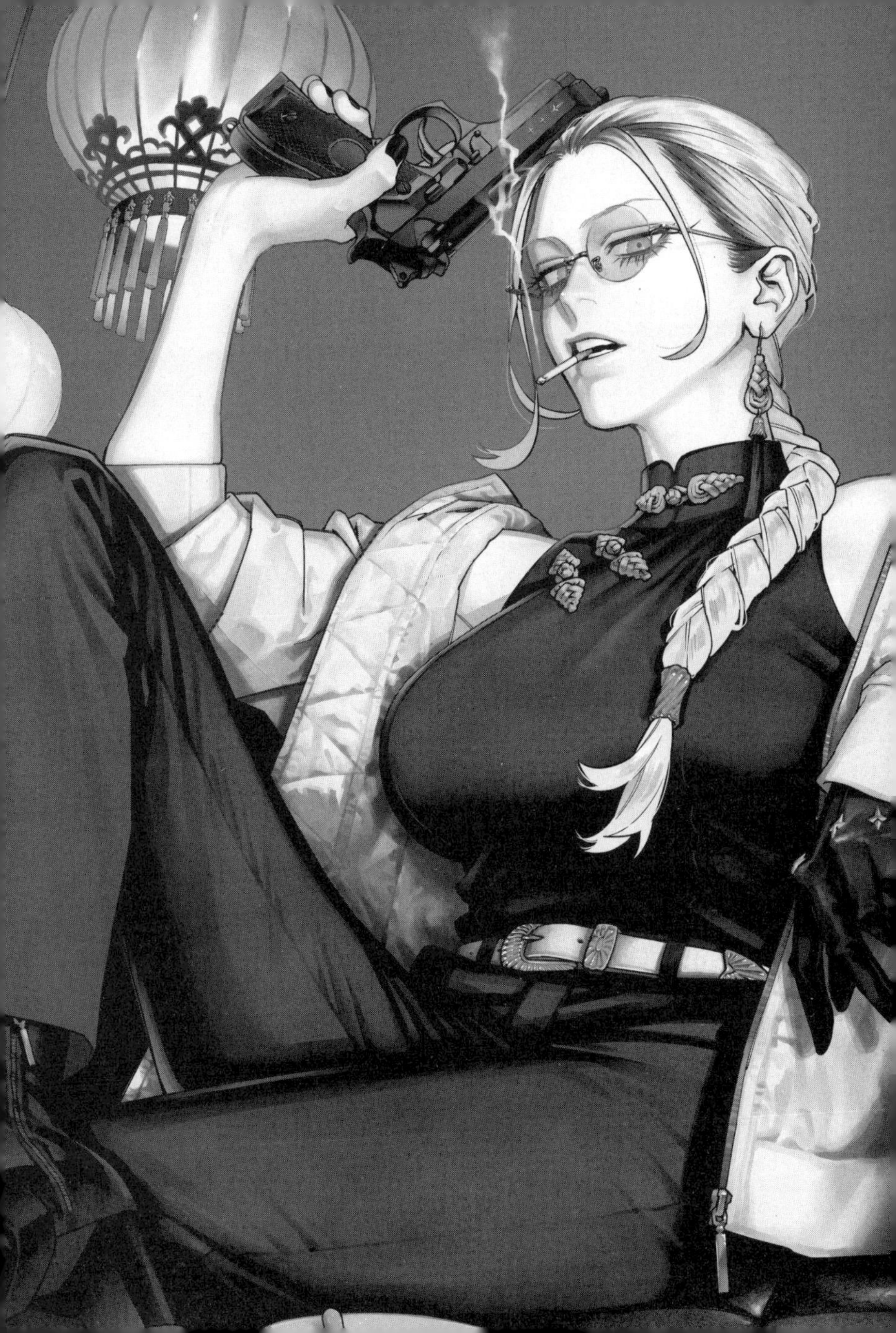

GOKURAKUGAI
極楽街

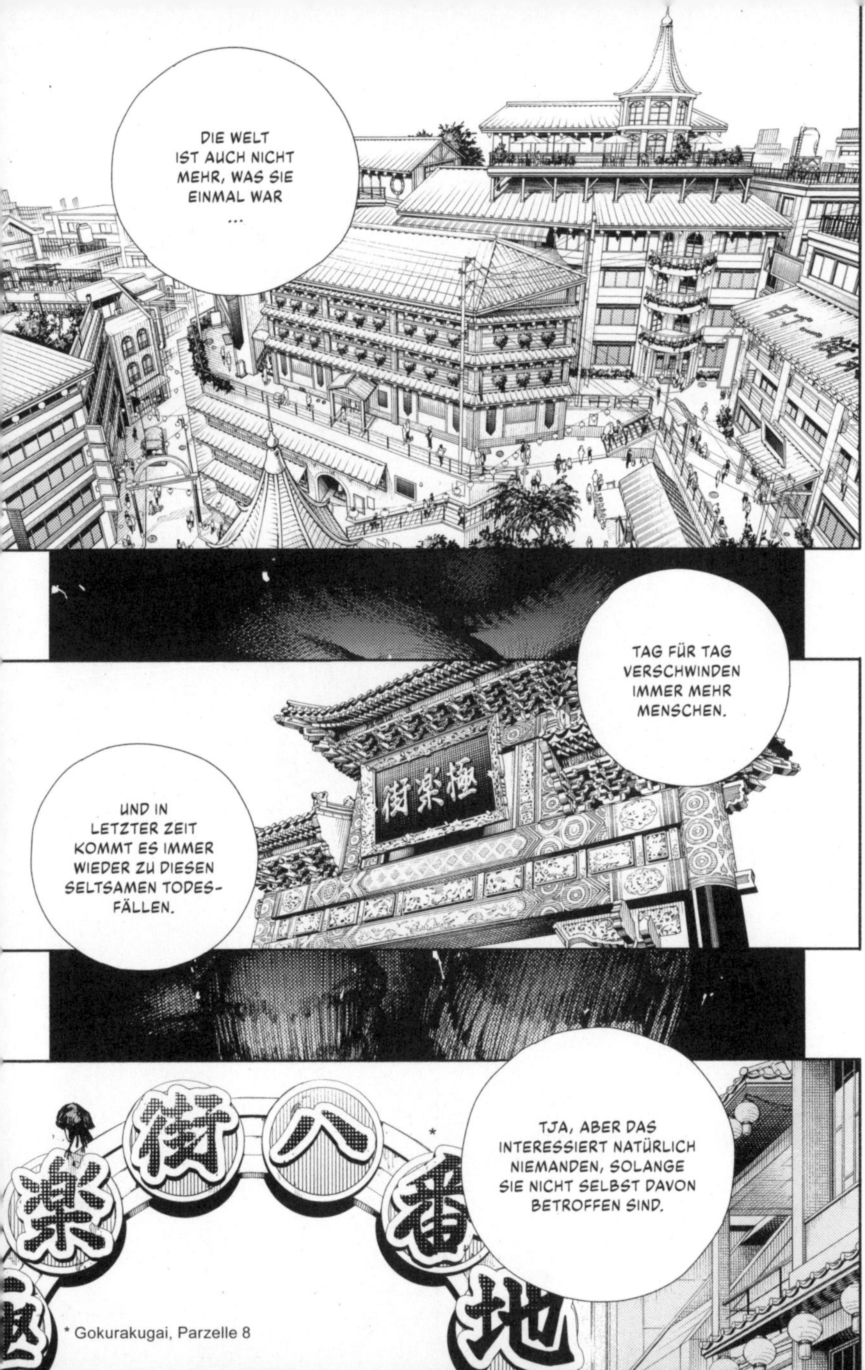

* Gokurakugai, Parzelle 8

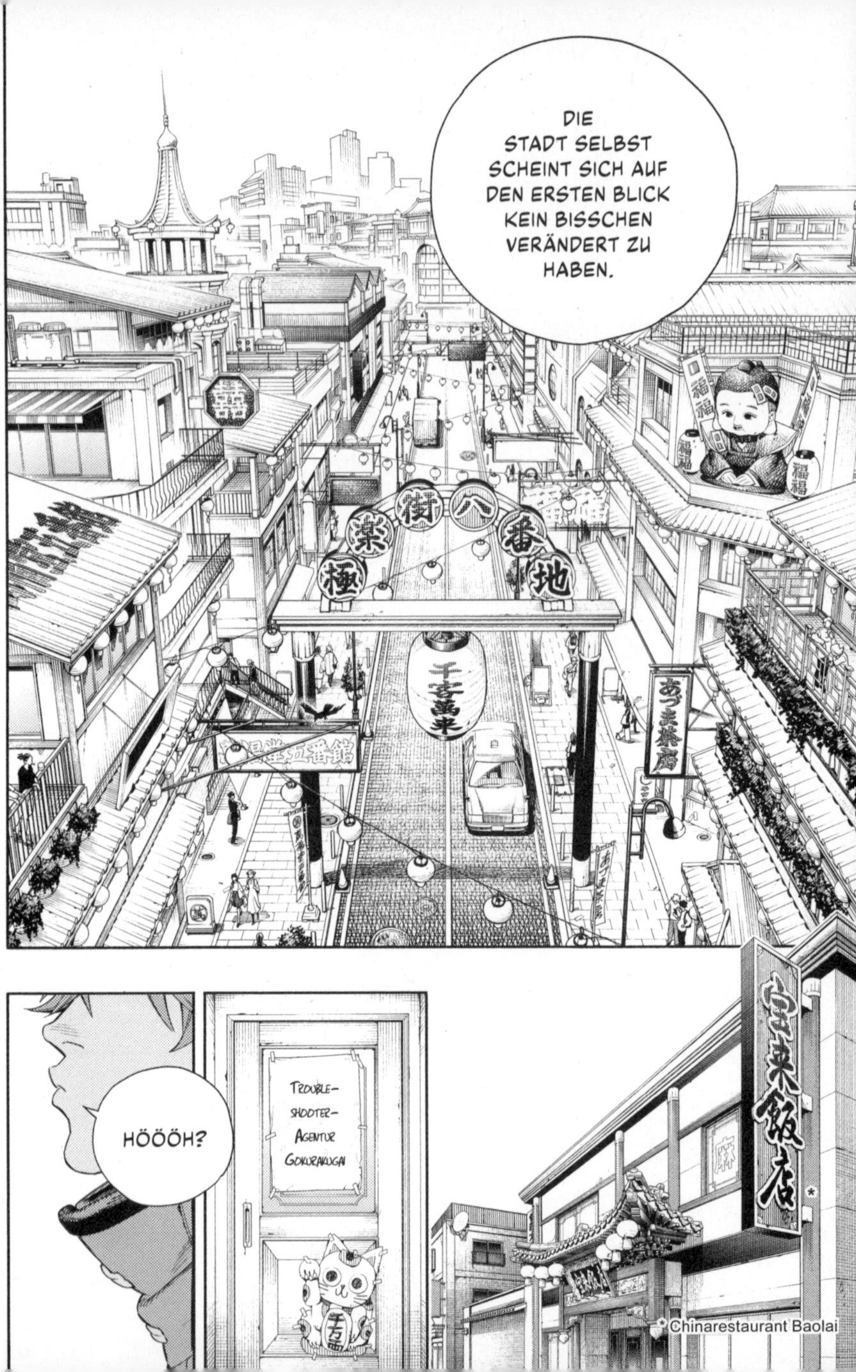
DIE STADT SELBST SCHEINT SICH AUF DEN ERSTEN BLICK KEIN BISSCHEN VERÄNDERT ZU HABEN.
極楽街八番地
千客萬来
*
* Chinarestaurant Baolai
TROUBLE-SHOOTER-AGENTUR GOKURAKUGAI
HÖÖÖH?

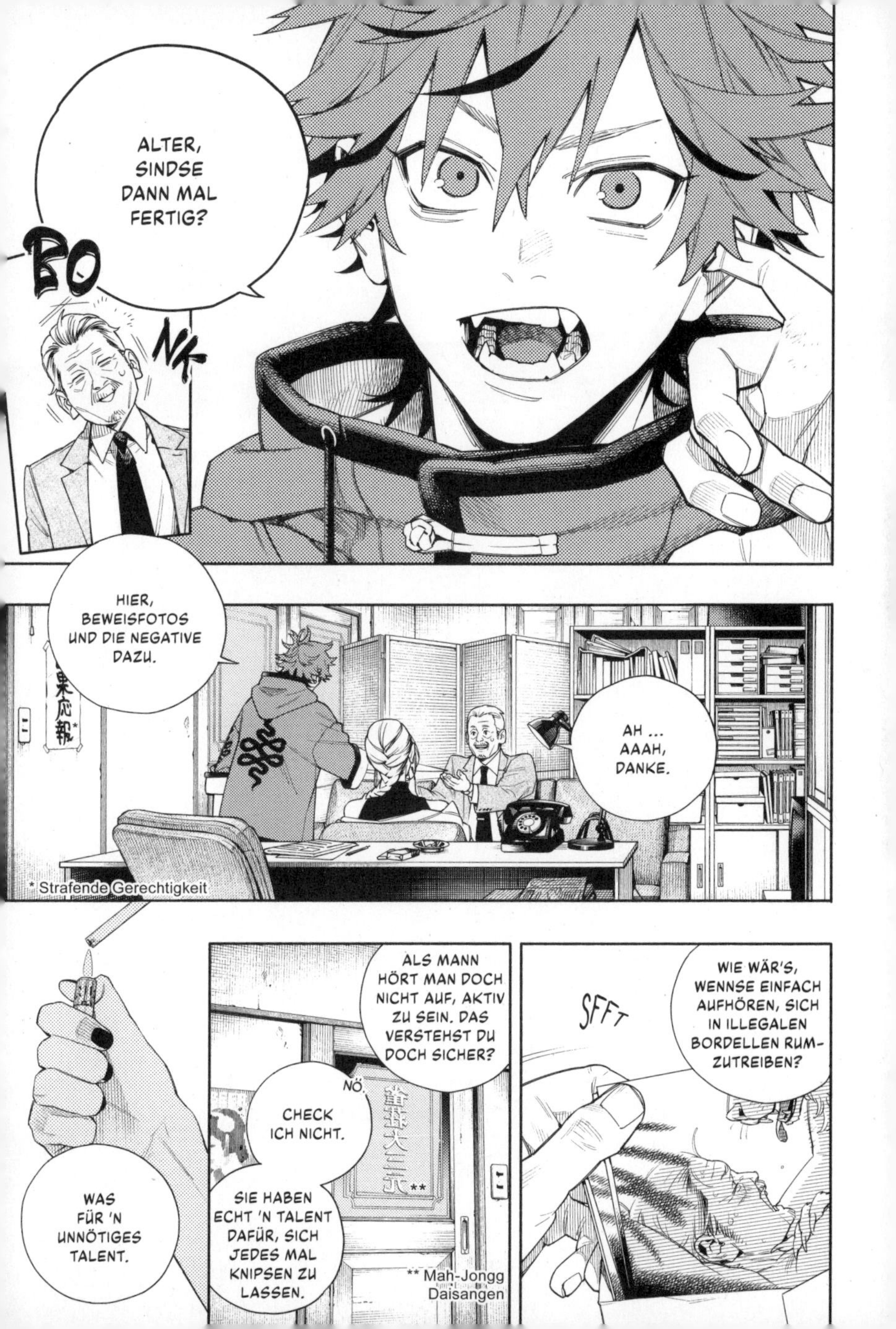
ALTER, SINDSE DANN MAL FERTIG?
BONK
HIER, BEWEISFOTOS UND DIE NEGATIVE DAZU.
AH ... AAAH, DANKE.
* Strafende Gerechtigkeit
WIE WÄR'S, WENNSE EINFACH AUFHÖREN, SICH IN ILLEGALEN BORDELLEN RUM-ZUTREIBEN?
SFFT
ALS MANN HÖRT MAN DOCH NICHT AUF, AKTIV ZU SEIN. DAS VERSTEHST DU DOCH SICHER?
NÖ.
CHECK ICH NICHT.
SIE HABEN ECHT 'N TALENT DAFÜR, SICH JEDES MAL KNIPSEN ZU LASSEN.
** Mah-Jongg Daisangen
WAS FÜR 'N UNNÖTIGES TALENT.

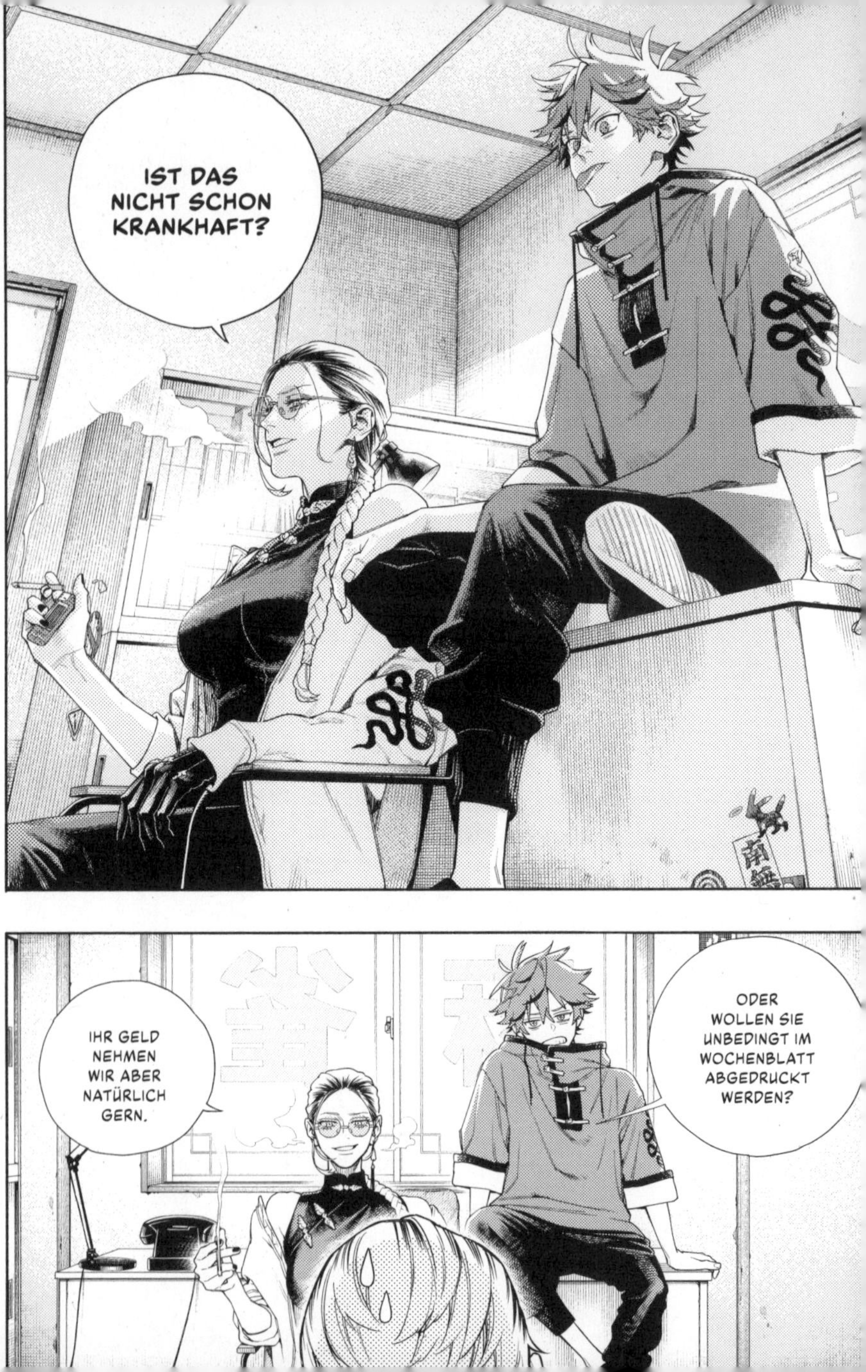
IST DAS NICHT SCHON KRANKHAFT?
ODER WOLLEN SIE UNBEDINGT IM WOCHENBLATT ABGEDRUCKT WERDEN?
IHR GELD NEHMEN WIR ABER NATÜRLICH GERN.

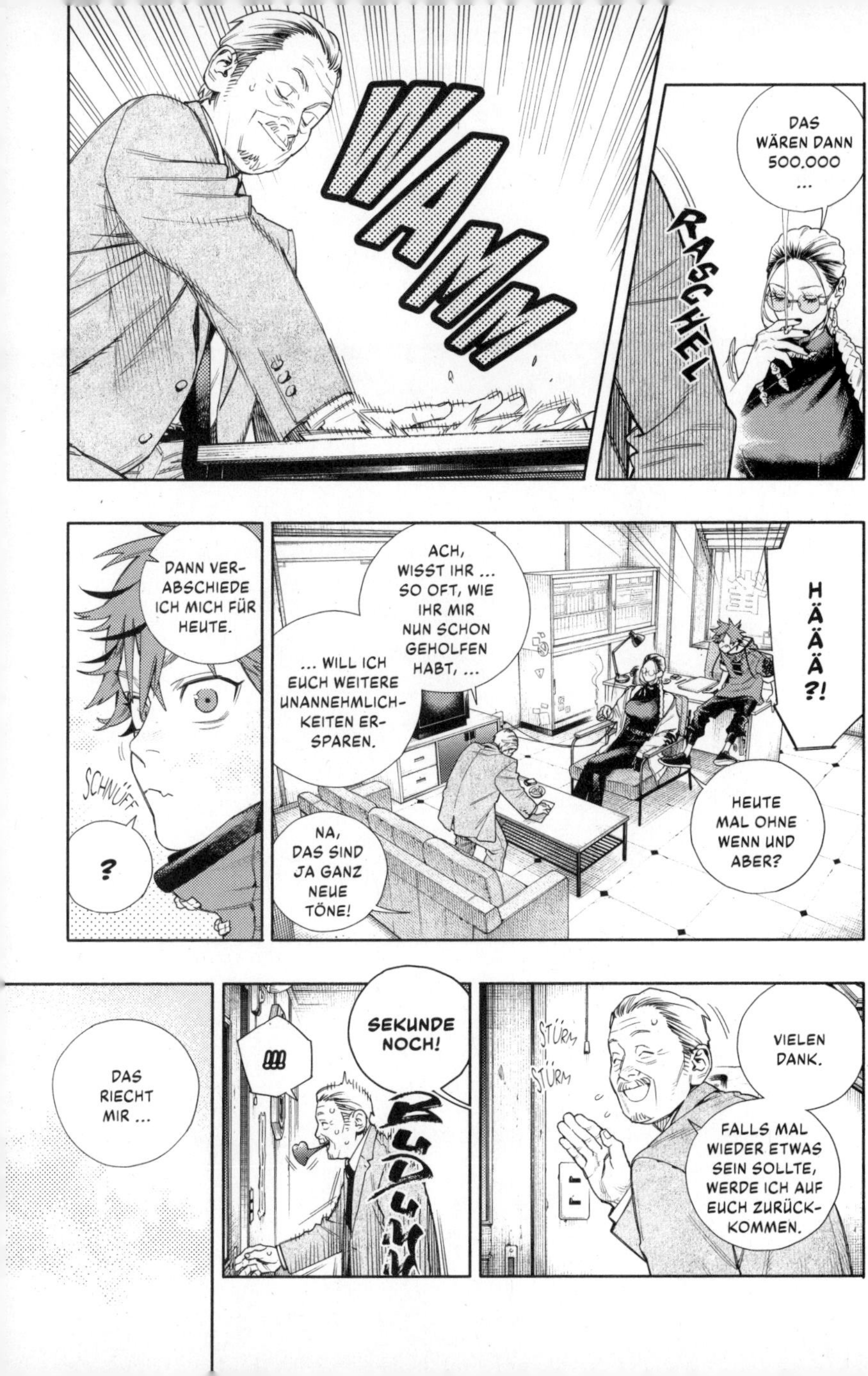
DAS WÄREN DANN 500.000 ...
RASCHEL
WAMM
HÄÄÄ?!
HEUTE MAL OHNE WENN UND ABER?
ACH, WISST IHR ... SO OFT, WIE IHR MIR NUN SCHON GEHOLFEN HABT, ...
... WILL ICH EUCH WEITERE UNANNEHMLICH-KEITEN ER-SPAREN.
NA, DAS SIND JA GANZ NEUE TÖNE!
DANN VER-ABSCHIEDE ICH MICH FÜR HEUTE.
SCHNÜFF
?
VIELEN DANK.
FALLS MAL WIEDER ETWAS SEIN SOLLTE, WERDE ICH AUF EUCH ZURÜCK-KOMMEN.
STÜRM
STÜRM
SEKUNDE NOCH!
!!!
DAS RIECHT MIR ...

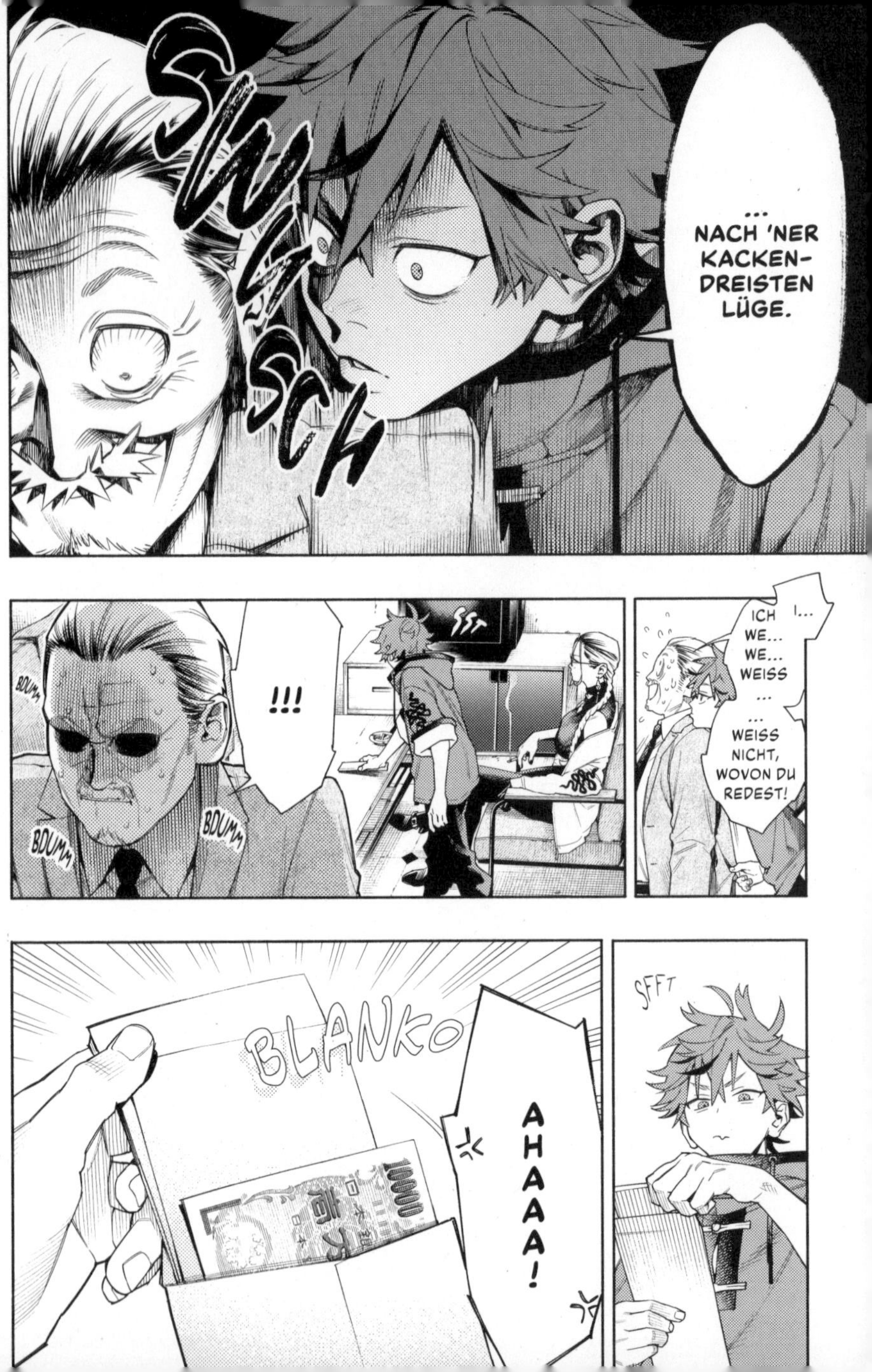
... NACH 'NER KACKEN-DREISTEN LÜGE.
SHUSCH
SFFT
!!!
BDUMM
BDUMM
BDUMM
I...
ICH WE... WE... WEISS ... ... WEISS NICHT, WOVON DU REDEST!
SFFT
AHAAAA!
BLANKO

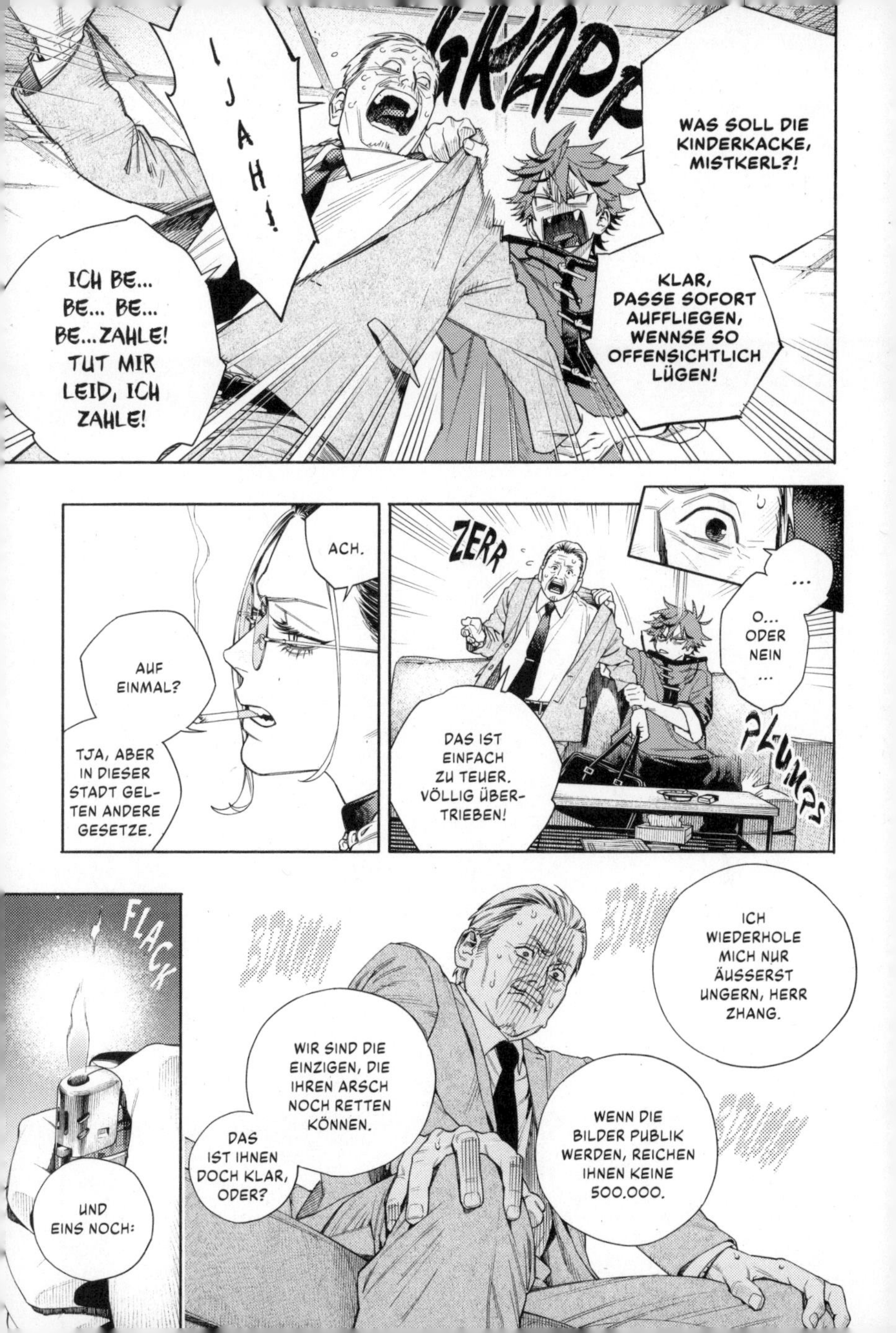
GRAPP
WAS SOLL DIE KINDERKACKE, MISTKERL?!
IJAH!
KLAR, DASSE SOFORT AUFFLIEGEN, WENNSE SO OFFENSICHTLICH LÜGEN!
ICH BE... BE... BE...ZAHLE! TUT MIR LEID, ICH ZAHLE!
...
O... ODER NEIN ...
ZERR
DAS IST EINFACH ZU TEUER. VÖLLIG ÜBER-TRIEBEN!
PLUMPS
ACH.
AUF EINMAL?
TJA, ABER IN DIESER STADT GEL-TEN ANDERE GESETZE.
ICH WIEDERHOLE MICH NUR ÄUSSERST UNGERN, HERR ZHANG.
WENN DIE BILDER PUBLIK WERDEN, REICHEN IHNEN KEINE 500.000.
WIR SIND DIE EINZIGEN, DIE IHREN ARSCH NOCH RETTEN KÖNNEN.
DAS IST IHNEN DOCH KLAR, ODER?
FLACK
UND EINS NOCH:

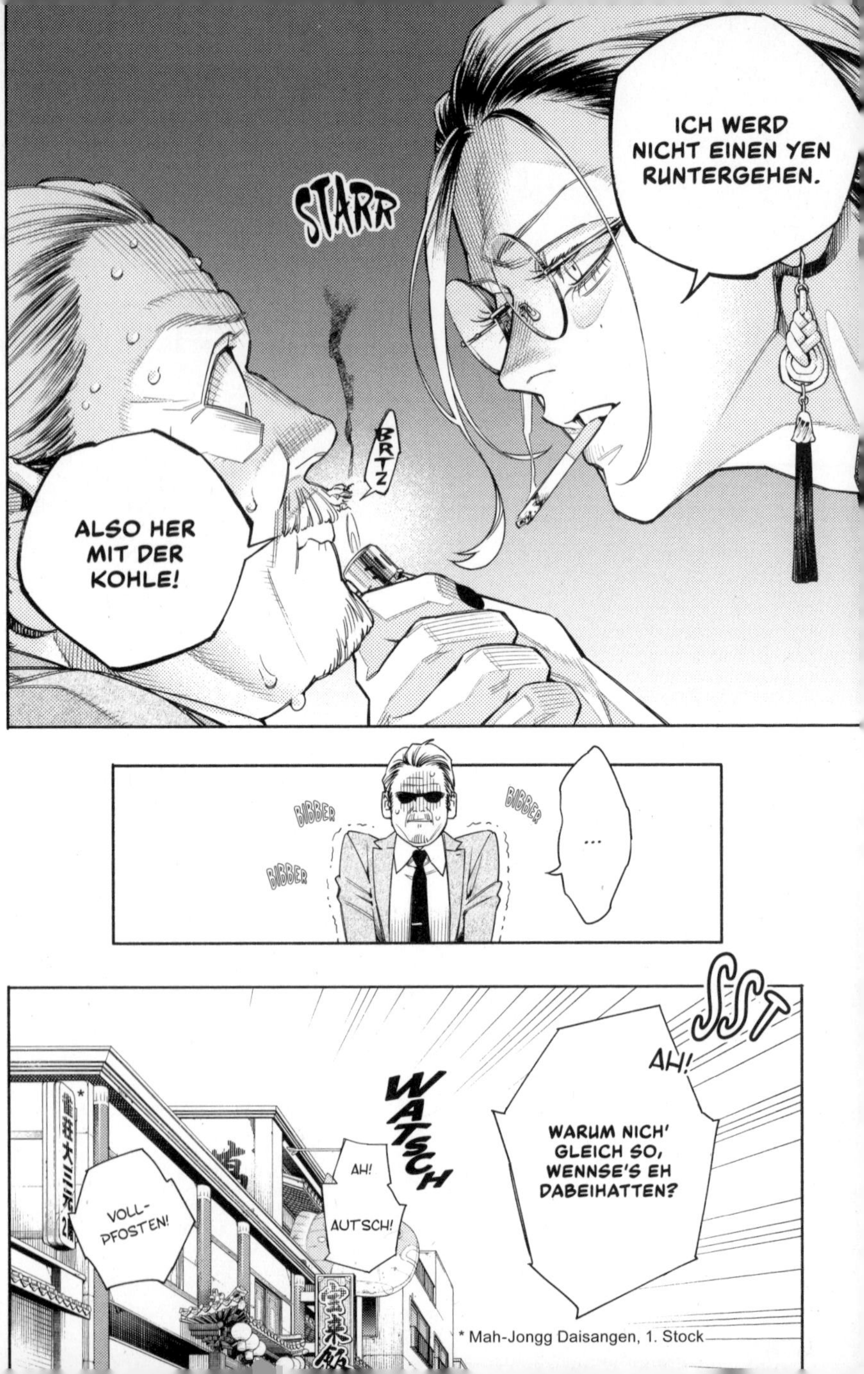

* Mah-Jongg Daisangen, 1. Stock

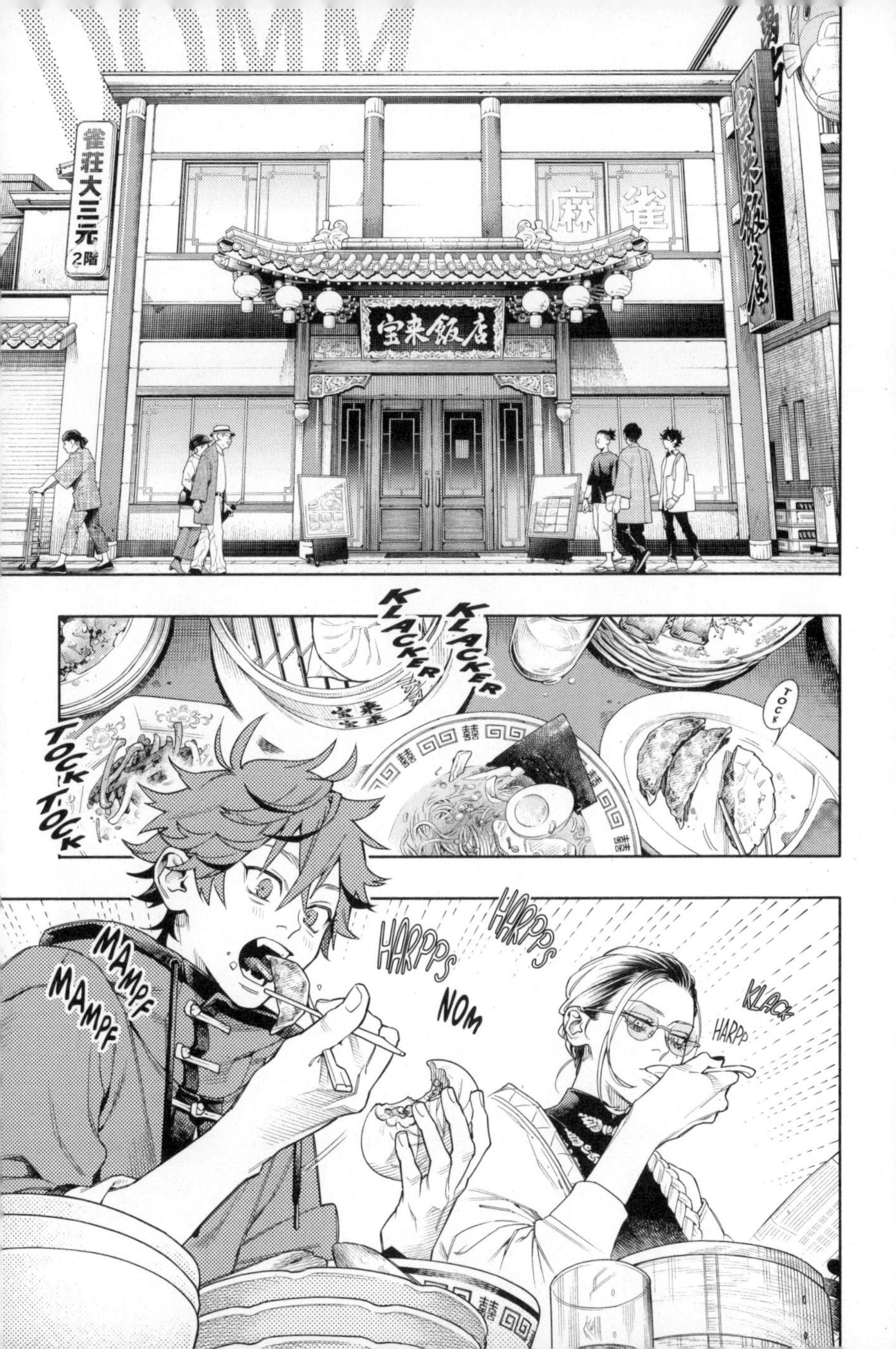
雀荘大三元
2階
麻雀
宝来飯店
KLACKER
KLACKER
TOCK
TOCK-TOCK
HARPPS
HARPPS
NOM
KLACK
HARPP
MAMPF
MAMPF

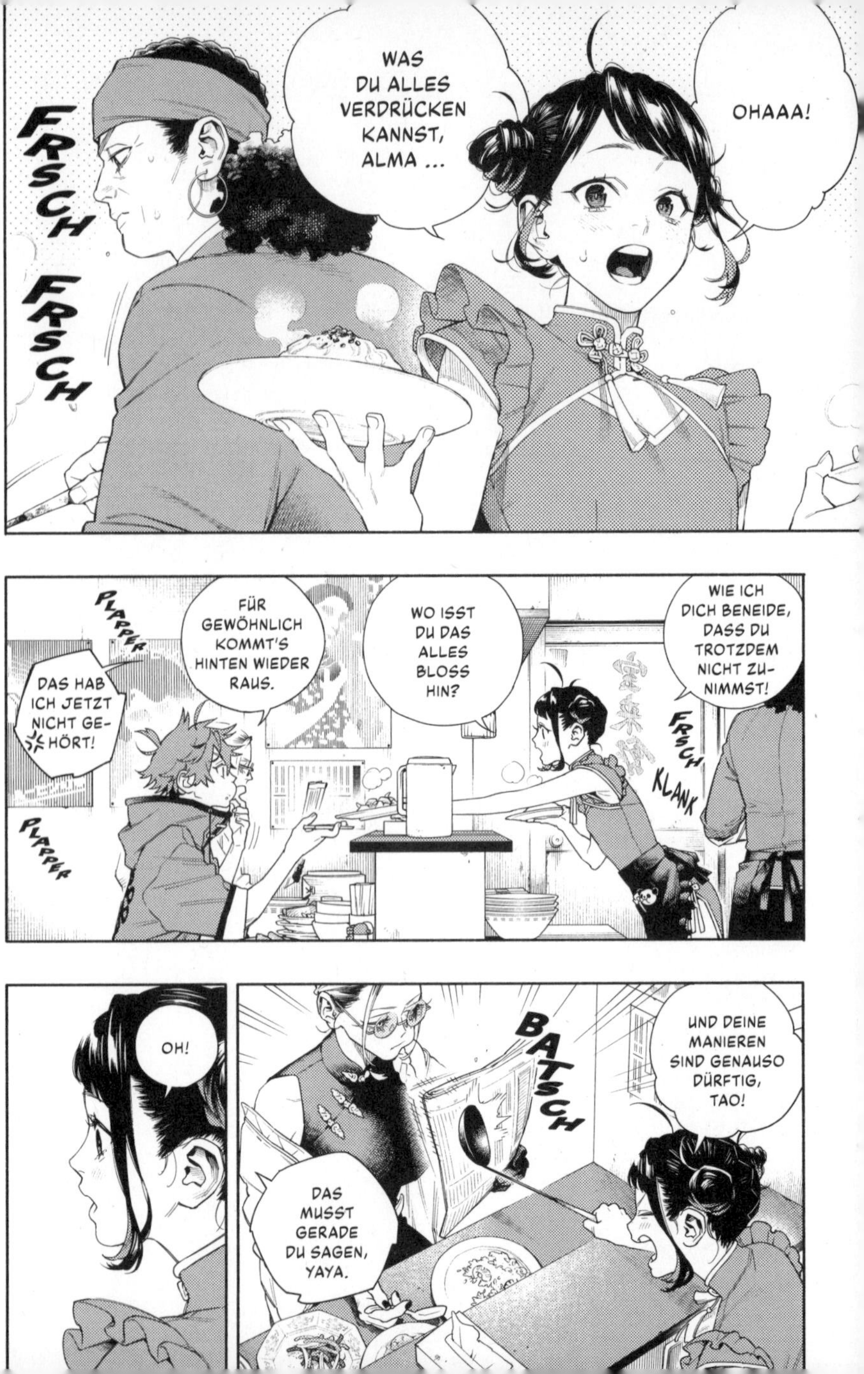
OHAAA!
WAS DU ALLES VERDRÜCKEN KANNST, ALMA ...
FRSCH FRSCH
WIE ICH DICH BENEIDE, DASS DU TROTZDEM NICHT ZUNIMMST!
FRSCH
KLANK
WO ISST DU DAS ALLES BLOSS HIN?
FÜR GEWÖHNLICH KOMMT'S HINTEN WIEDER RAUS.
PLAPPER
DAS HAB ICH JETZT NICHT GEHÖRT!
PLAPPER
UND DEINE MANIEREN SIND GENAUSO DÜRFTIG, TAO!
BATSCH
DAS MUSST GERADE DU SAGEN, YAYA.
OH!

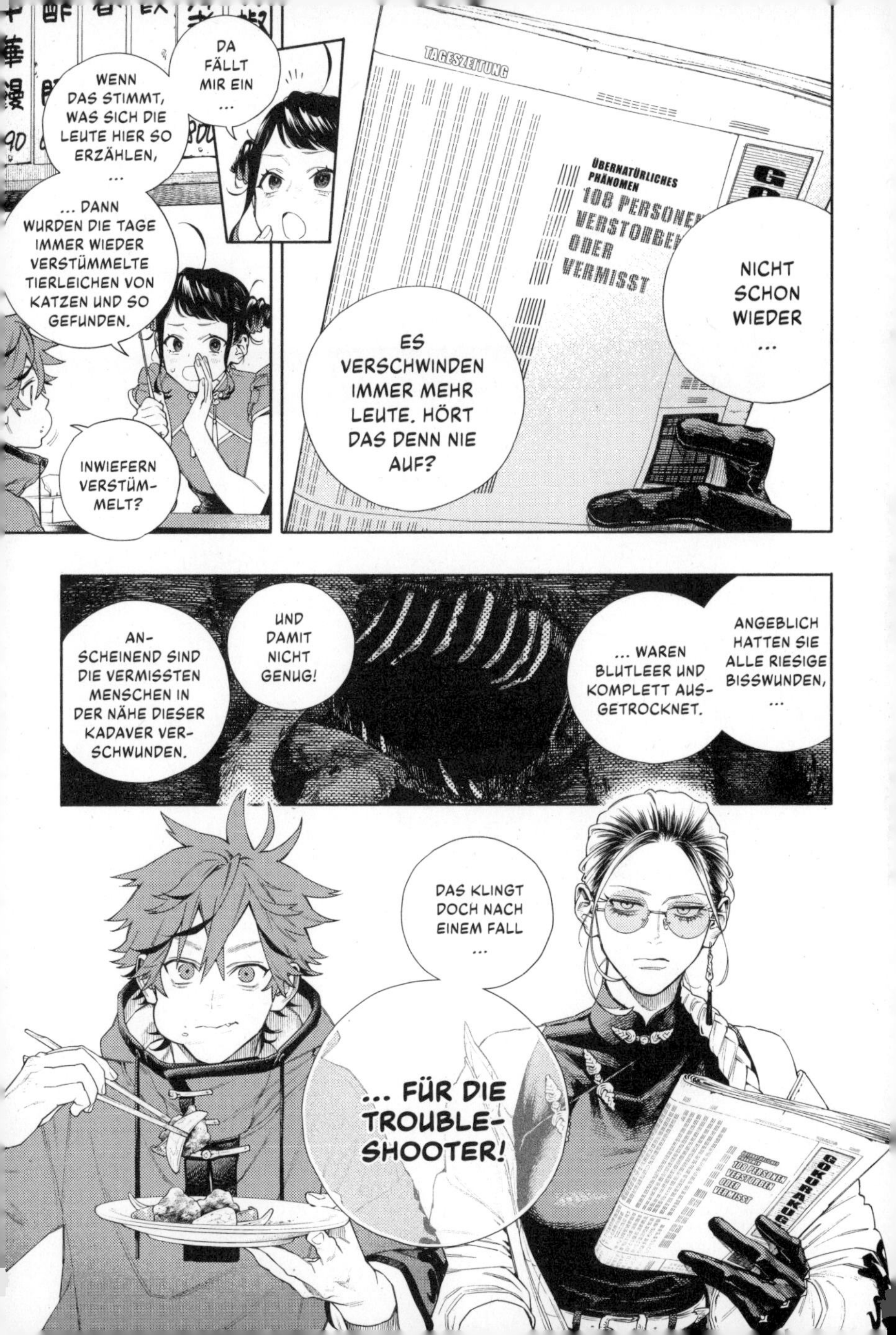
TAGESZEITUNG
ÜBERNATÜRLICHES PHÄNOMEN
108 PERSONEN VERSTORBEN ODER VERMISST
NICHT SCHON WIEDER ...
ES VERSCHWINDEN IMMER MEHR LEUTE. HÖRT DAS DENN NIE AUF?
DA FÄLLT MIR EIN ...
WENN DAS STIMMT, WAS SICH DIE LEUTE HIER SO ERZÄHLEN, ...
... DANN WURDEN DIE TAGE IMMER WIEDER VERSTÜMMELTE TIERLEICHEN VON KATZEN UND SO GEFUNDEN.
INWIEFERN VERSTÜMMELT?
ANGEBLICH HATTEN SIE ALLE RIESIGE BISSWUNDEN, ...
... WAREN BLUTLEER UND KOMPLETT AUSGETROCKNET.
UND DAMIT NICHT GENUG!
ANSCHEINEND SIND DIE VERMISSTEN MENSCHEN IN DER NÄHE DIESER KADAVER VERSCHWUNDEN.
DAS KLINGT DOCH NACH EINEM FALL ...
... FÜR DIE TROUBLE-SHOOTER!

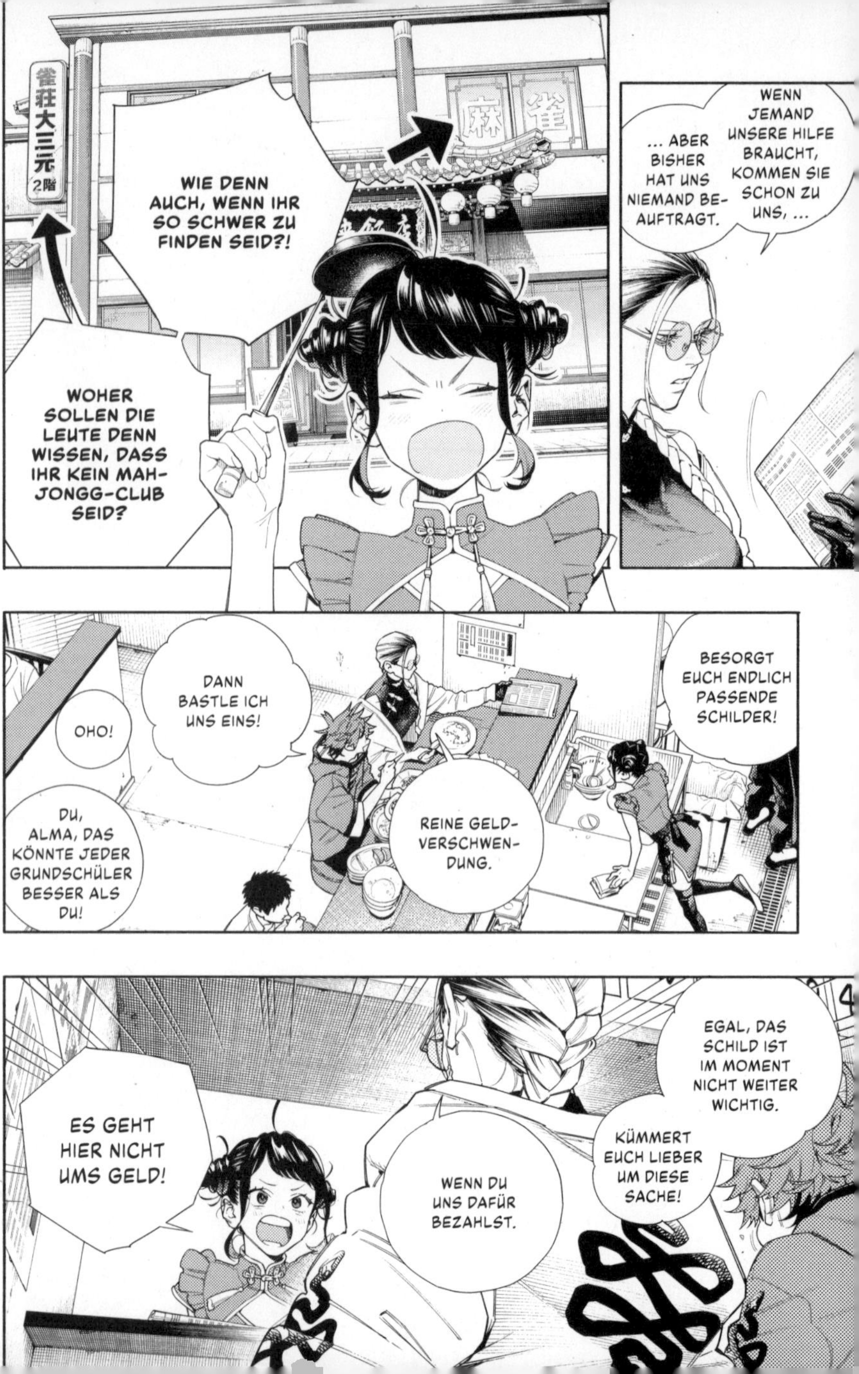

WENN JEMAND UNSERE HILFE BRAUCHT, KOMMEN SIE SCHON ZU UNS, ...
... ABER BISHER HAT UNS NIEMAND BE-AUFTRAGT.
雀麻
雀荘大三元 2階
WIE DENN AUCH, WENN IHR SO SCHWER ZU FINDEN SEID?!
WOHER SOLLEN DIE LEUTE DENN WISSEN, DASS IHR KEIN MAH-JONGG-CLUB SEID?
BESORGT EUCH ENDLICH PASSENDE SCHILDER!
REINE GELD-VERSCHWEN-DUNG.
DANN BASTLE ICH UNS EINS!
OHO!
DU, ALMA, DAS KÖNNTE JEDER GRUNDSCHÜLER BESSER ALS DU!
EGAL, DAS SCHILD IST IM MOMENT NICHT WEITER WICHTIG.
KÜMMERT EUCH LIEBER UM DIESE SACHE!
WENN DU UNS DAFÜR BEZAHLST.
ES GEHT HIER NICHT UMS GELD!

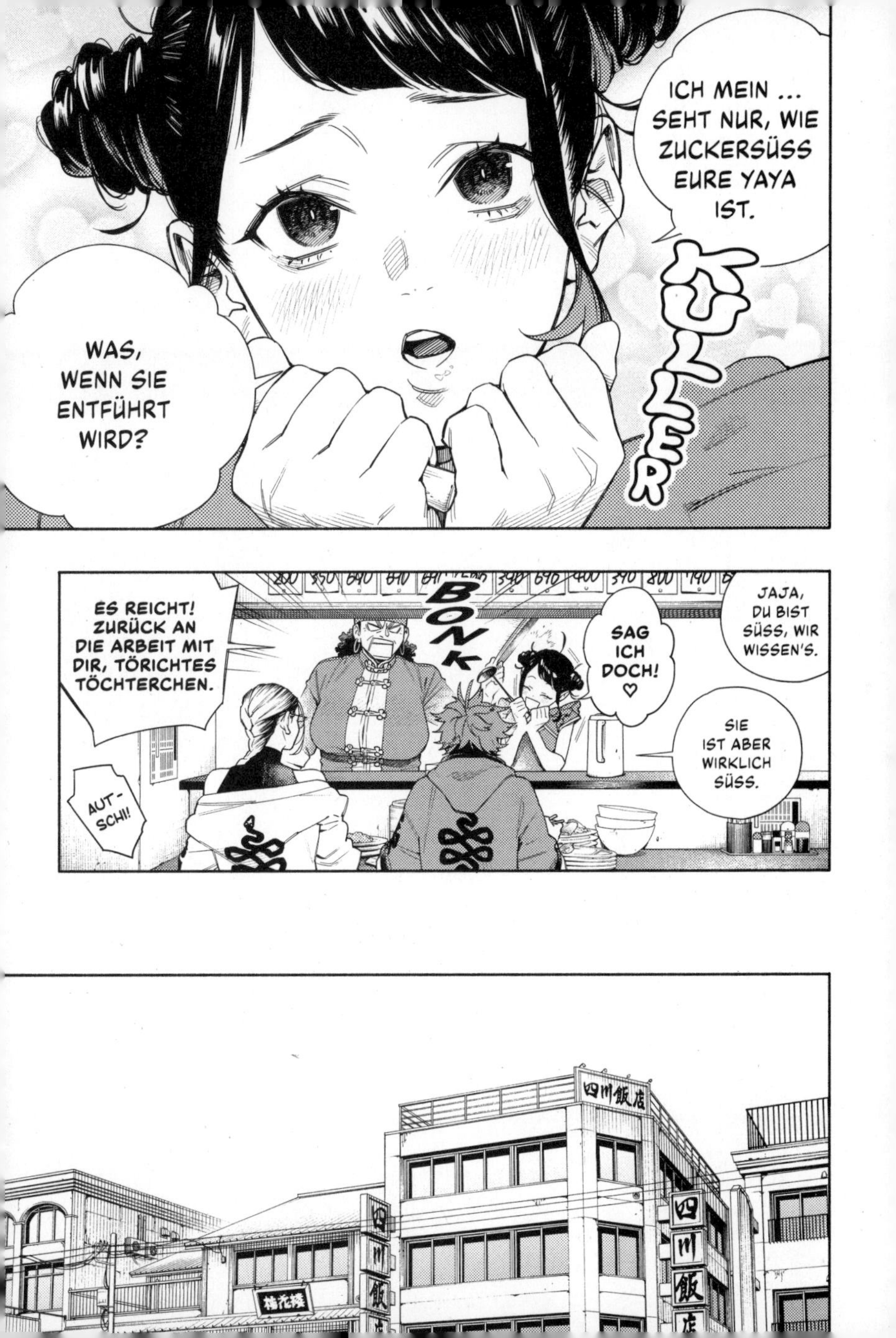
ICH MEIN ... SEHT NUR, WIE ZUCKERSÜSS EURE YAYA IST.
KULLER
WAS, WENN SIE ENTFÜHRT WIRD?
JAJA, DU BIST SÜSS, WIR WISSEN'S.
SIE IST ABER WIRKLICH SÜSS.
SAG ICH DOCH! ♡
BONK
ES REICHT! ZURÜCK AN DIE ARBEIT MIT DIR, TÖRICHTES TÖCHTERCHEN.
AUT-SCHI!
四川飯店

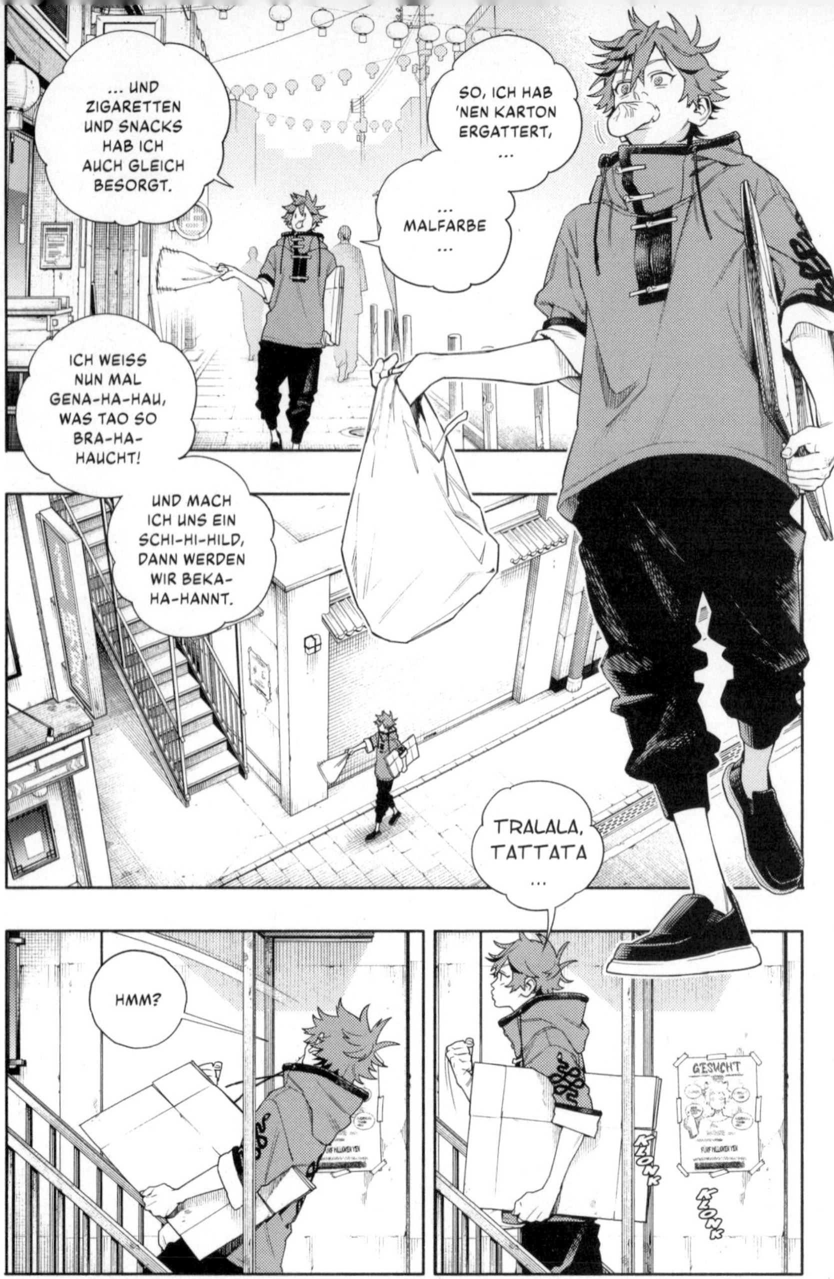
SO, ICH HAB 'NEN KARTON ERGATTERT, ...
... MALFARBE ...
... UND ZIGARETTEN UND SNACKS HAB ICH AUCH GLEICH BESORGT.
ICH WEISS NUN MAL GENA-HA-HAU, WAS TAO SO BRA-HA-HAUCHT!
UND MACH ICH UNS EIN SCHI-HI-HILD, DANN WERDEN WIR BEKA-HA-HANNT.
TRALALA, TATTATA ...
GESUCHT
KLONK
KLONK
HMM?

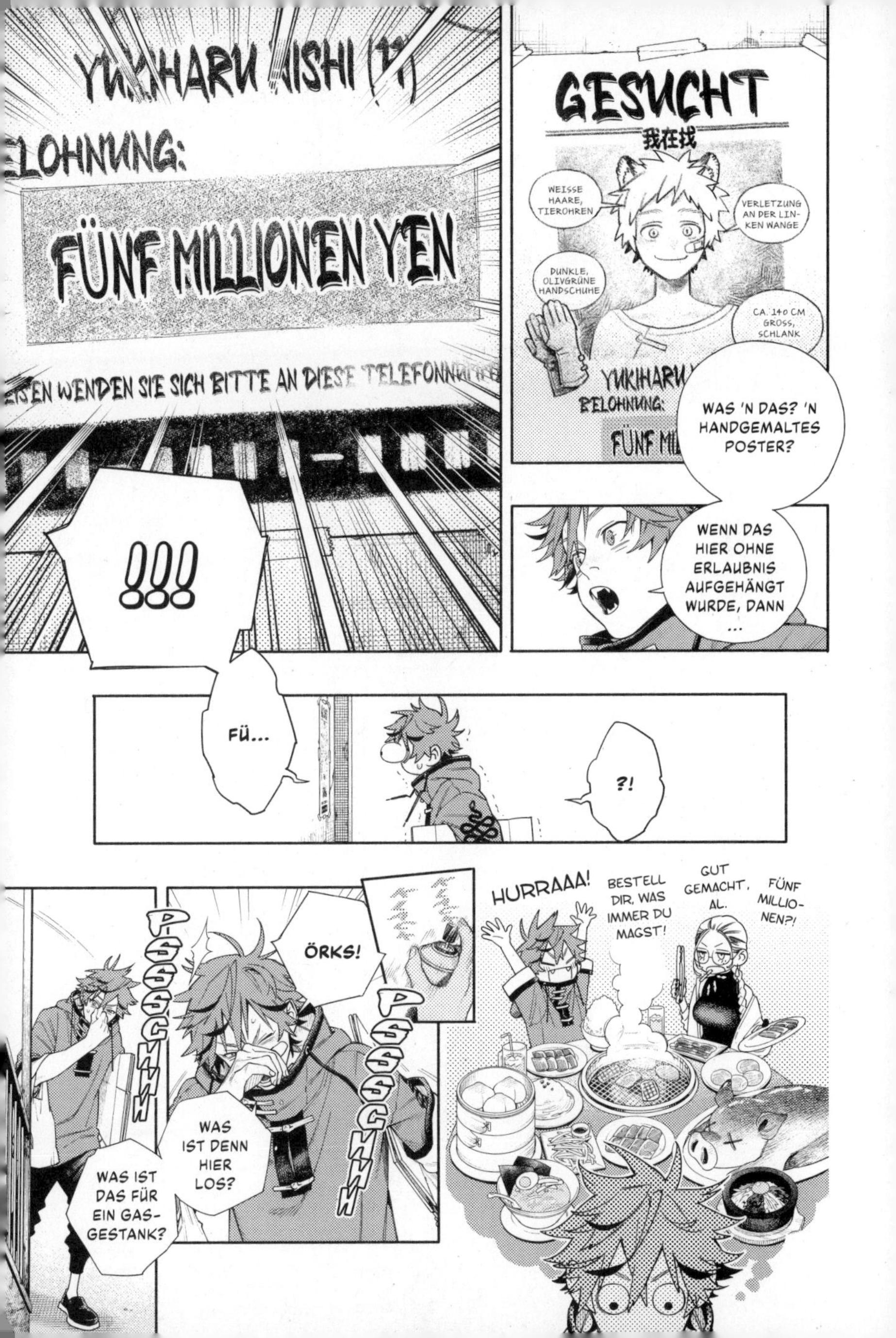

GESUCHT
我在找
WEISSE HAARE, TIEROHREN
VERLETZUNG AN DER LINKEN WANGE
DUNKLE, OLIVGRÜNE HANDSCHUHE
CA. 140 CM GROSS, SCHLANK
BELOHNUNG:
WAS 'N DAS? 'N HANDGEMALTES POSTER?
WENN DAS HIER OHNE ERLAUBNIS AUFGEHÄNGT WURDE, DANN …
FÜNF MILLIONEN YEN
WENDEN SIE SICH BITTE AN DIESE
!!!
FÜ...
?!
HURRAAA!
BESTELL DIR, WAS IMMER DU MAGST!
GUT GEMACHT, AL.
FÜNF MILLIONEN?!
ÖRKS!
PSSSCHHHH
PSSSCHHHH
WAS IST DENN HIER LOS?
WAS IST DAS FÜR EIN GASGESTANK?

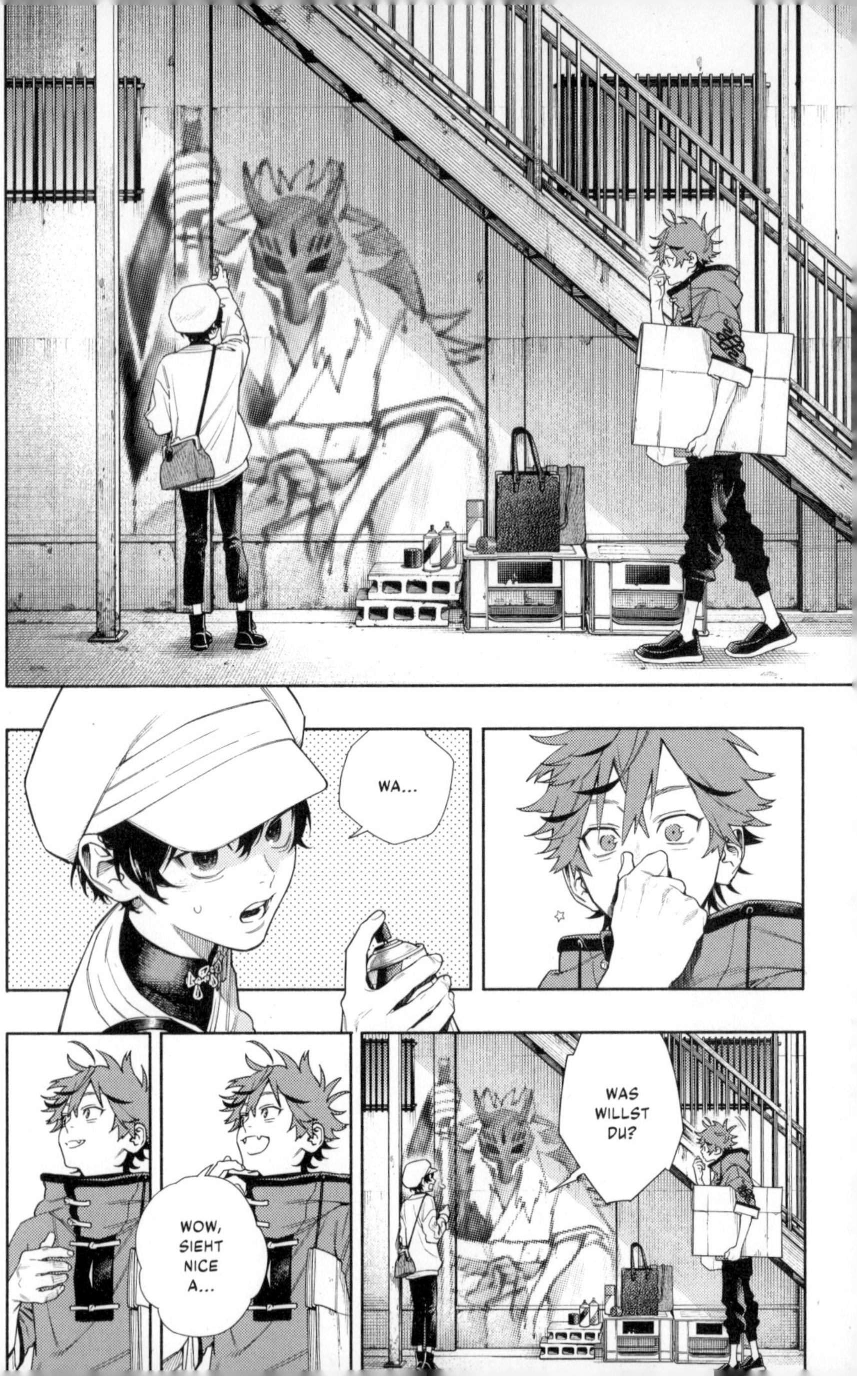
WA...
WAS WILLST DU?
WOW, SIEHT NICE A...

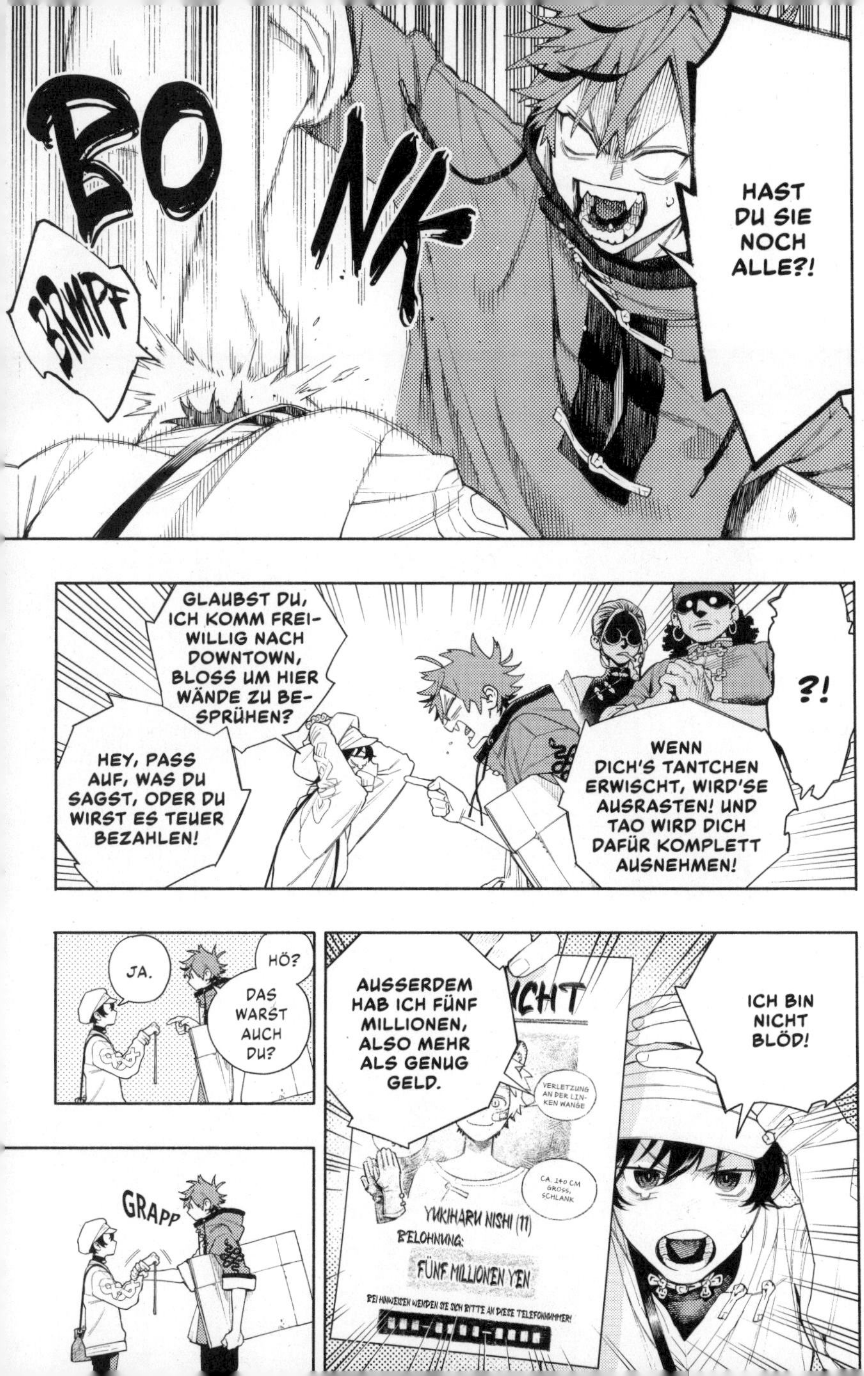
HAST DU SIE NOCH ALLE?!
BONK
BRMPF
?!
WENN DICH'S TANTCHEN ERWISCHT, WIRD'SE AUSRASTEN! UND TAO WIRD DICH DAFÜR KOMPLETT AUSNEHMEN!
GLAUBST DU, ICH KOMM FREI-WILLIG NACH DOWNTOWN, BLOSS UM HIER WÄNDE ZU BE-SPRÜHEN?
HEY, PASS AUF, WAS DU SAGST, ODER DU WIRST ES TEUER BEZAHLEN!
ICH BIN NICHT BLÖD!
AUSSERDEM HAB ICH FÜNF MILLIONEN, ALSO MEHR ALS GENUG GELD.
VERLETZUNG AN DER LINKEN WANGE
CA. 140 CM GROSS, SCHLANK
YUKIHARU NISHI (11)
BELOHNUNG:
FÜNF MILLIONEN YEN
BEI HINWEISEN WENDEN SIE SICH BITTE AN DIESE TELEFONNUMMER!
HÖ?
DAS WARST AUCH DU?
JA.
GRAPP

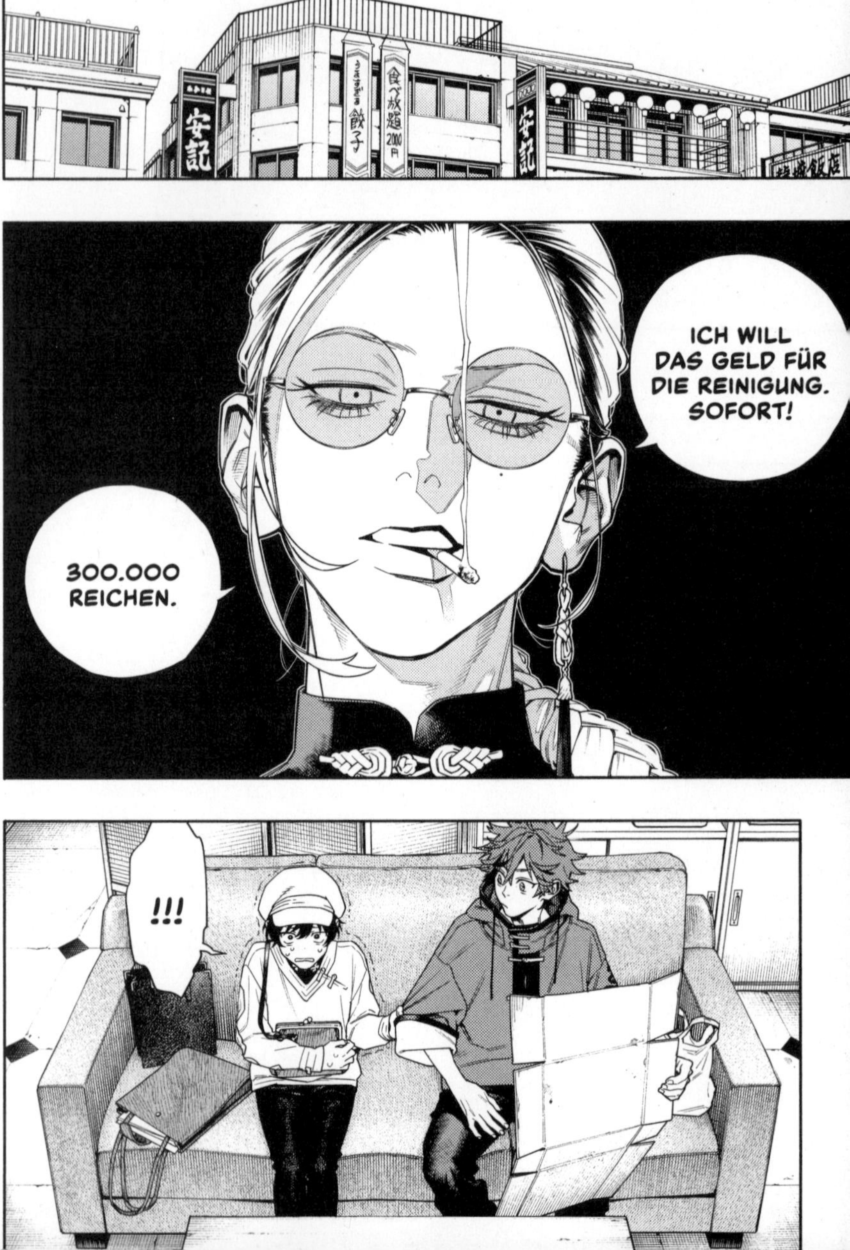
安記
食べ放題 2000円
安記
ICH WILL DAS GELD FÜR DIE REINIGUNG. SOFORT!
300.000 REICHEN.
!!!

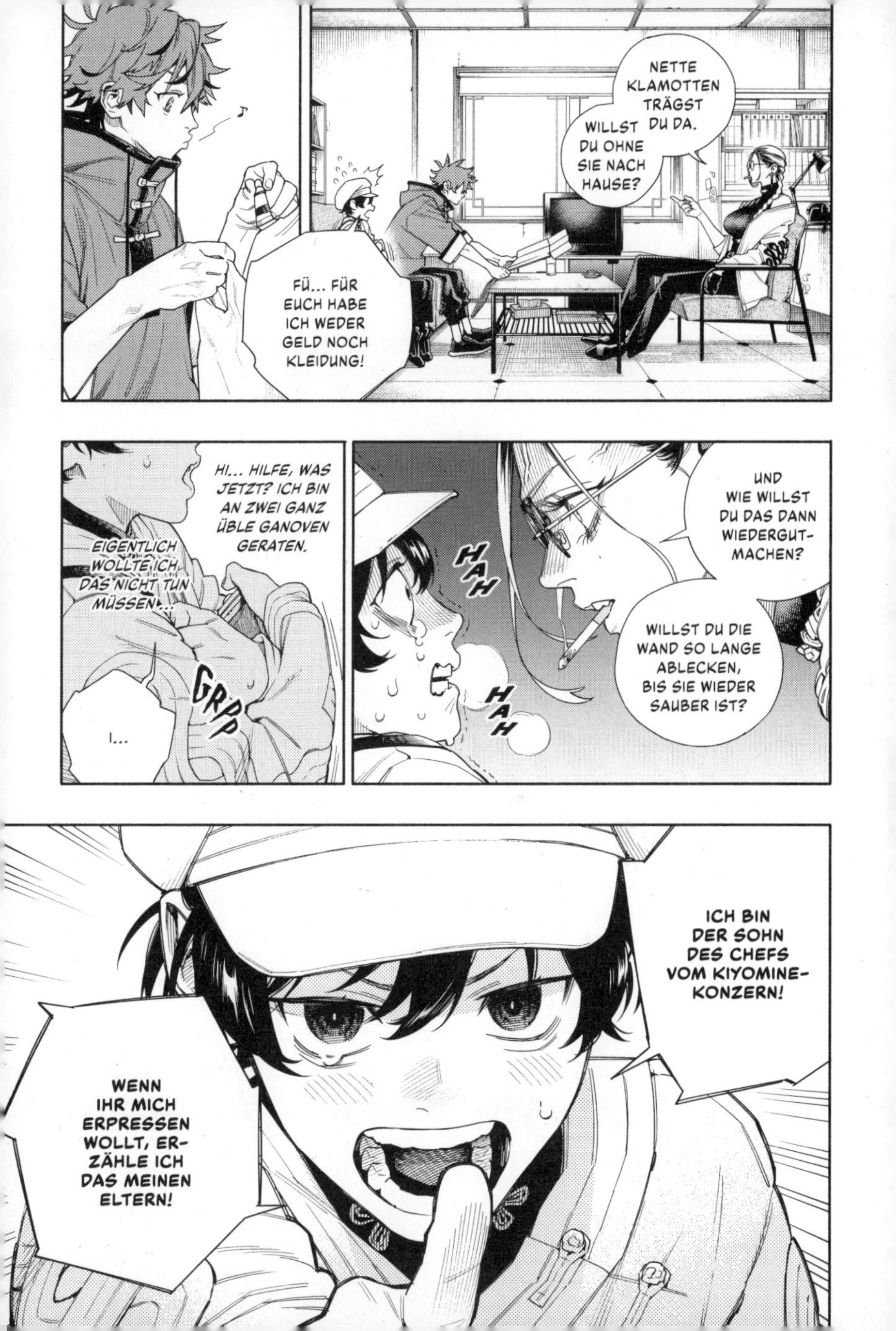
NETTE KLAMOTTEN TRÄGST DU DA.
WILLST DU OHNE SIE NACH HAUSE?
FÜ... FÜR EUCH HABE ICH WEDER GELD NOCH KLEIDUNG!
UND WIE WILLST DU DAS DANN WIEDERGUT-MACHEN?
WILLST DU DIE WAND SO LANGE ABLECKEN, BIS SIE WIEDER SAUBER IST?
HAH
HAH
HI... HILFE, WAS JETZT? ICH BIN AN ZWEI GANZ ÜBLE GANOVEN GERATEN.
EIGENTLICH WOLLTE ICH DAS NICHT TUN MÜSSEN...
GRPP
I...
ICH BIN DER SOHN DES CHEFS VOM KIYOMINE-KONZERN!
WENN IHR MICH ERPRESSEN WOLLT, ERZÄHLE ICH DAS MEINEN ELTERN!

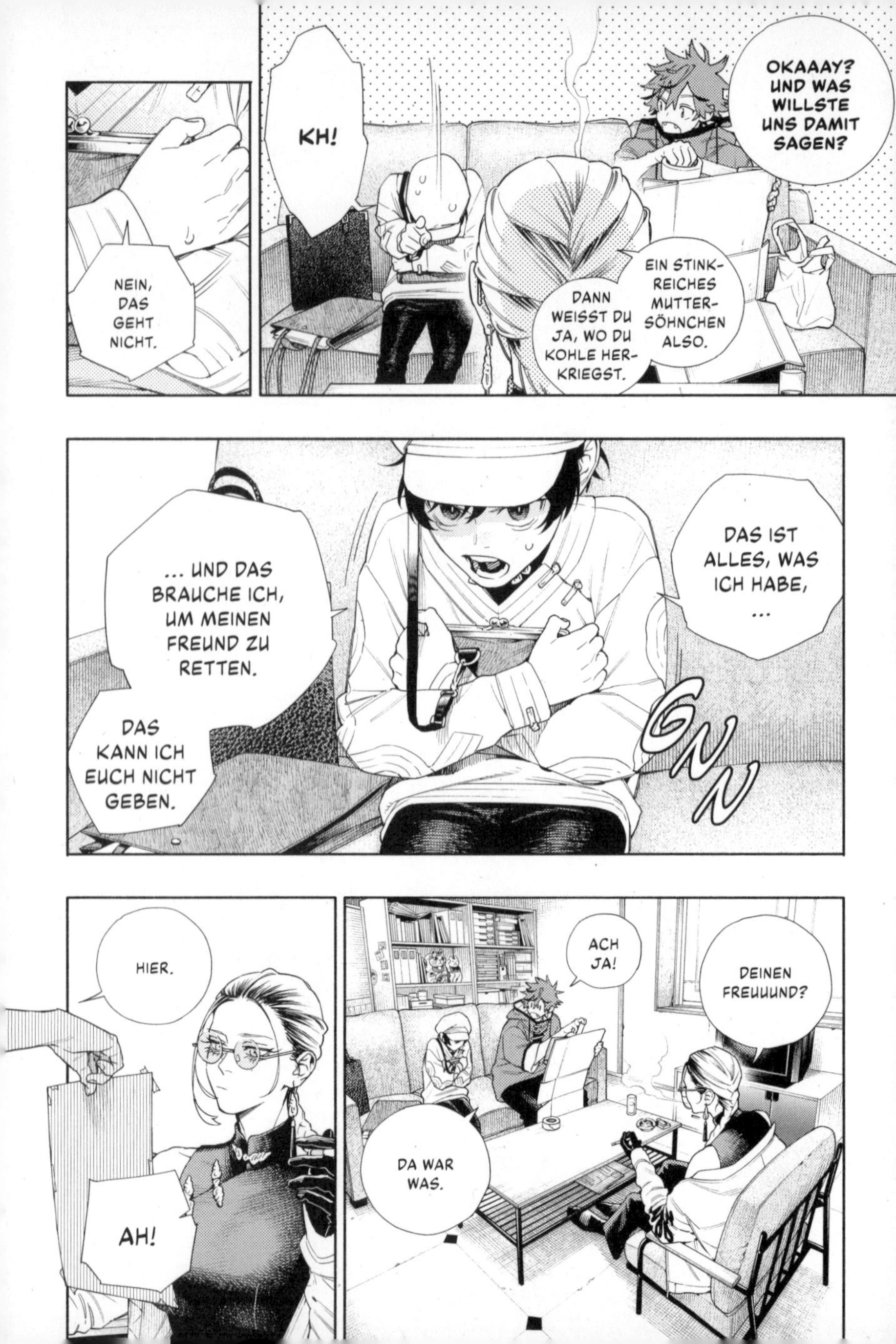
OKAAAY? UND WAS WILLSTE UNS DAMIT SAGEN?
EIN STINKREICHES MUTTERSÖHNCHEN ALSO.
DANN WEISST DU JA, WO DU KOHLE HERKRIEGST.
KH!
NEIN, DAS GEHT NICHT.
DAS IST ALLES, WAS ICH HABE, ...
... UND DAS BRAUCHE ICH, UM MEINEN FREUND ZU RETTEN.
DAS KANN ICH EUCH NICHT GEBEN.
GNN
DEINEN FREUUUND?
ACH JA!
DA WAR WAS.
HIER.
AH!

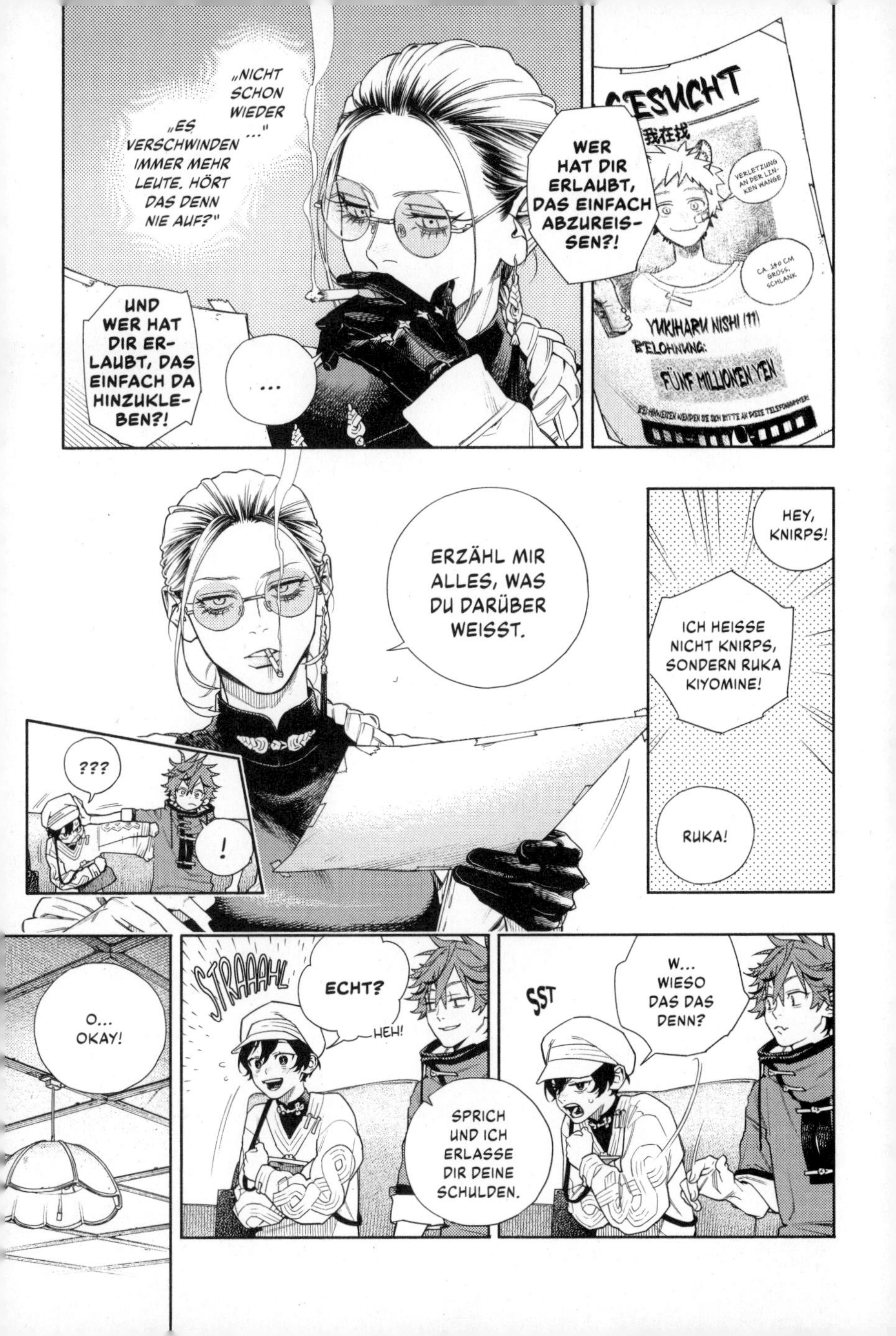
GESUCHT
我在找
VERLETZUNG AN DER LINKEN WANGE
CA. 140 CM GROSS, SCHLANK
YUKIHARU NISHI (11)
BELOHNUNG:
FÜNF MILLIONEN YEN
WER HAT DIR ERLAUBT, DAS EINFACH ABZUREISSEN?!
„NICHT SCHON WIEDER ...“
„ES VERSCHWINDEN IMMER MEHR LEUTE. HÖRT DAS DENN NIE AUF?“
UND WER HAT DIR ERLAUBT, DAS EINFACH DA HINZUKLEBEN?!
...
HEY, KNIRPS!
ICH HEISSE NICHT KNIRPS, SONDERN RUKA KIYOMINE!
RUKA!
ERZÄHL MIR ALLES, WAS DU DARÜBER WEISST.
???
!
W... WIESO DAS DAS DENN?
SST
SPRICH UND ICH ERLASSE DIR DEINE SCHULDEN.
ECHT?
HEH!
STRAAAHL
O... OKAY!

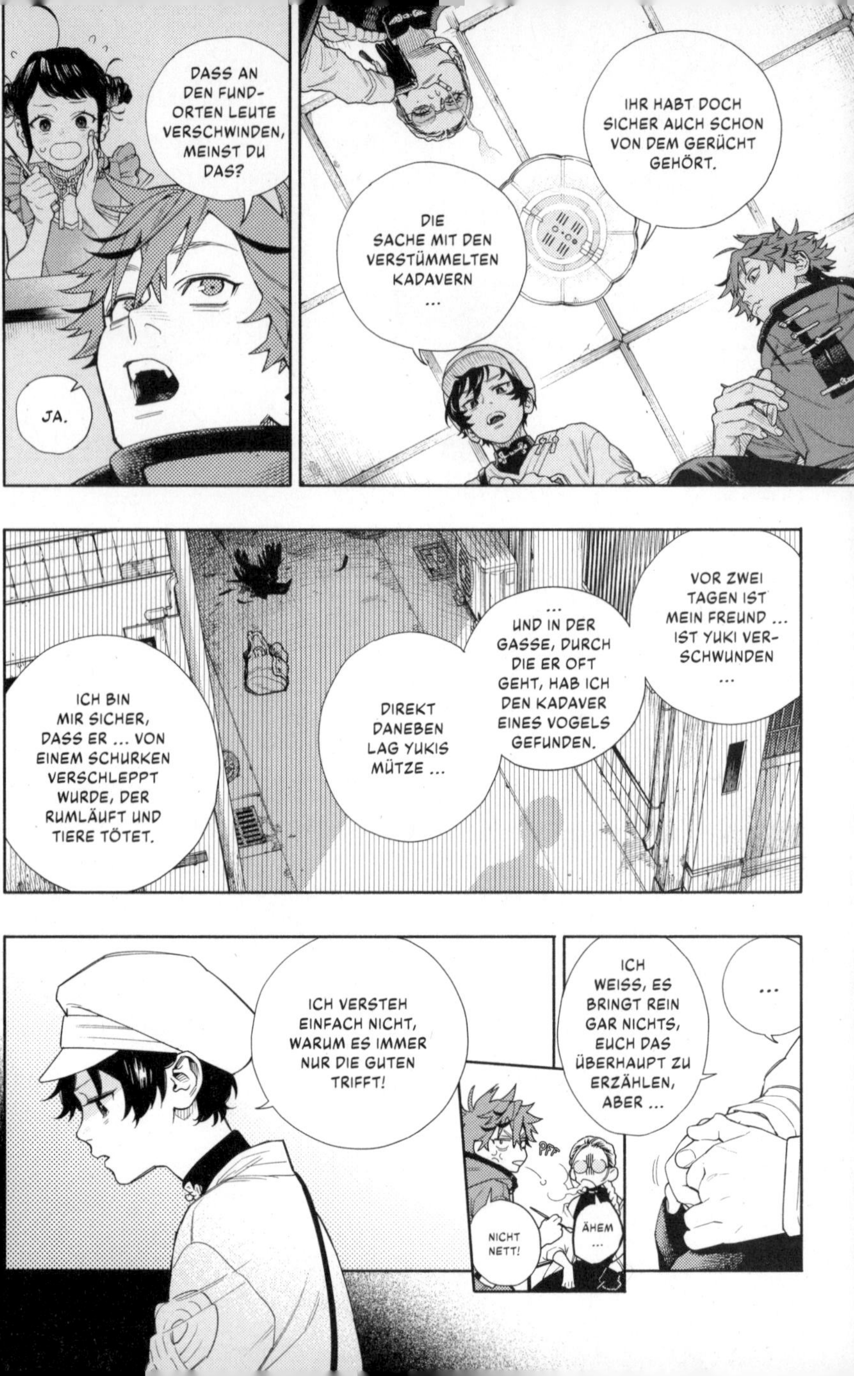
IHR HABT DOCH SICHER AUCH SCHON VON DEM GERÜCHT GEHÖRT.
DIE SACHE MIT DEN VERSTÜMMELTEN KADAVERN …
DASS AN DEN FUND-ORTEN LEUTE VERSCHWINDEN, MEINST DU DAS?
JA.
VOR ZWEI TAGEN IST MEIN FREUND … IST YUKI VER-SCHWUNDEN …
… UND IN DER GASSE, DURCH DIE ER OFT GEHT, HAB ICH DEN KADAVER EINES VOGELS GEFUNDEN.
DIREKT DANEBEN LAG YUKIS MÜTZE …
ICH BIN MIR SICHER, DASS ER … VON EINEM SCHURKEN VERSCHLEPPT WURDE, DER RUMLÄUFT UND TIERE TÖTET.
…
ICH WEISS, ES BRINGT REIN GAR NICHTS, EUCH DAS ÜBERHAUPT ZU ERZÄHLEN, ABER …
PFF
ÄHEM …
NICHT NETT!
ICH VERSTEH EINFACH NICHT, WARUM ES IMMER NUR DIE GUTEN TRIFFT!

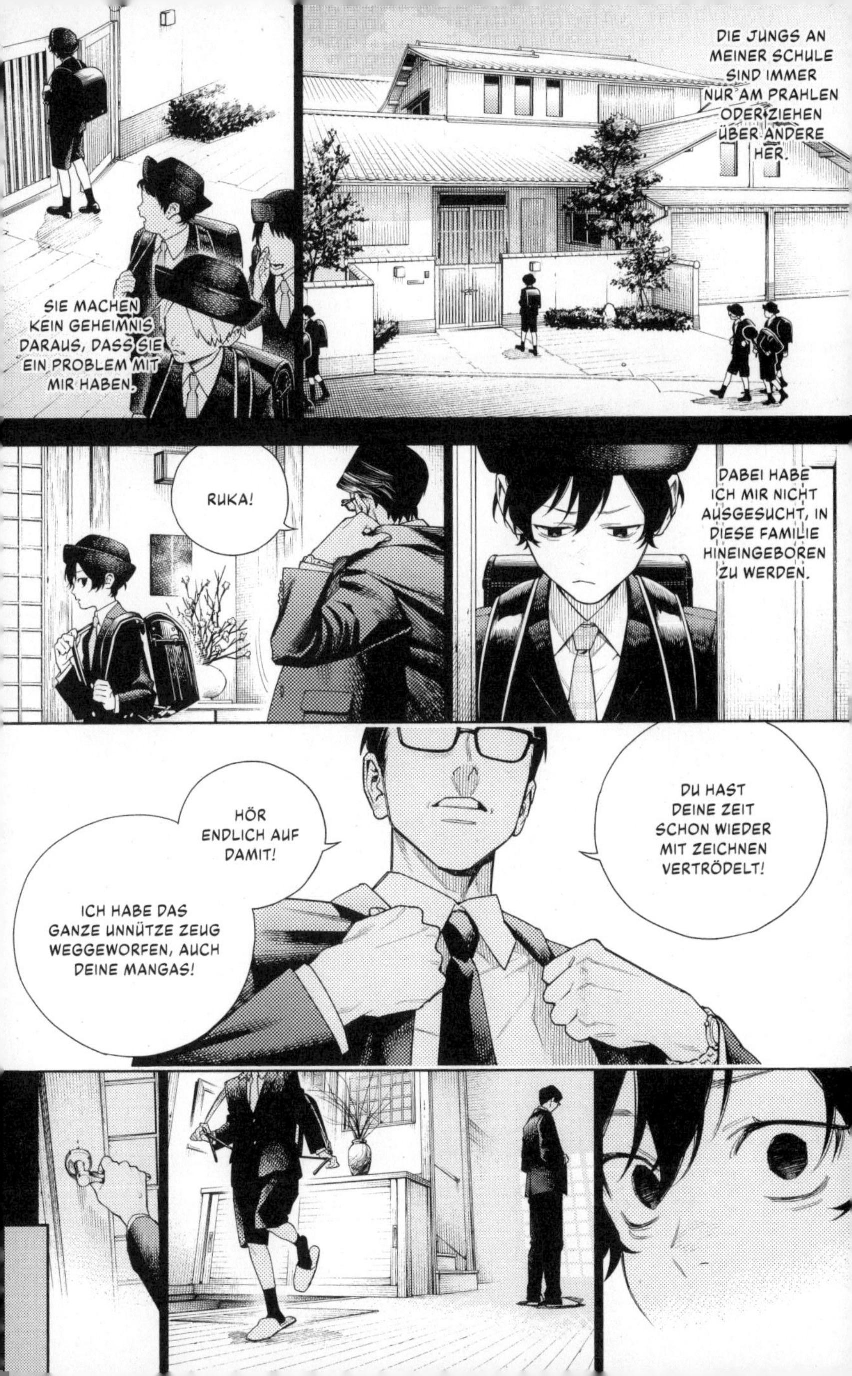
DIE JUNGS AN MEINER SCHULE SIND IMMER NUR AM PRAHLEN ODER ZIEHEN ÜBER ANDERE HER.
SIE MACHEN KEIN GEHEIMNIS DARAUS, DASS SIE EIN PROBLEM MIT MIR HABEN.
DABEI HABE ICH MIR NICHT AUSGESUCHT, IN DIESE FAMILIE HINEINGEBOREN ZU WERDEN.
RUKA!
DU HAST DEINE ZEIT SCHON WIEDER MIT ZEICHNEN VERTRÖDELT!
HÖR ENDLICH AUF DAMIT!
ICH HABE DAS GANZE UNNÜTZE ZEUG WEGGEWORFEN, AUCH DEINE MANGAS!

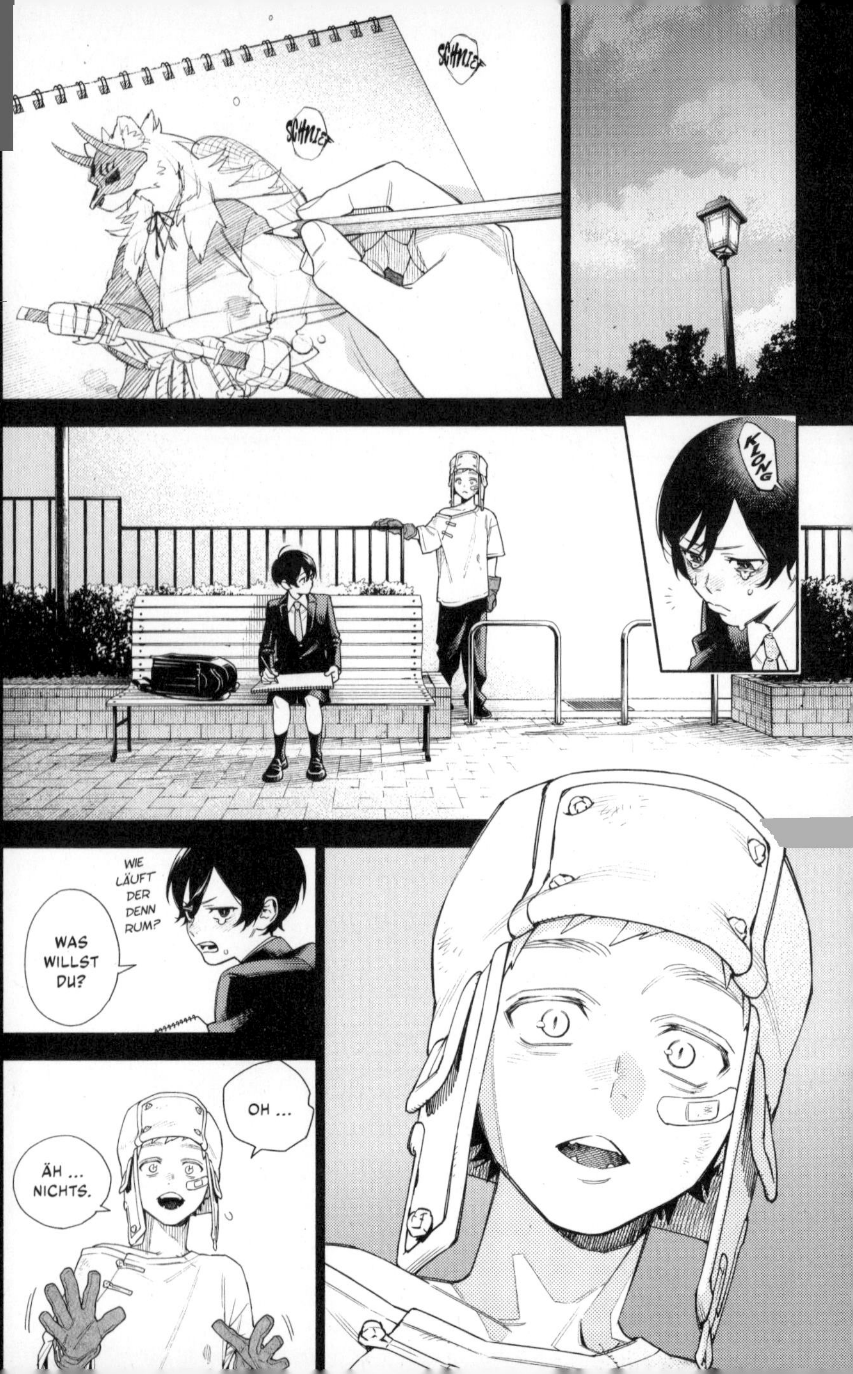
SCHNIEF
SCHNIEF
KLONG
WIE LÄUFT DER DENN RUM?
WAS WILLST DU?
OH ...
ÄH ... NICHTS.

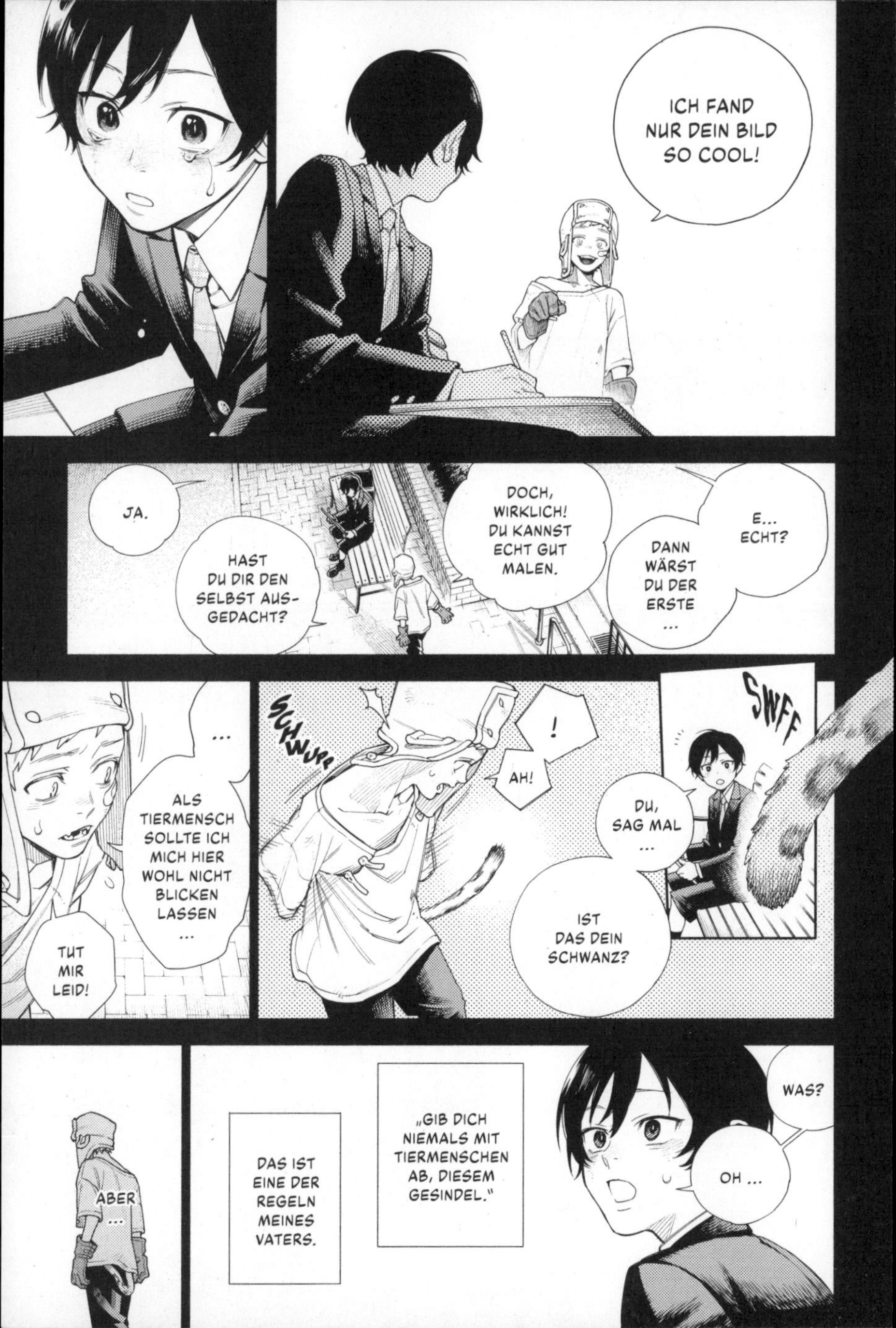
ICH FAND NUR DEIN BILD SO COOL!
E... ECHT?
DANN WÄRST DU DER ERSTE ...
DOCH, WIRKLICH! DU KANNST ECHT GUT MALEN.
HAST DU DIR DEN SELBST AUS-GEDACHT?
JA.
SWFF
DU, SAG MAL ...
IST DAS DEIN SCHWANZ?
!
AH!
SCHWUPP
...
ALS TIERMENSCH SOLLTE ICH MICH HIER WOHL NICHT BLICKEN LASSEN ...
TUT MIR LEID!
WAS?
OH ...
„GIB DICH NIEMALS MIT TIERMENSCHEN AB, DIESEM GESINDEL."
DAS IST EINE DER REGELN MEINES VATERS.
ABER ...

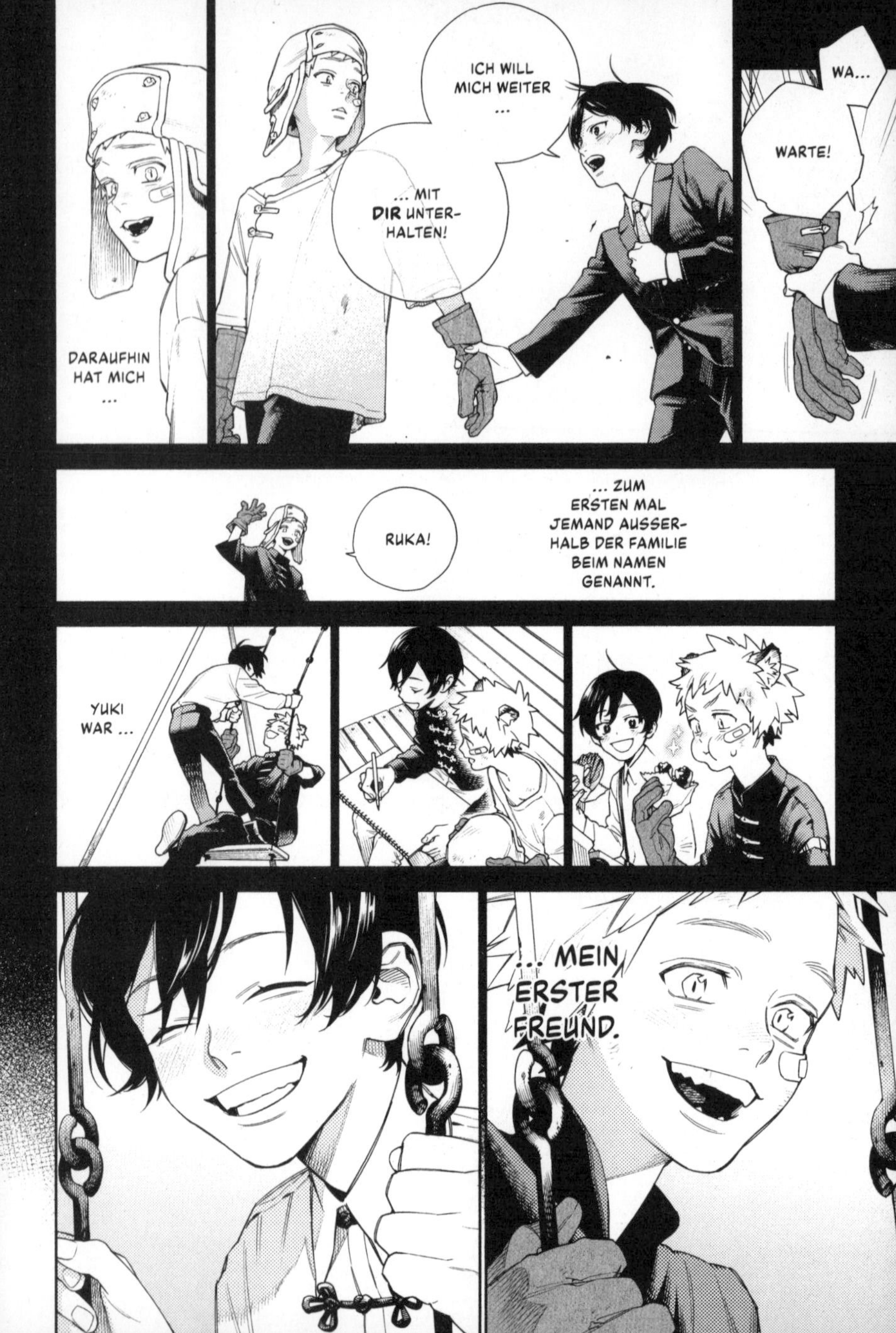
WA...
WARTE!
ICH WILL MICH WEITER ...
... MIT DIR UNTER-HALTEN!
DARAUFHIN HAT MICH ...
... ZUM ERSTEN MAL JEMAND AUSSER-HALB DER FAMILIE BEIM NAMEN GENANNT.
RUKA!
YUKI WAR ...
... MEIN ERSTER FREUND.

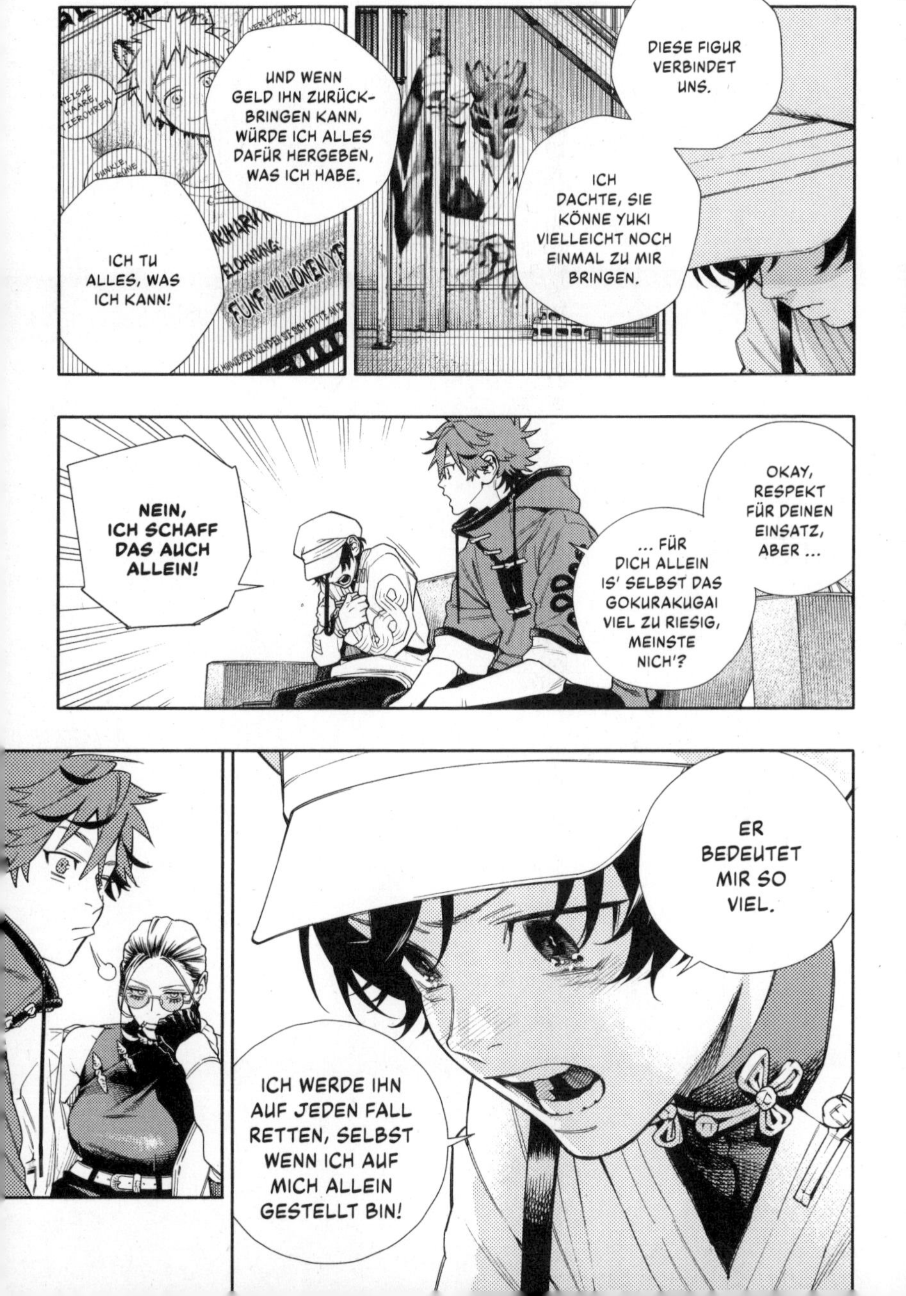
DIESE FIGUR VERBINDET UNS.
ICH DACHTE, SIE KÖNNE YUKI VIELLEICHT NOCH EINMAL ZU MIR BRINGEN.
UND WENN GELD IHN ZURÜCKBRINGEN KANN, WÜRDE ICH ALLES DAFÜR HERGEBEN, WAS ICH HABE.
ICH TU ALLES, WAS ICH KANN!
OKAY, RESPEKT FÜR DEINEN EINSATZ, ABER ...
... FÜR DICH ALLEIN IS' SELBST DAS GOKURAKUGAI VIEL ZU RIESIG, MEINSTE NICH'?
NEIN, ICH SCHAFF DAS AUCH ALLEIN!
ER BEDEUTET MIR SO VIEL.
ICH WERDE IHN AUF JEDEN FALL RETTEN, SELBST WENN ICH AUF MICH ALLEIN GESTELLT BIN!

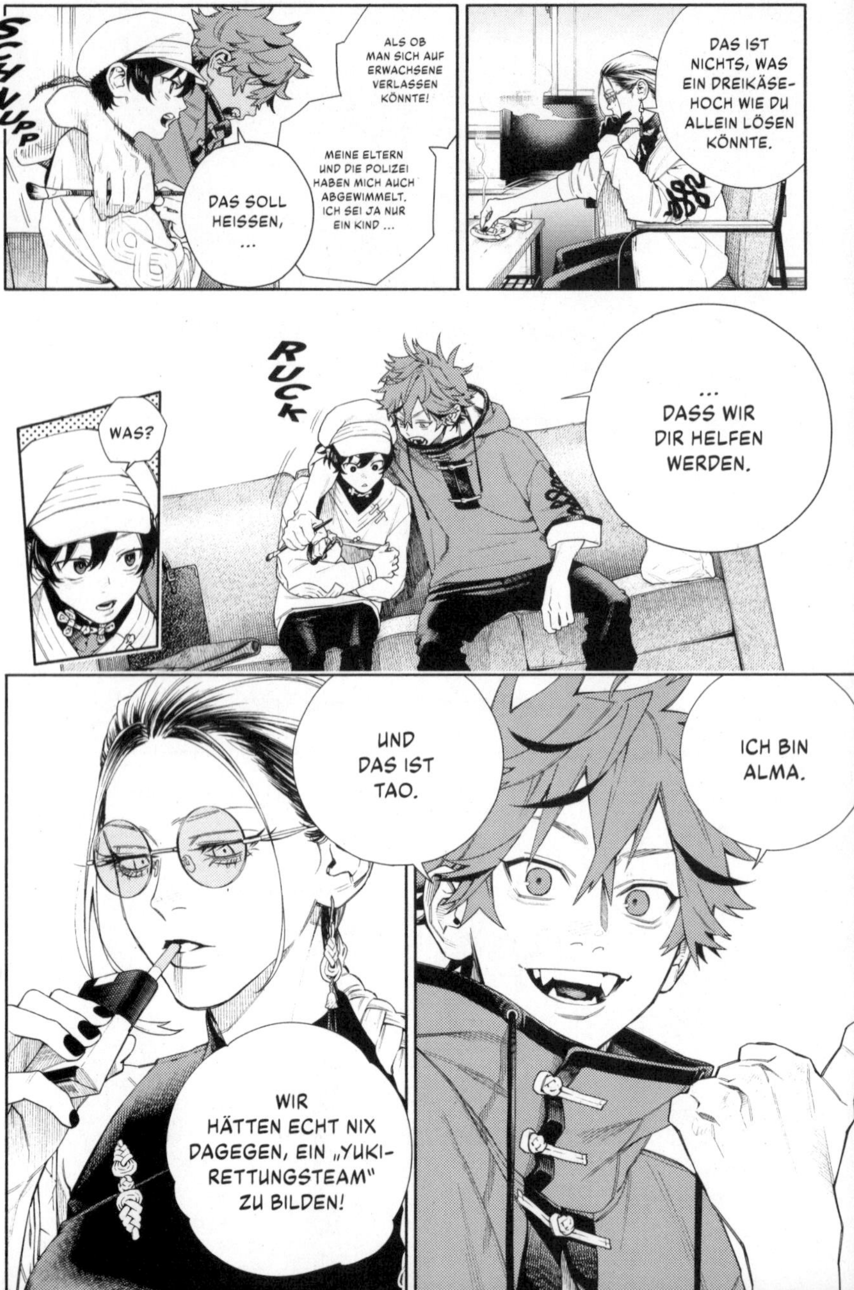
DAS IST NICHTS, WAS EIN DREIKÄSE-HOCH WIE DU ALLEIN LÖSEN KÖNNTE.
ALS OB MAN SICH AUF ERWACHSENE VERLASSEN KÖNNTE!
MEINE ELTERN UND DIE POLIZEI HABEN MICH AUCH ABGEWIMMELT. ICH SEI JA NUR EIN KIND …
SCHWUPP
DAS SOLL HEISSEN, …
… DASS WIR DIR HELFEN WERDEN.
RUCK
WAS?
ICH BIN ALMA.
UND DAS IST TAO.
WIR HÄTTEN ECHT NIX DAGEGEN, EIN „YUKI-RETTUNGSTEAM" ZU BILDEN!

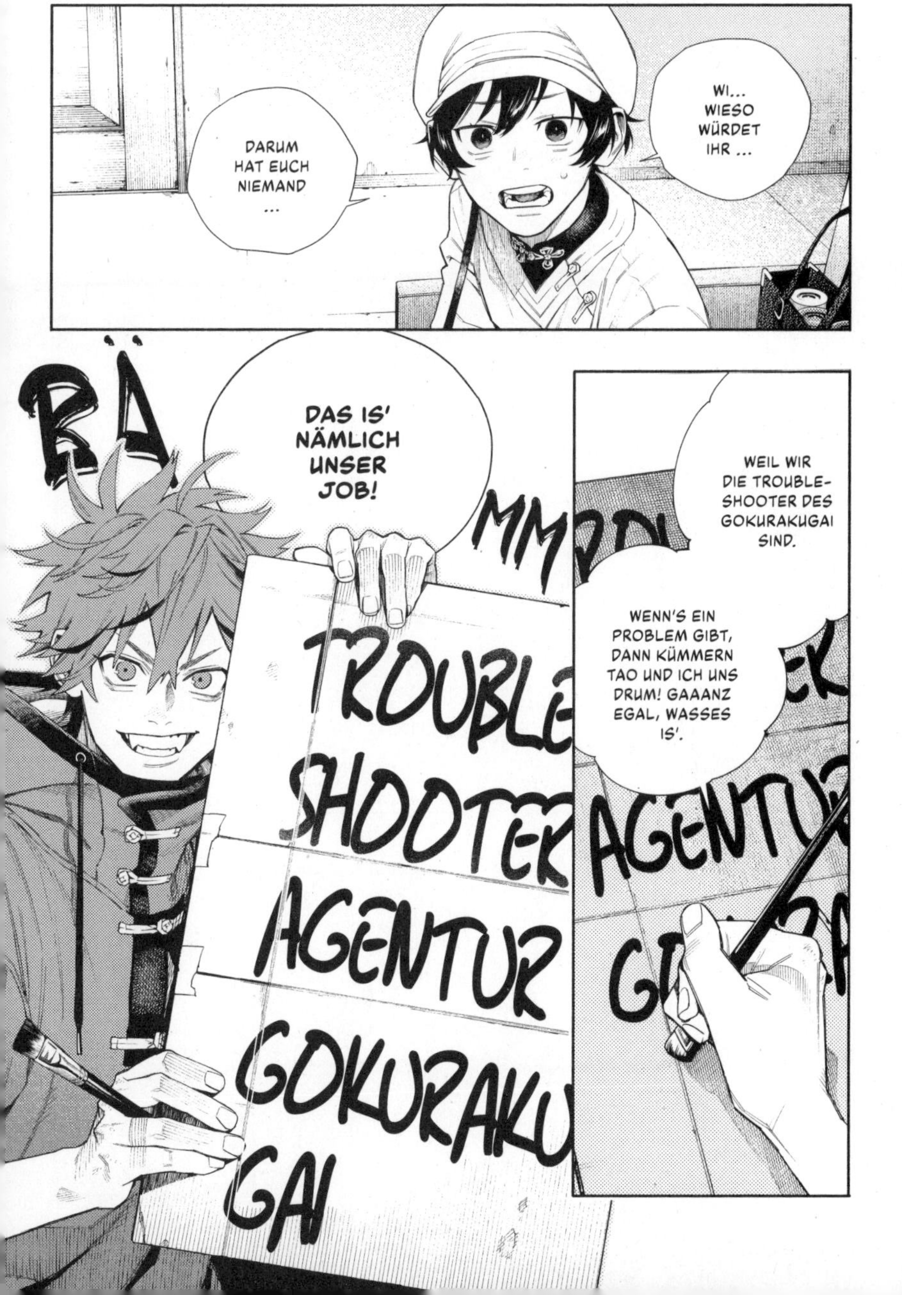
WI... WIESO WÜRDET IHR ...
DARUM HAT EUCH NIEMAND ...
WEIL WIR DIE TROUBLE-SHOOTER DES GOKURAKUGAI SIND.
WENN'S EIN PROBLEM GIBT, DANN KÜMMERN TAO UND ICH UNS DRUM! GAAANZ EGAL, WASSES IS'.
DAS IS' NÄMLICH UNSER JOB!
TROUBLE SHOOTER AGENTUR GOKURAKU GAI

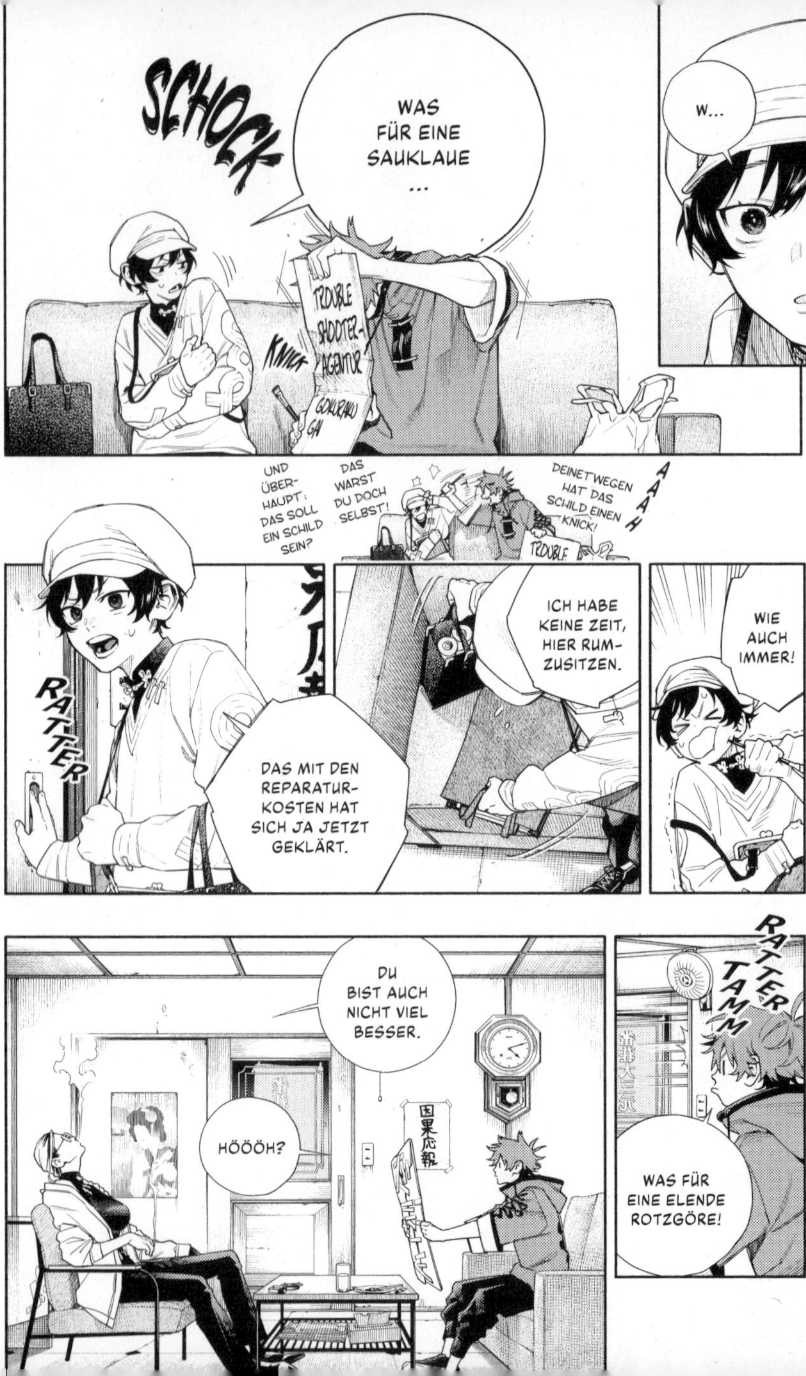
W...
SCHOCK
WAS FÜR EINE SAUKLAUE ...
KNICK
TROUBLE SHOOTER-AGENTUR
GOKURAKU GAI
AAAAH
DEINETWEGEN HAT DAS SCHILD EINEN KNICK!
DAS WARST DU DOCH SELBST!
UND ÜBERHAUPT: DAS SOLL EIN SCHILD SEIN?
TROUBLE
WIE AUCH IMMER!
ICH HABE KEINE ZEIT, HIER RUMZUSITZEN.
DAS MIT DEN REPARATURKOSTEN HAT SICH JA JETZT GEKLÄRT.
RATTER
RATTER TAMM
WAS FÜR EINE ELENDE ROTZGÖRE!
DU BIST AUCH NICHT VIEL BESSER.
HÖÖÖH?

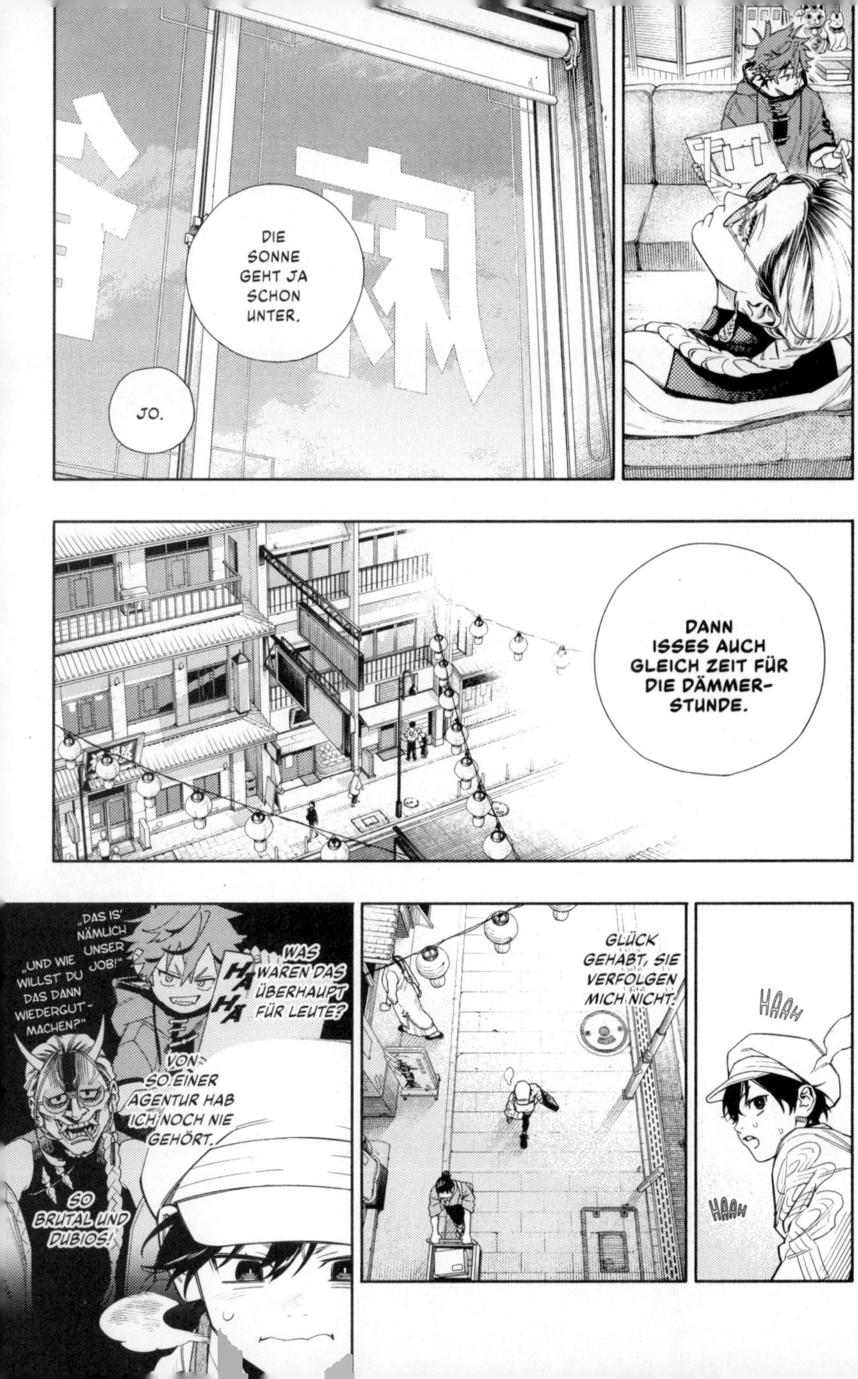
DIE SONNE GEHT JA SCHON UNTER.
JO.
DANN ISSES AUCH GLEICH ZEIT FÜR DIE DÄMMER-STUNDE.
HAAH
HAAH
GLÜCK GEHABT, SIE VERFOLGEN MICH NICHT!
WAS WAREN DAS ÜBERHAUPT FÜR LEUTE?
HAHA
„DAS IS' NÄMLICH UNSER JOB!"
„UND WIE WILLST DU DAS DANN WIEDERGUT-MACHEN?"
VON SO EINER AGENTUR HAB ICH NOCH NIE GEHÖRT.
SO BRUTAL UND DUBIOS!

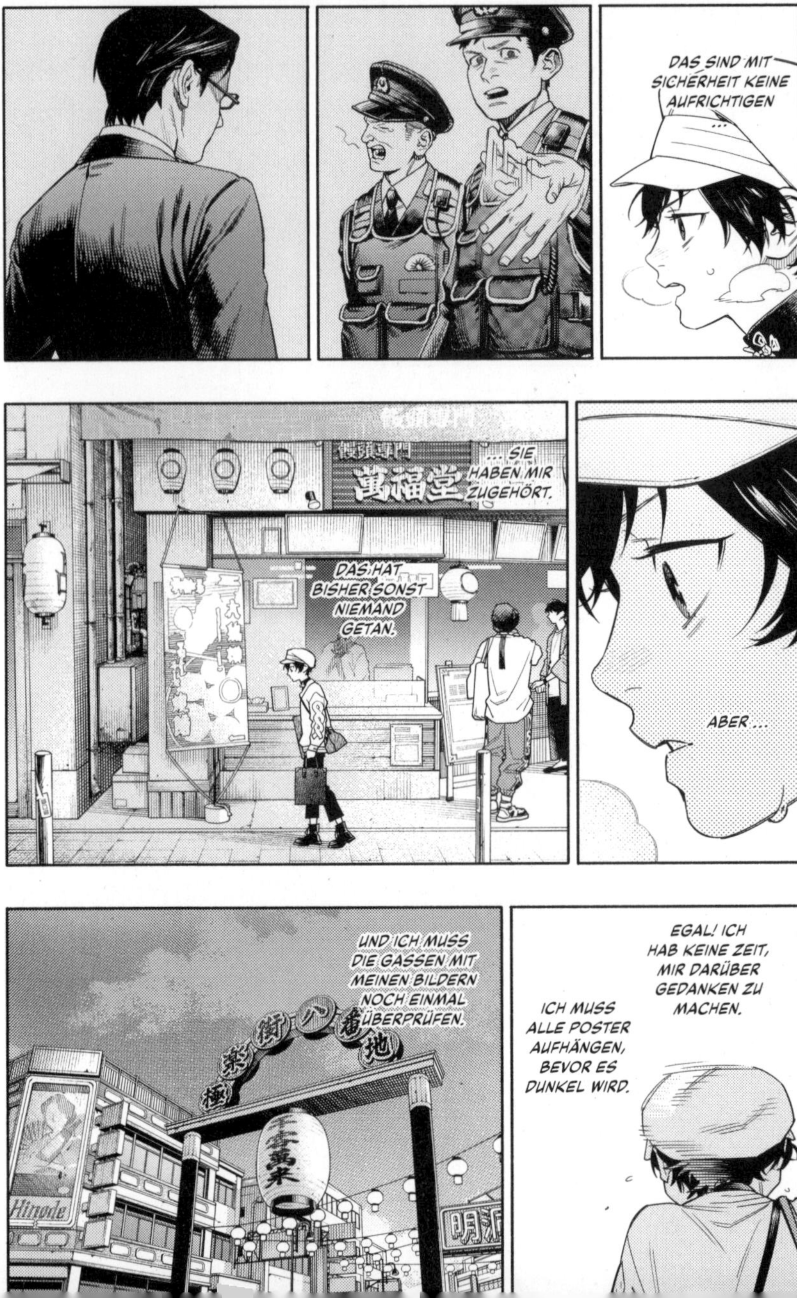
DAS SIND MIT SICHERHEIT KEINE AUFRICHTIGEN ...
ABER ...
... SIE HABEN MIR ZUGEHÖRT.
DAS HAT BISHER SONST NIEMAND GETAN.
EGAL! ICH HAB KEINE ZEIT, MIR DARÜBER GEDANKEN ZU MACHEN.
ICH MUSS ALLE POSTER AUFHÄNGEN, BEVOR ES DUNKEL WIRD.
UND ICH MUSS DIE GASSEN MIT MEINEN BILDERN NOCH EINMAL ÜBERPRÜFEN.
饅頭専門
萬福堂
極楽街八番地
Hinode

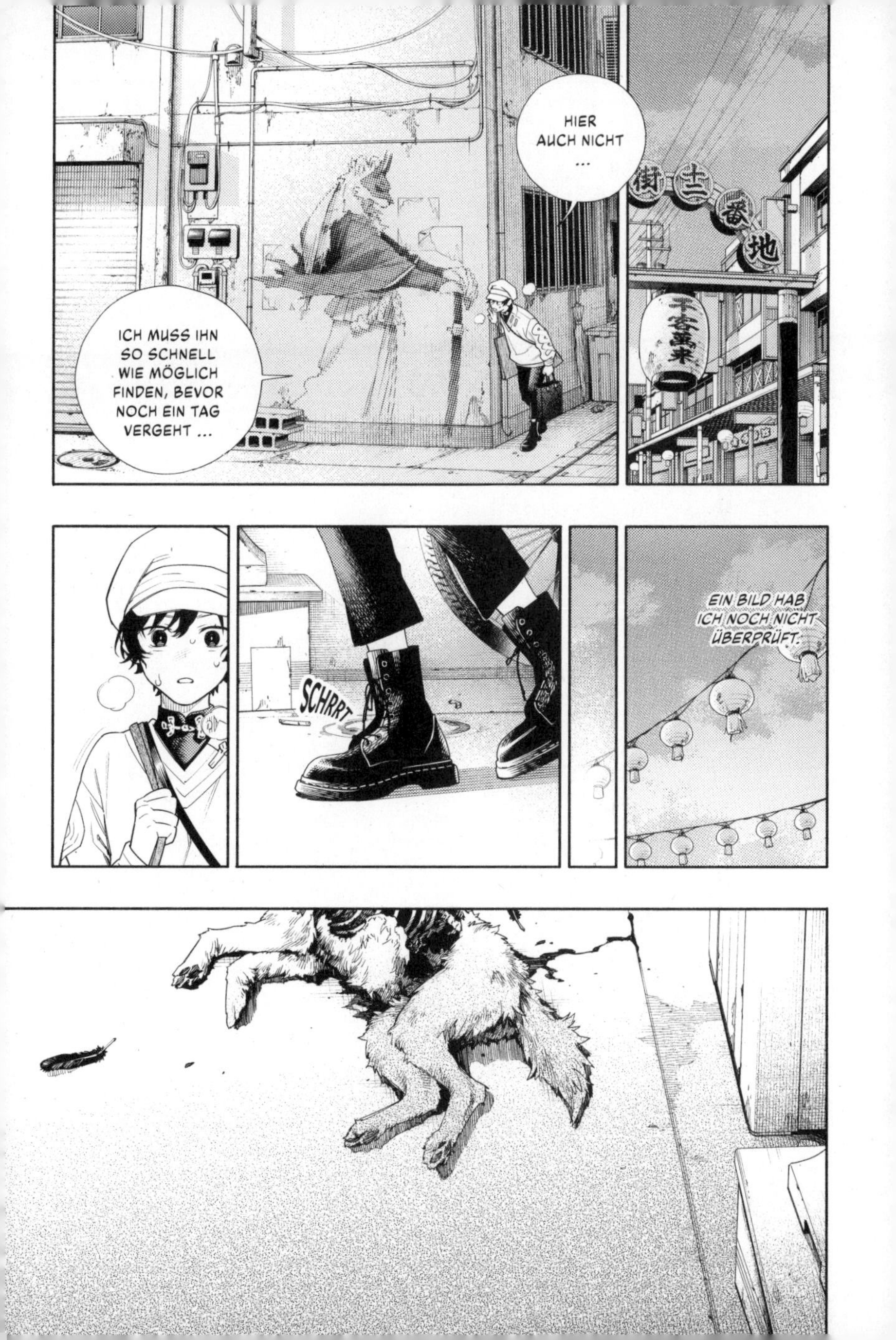
HIER AUCH NICHT ...
ICH MUSS IHN SO SCHNELL WIE MÖGLICH FINDEN, BEVOR NOCH EIN TAG VERGEHT ...
EIN BILD HAB ICH NOCH NICHT ÜBERPRÜFT.
SCHRRT

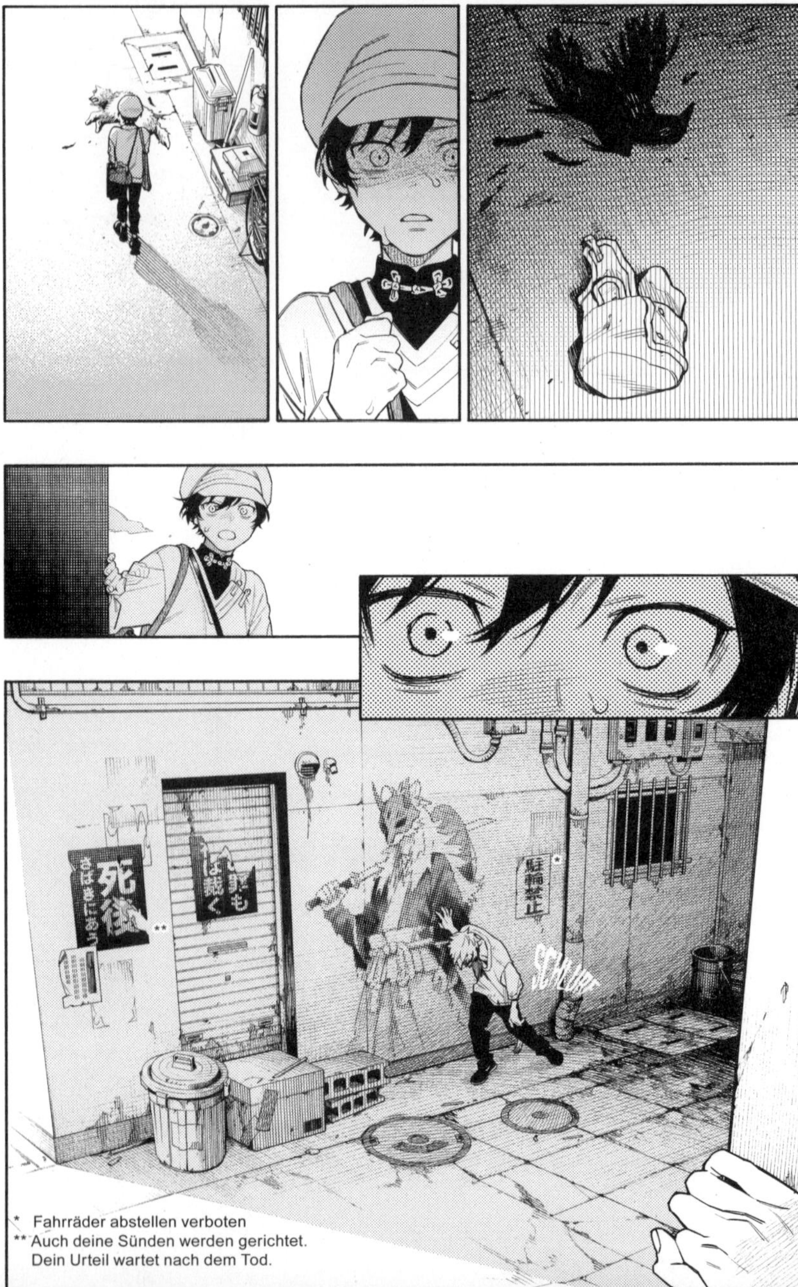

* Fahrräder abstellen verboten
** Auch deine Sünden werden gerichtet.
Dein Urteil wartet nach dem Tod.

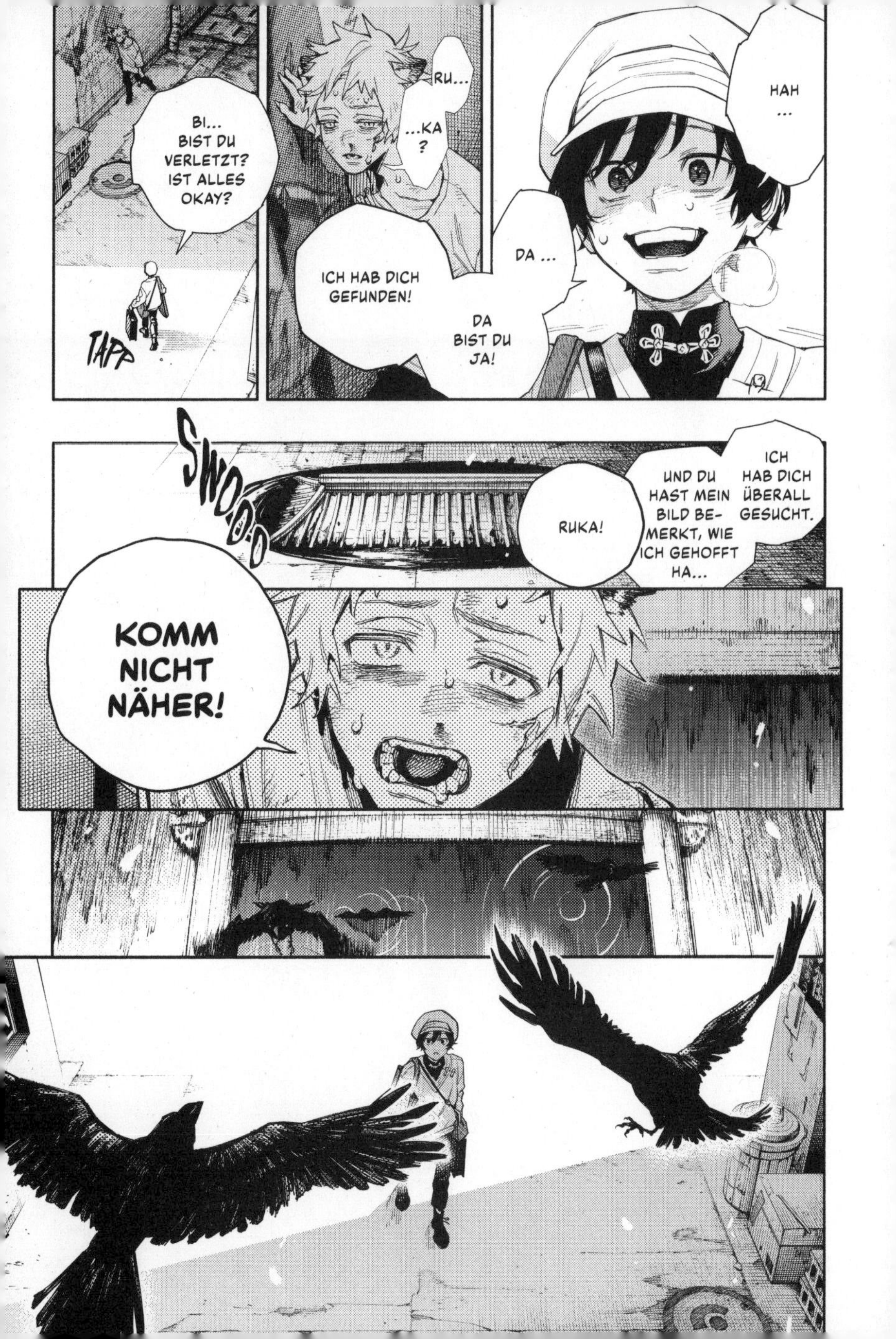
HAH ...
DA ...
DA BIST DU JA!
ICH HAB DICH GEFUNDEN!
RU...
...KA ?
BI... BIST DU VERLETZT? IST ALLES OKAY?
TAPP
ICH HAB DICH ÜBERALL GESUCHT.
UND DU HAST MEIN BILD BE-MERKT, WIE ICH GEHOFFT HA...
RUKA!
SWOOO
KOMM NICHT NÄHER!

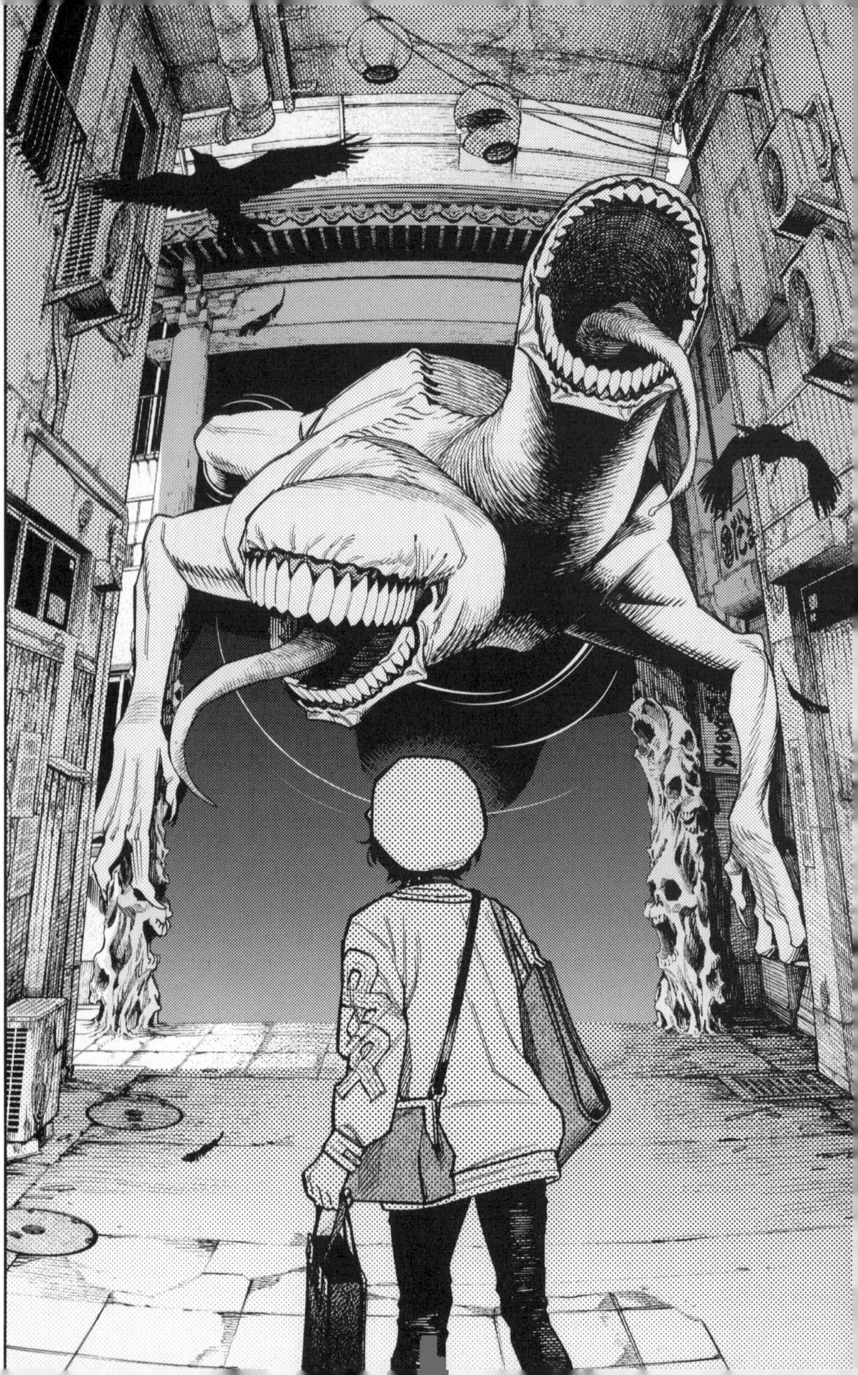

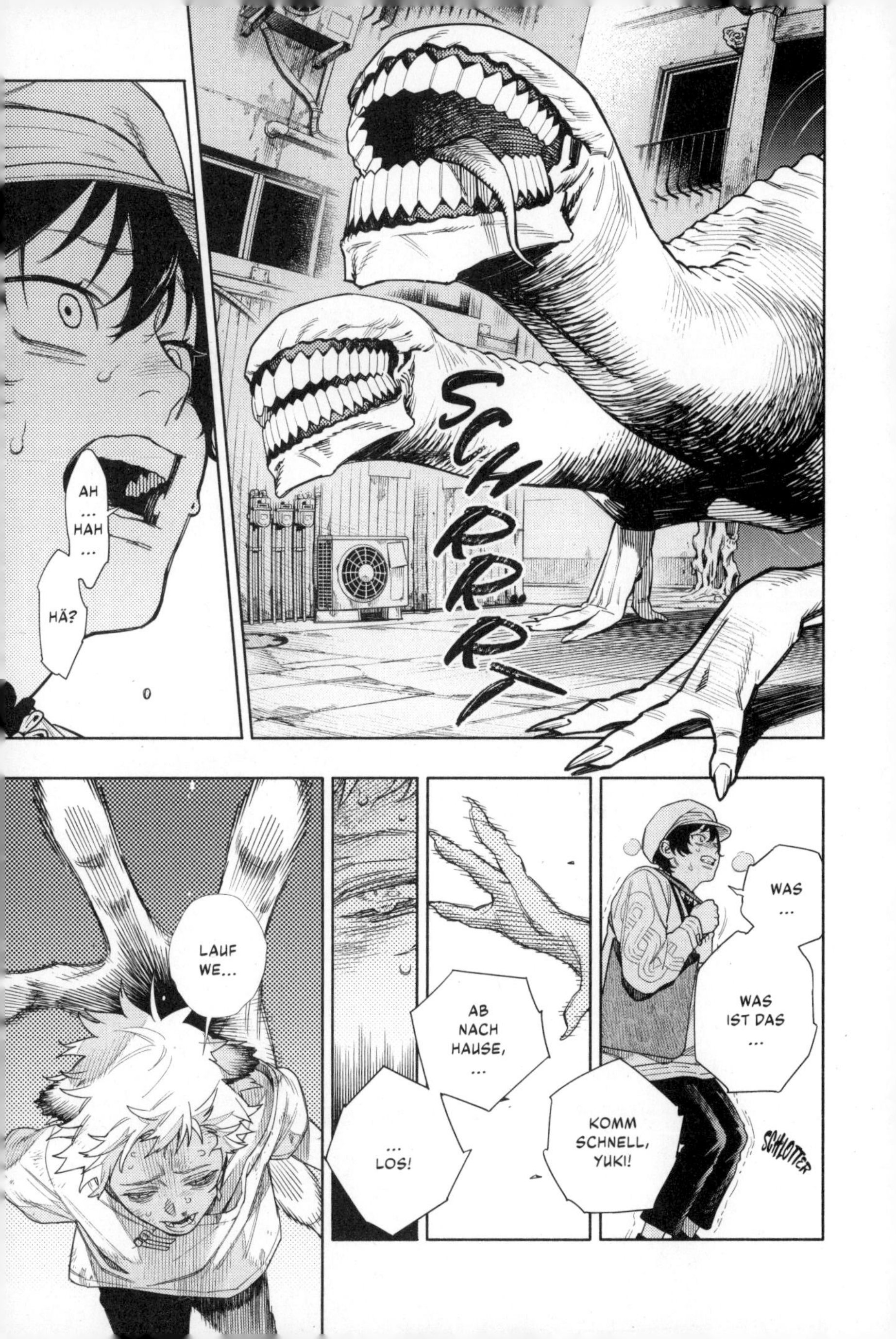
SCHRRRT
AH ... HAH ...
HÄ?
WAS ...
WAS IST DAS ...
SCHLOTTER
KOMM SCHNELL, YUKI!
AB NACH HAUSE, ...
... LOS!
LAUF WE...

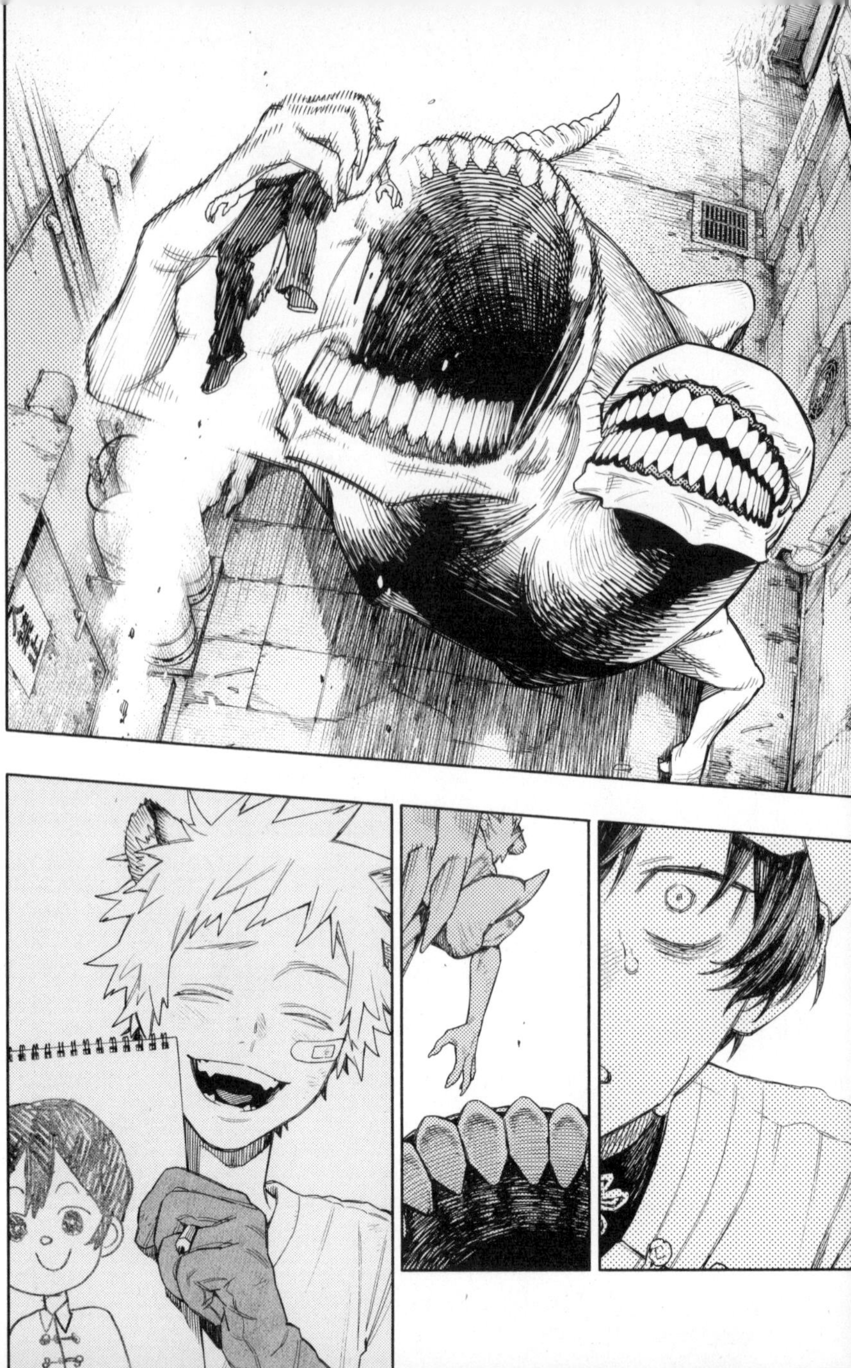

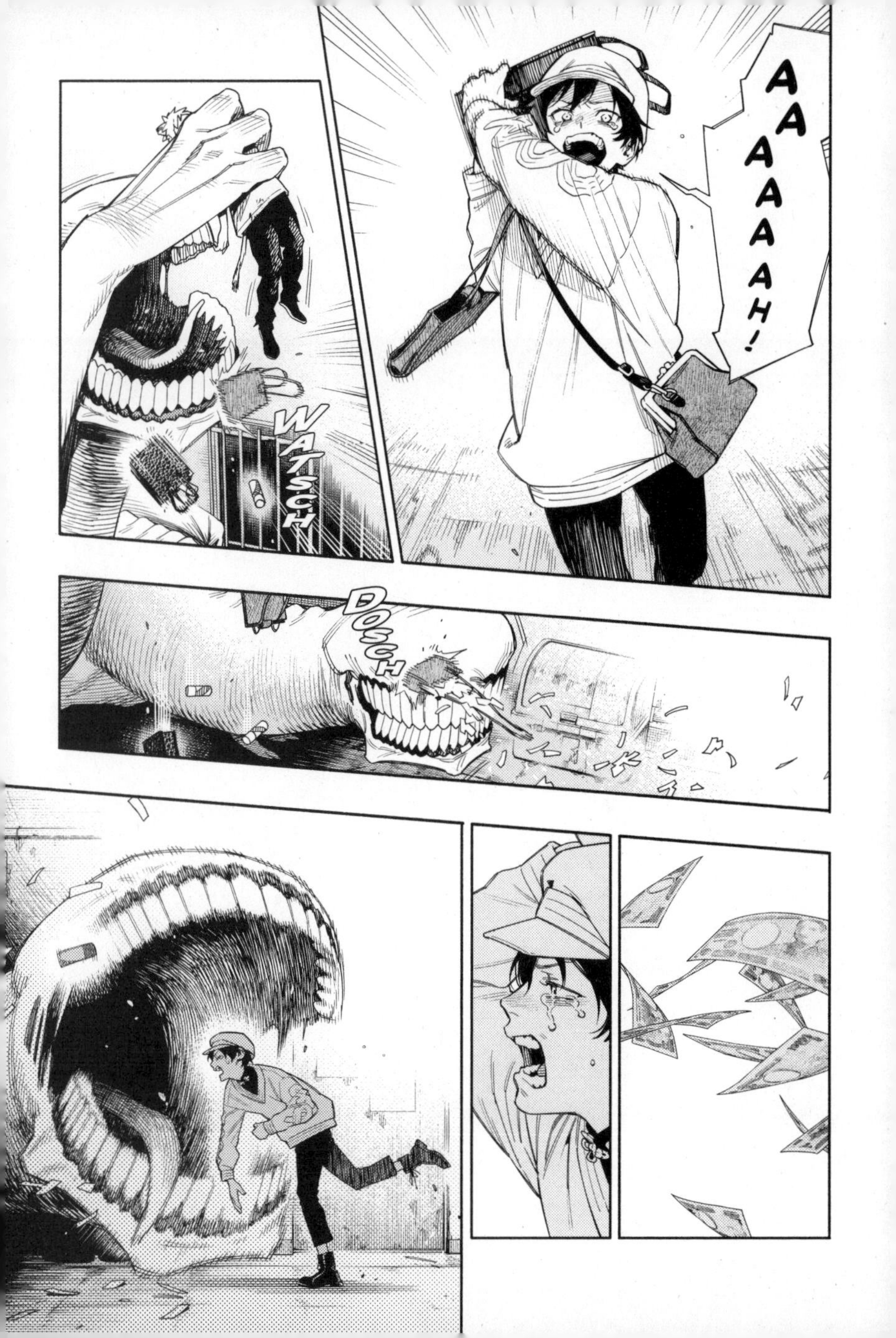
AAAAAAAAH!
WATSCH
DOSCH

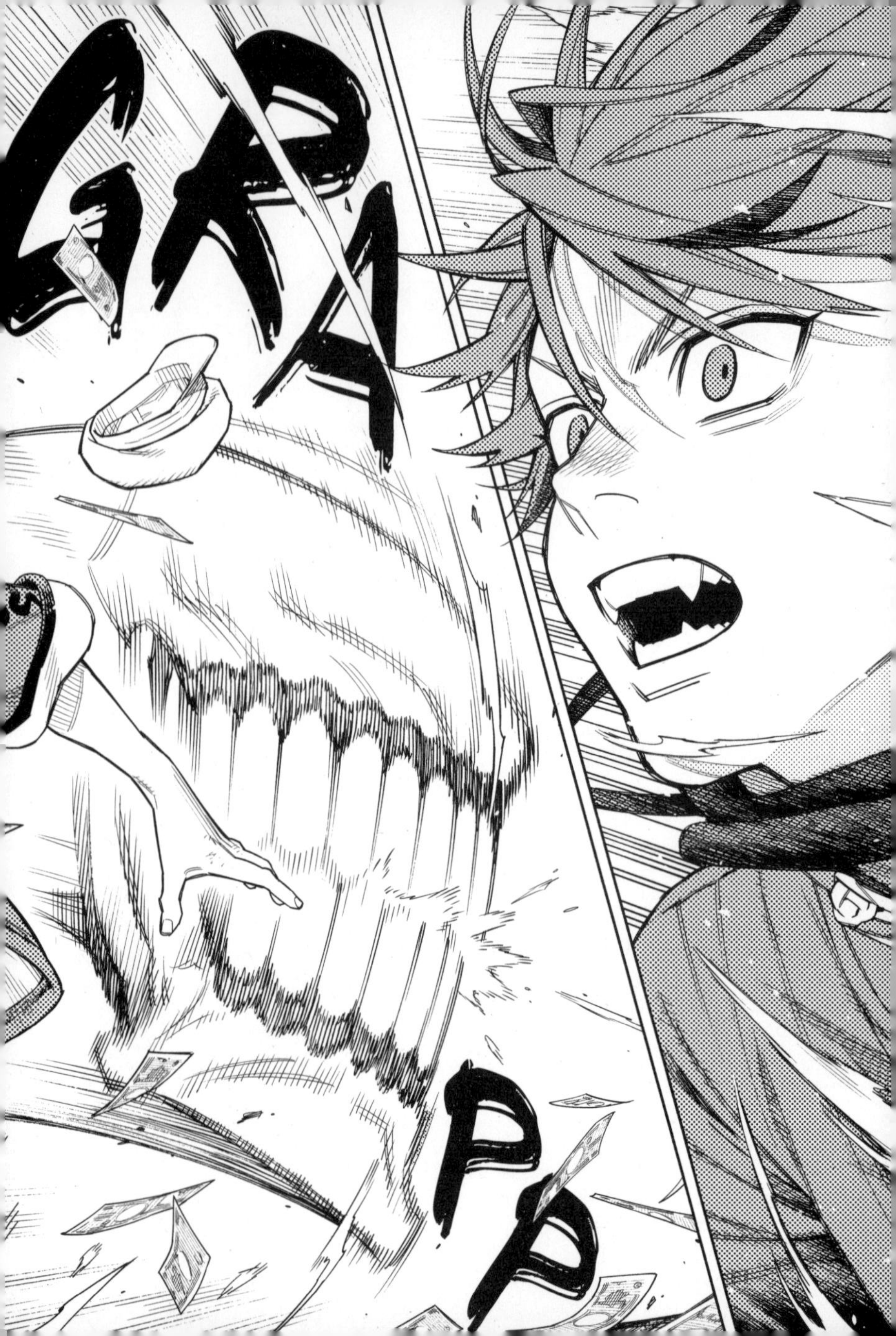
GRAAPP

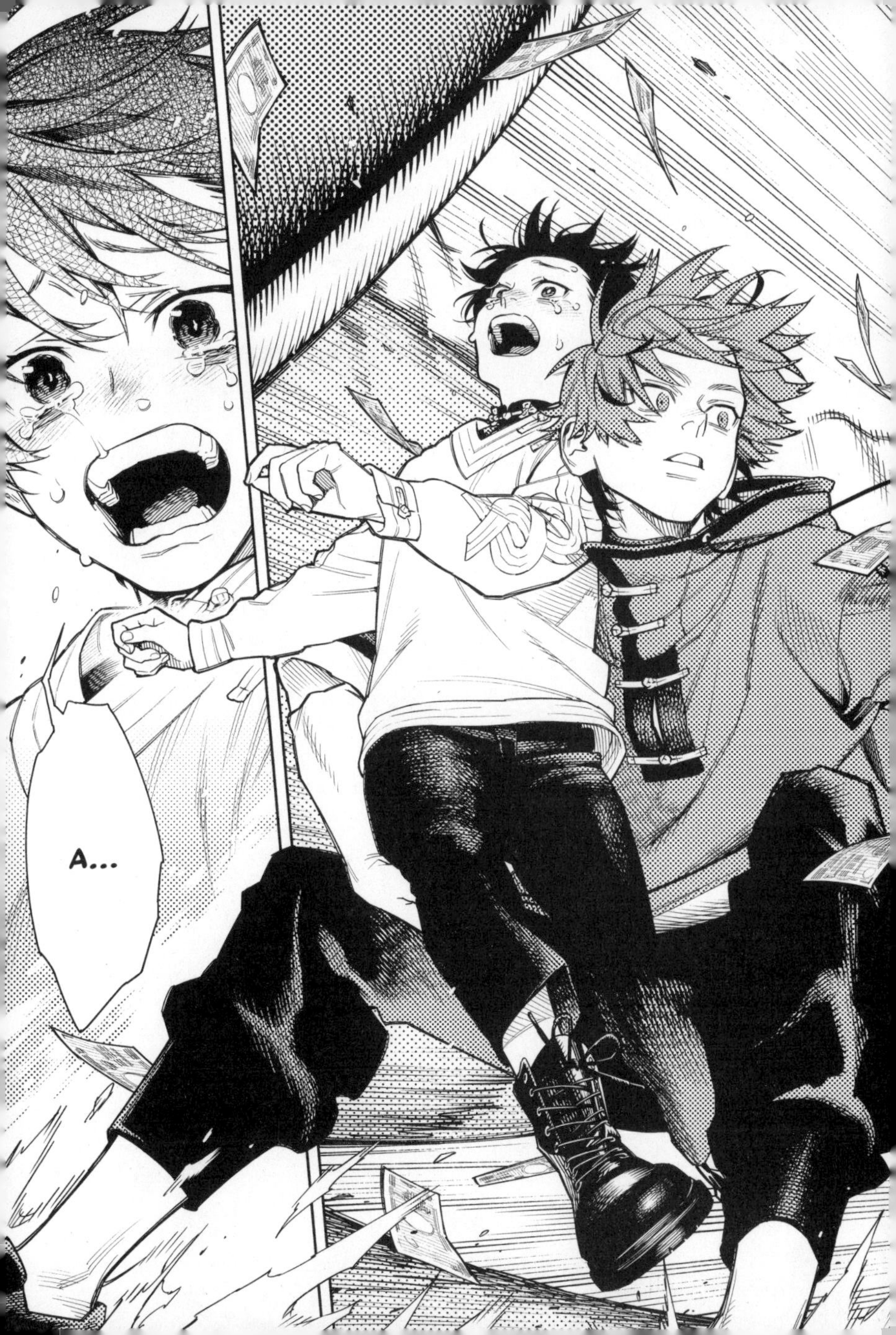
A...

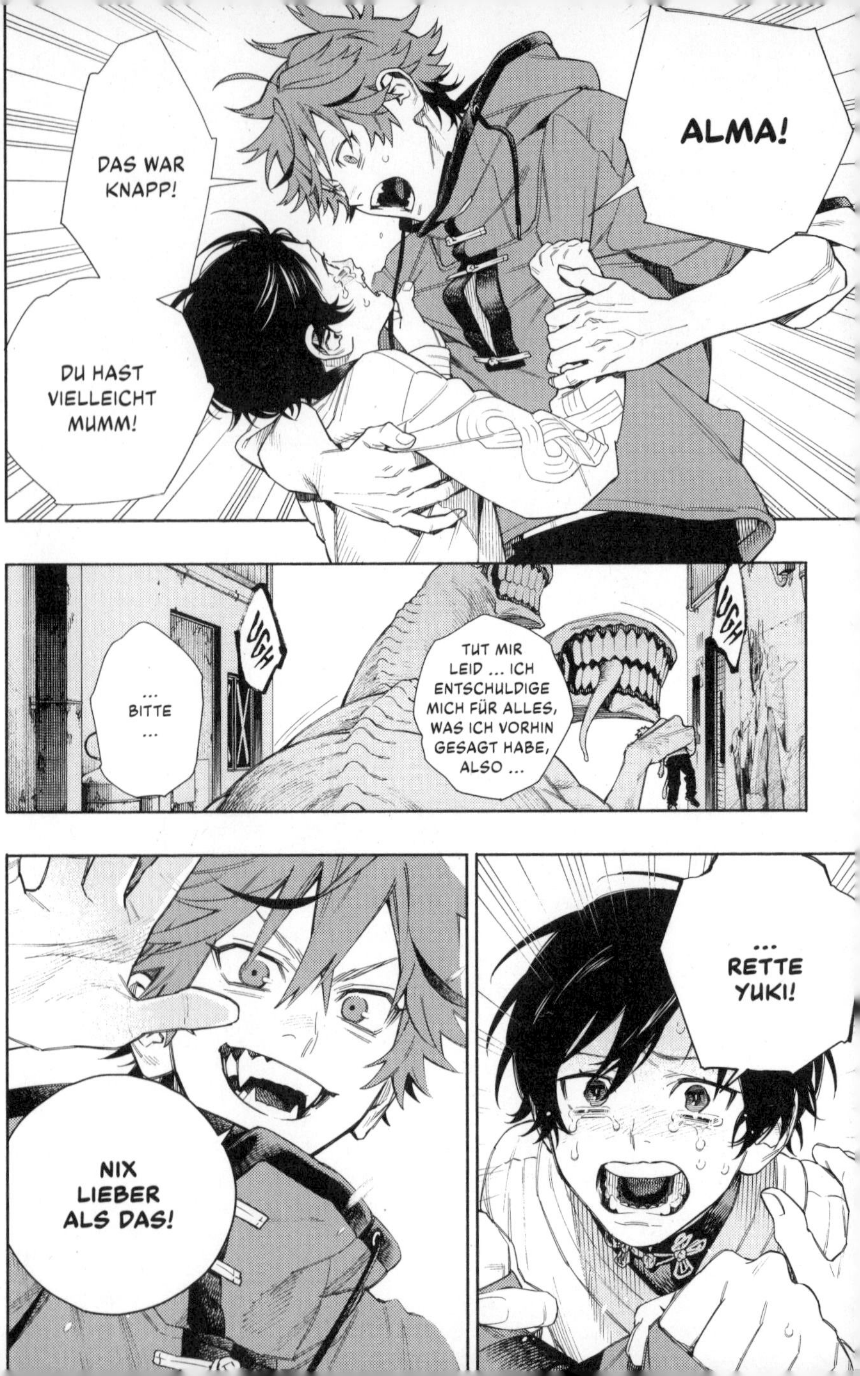
ALMA!
DAS WAR KNAPP!
DU HAST VIELLEICHT MUMM!
UGH
TUT MIR LEID ... ICH ENTSCHULDIGE MICH FÜR ALLES, WAS ICH VORHIN GESAGT HABE, ALSO ...
UGH
... BITTE ...
... RETTE YUKI!
NIX LIEBER ALS DAS!

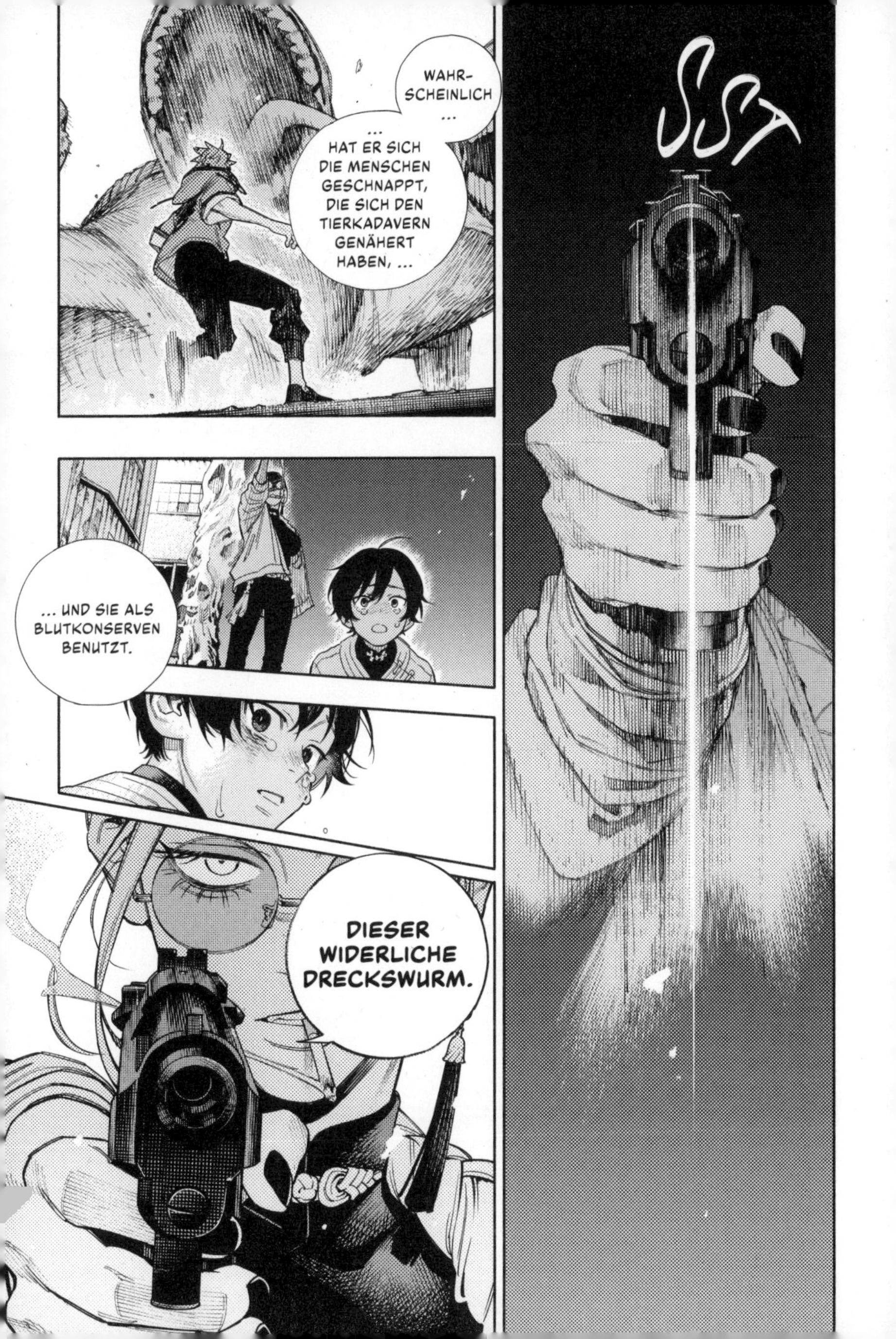
SSST
WAHRSCHEINLICH ...
... HAT ER SICH DIE MENSCHEN GESCHNAPPT, DIE SICH DEN TIERKADAVERN GENÄHERT HABEN, ...
... UND SIE ALS BLUTKONSERVEN BENUTZT.
DIESER WIDERLICHE DRECKSWURM.

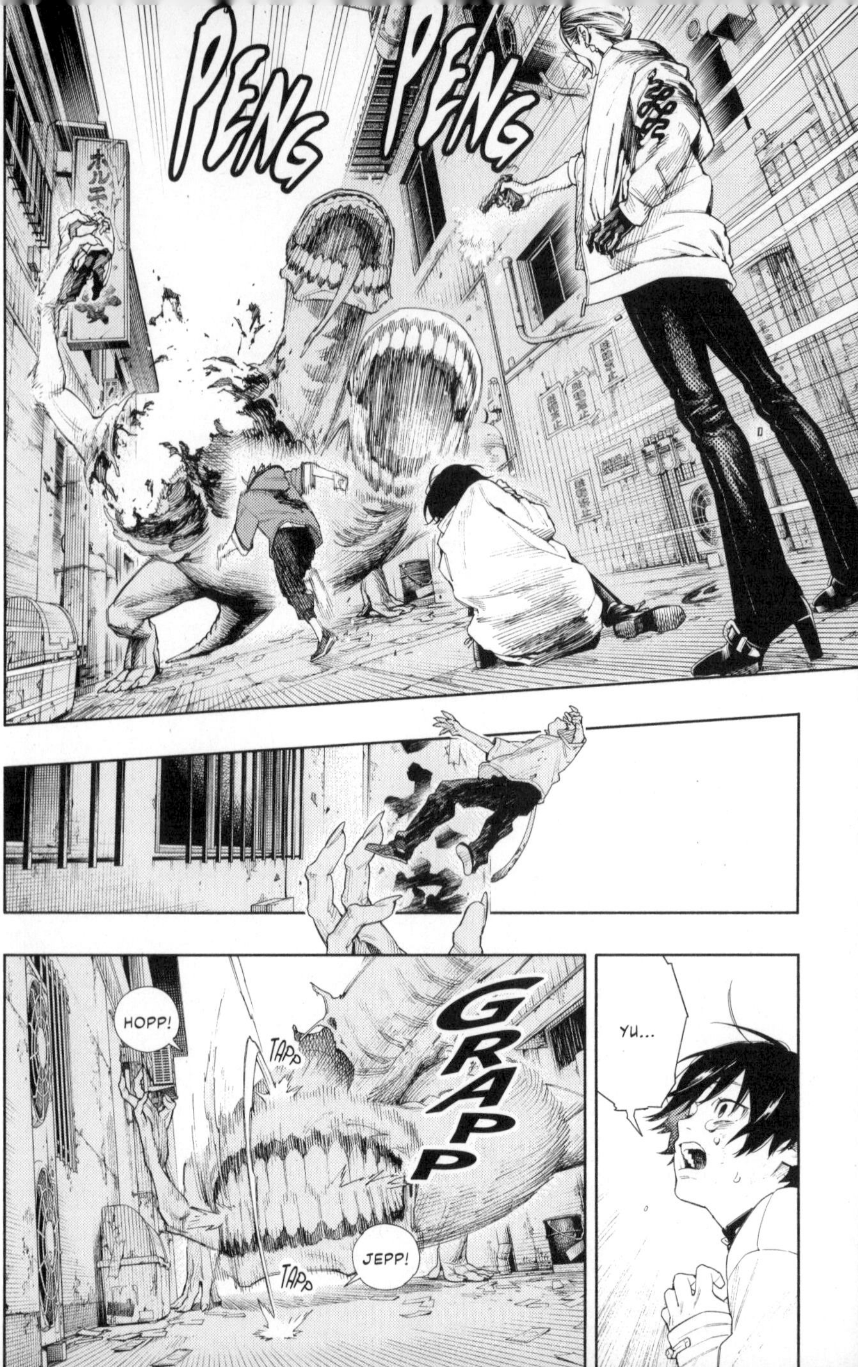
PENG
PENG
YU...
GRAPP
HOPP!
TAPP
JEPP!
TAPP

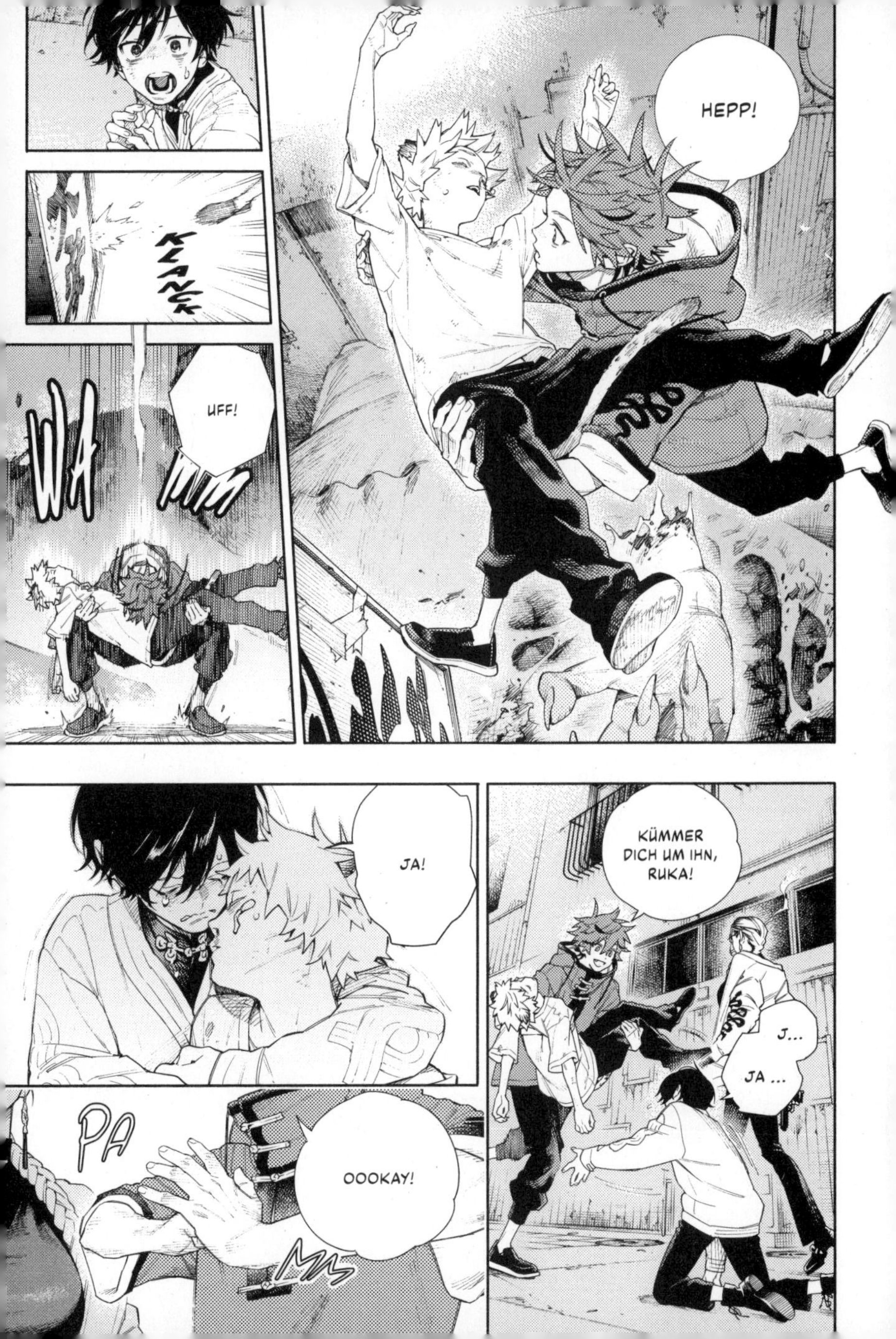
HEPP!
KLANCK
WA
UFF!
KÜMMER DICH UM IHN, RUKA!
J...
JA ...
JA!
PA
OOOKAY!

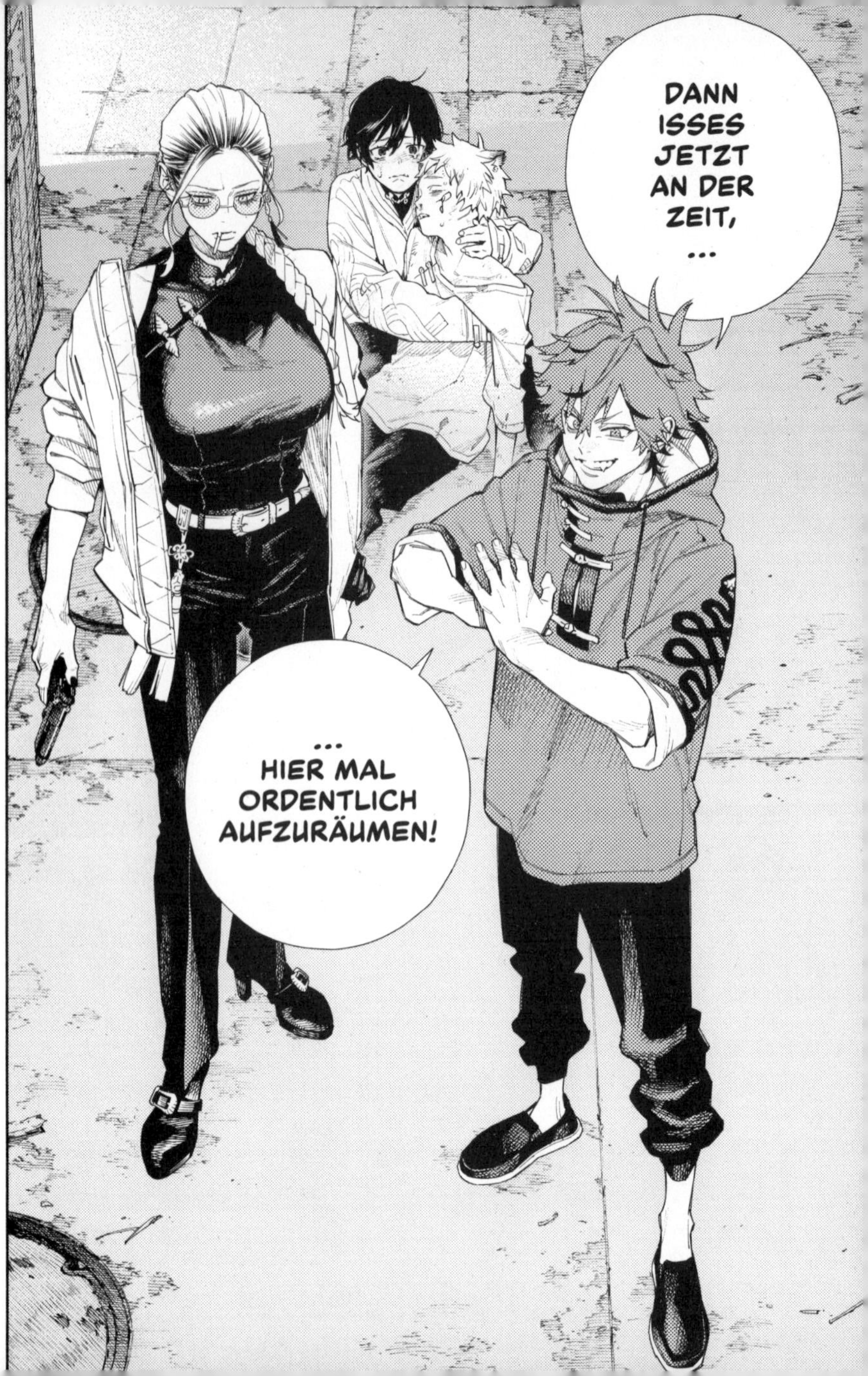
DANN ISSES JETZT AN DER ZEIT, ...
... HIER MAL ORDENTLICH AUFZURÄUMEN!

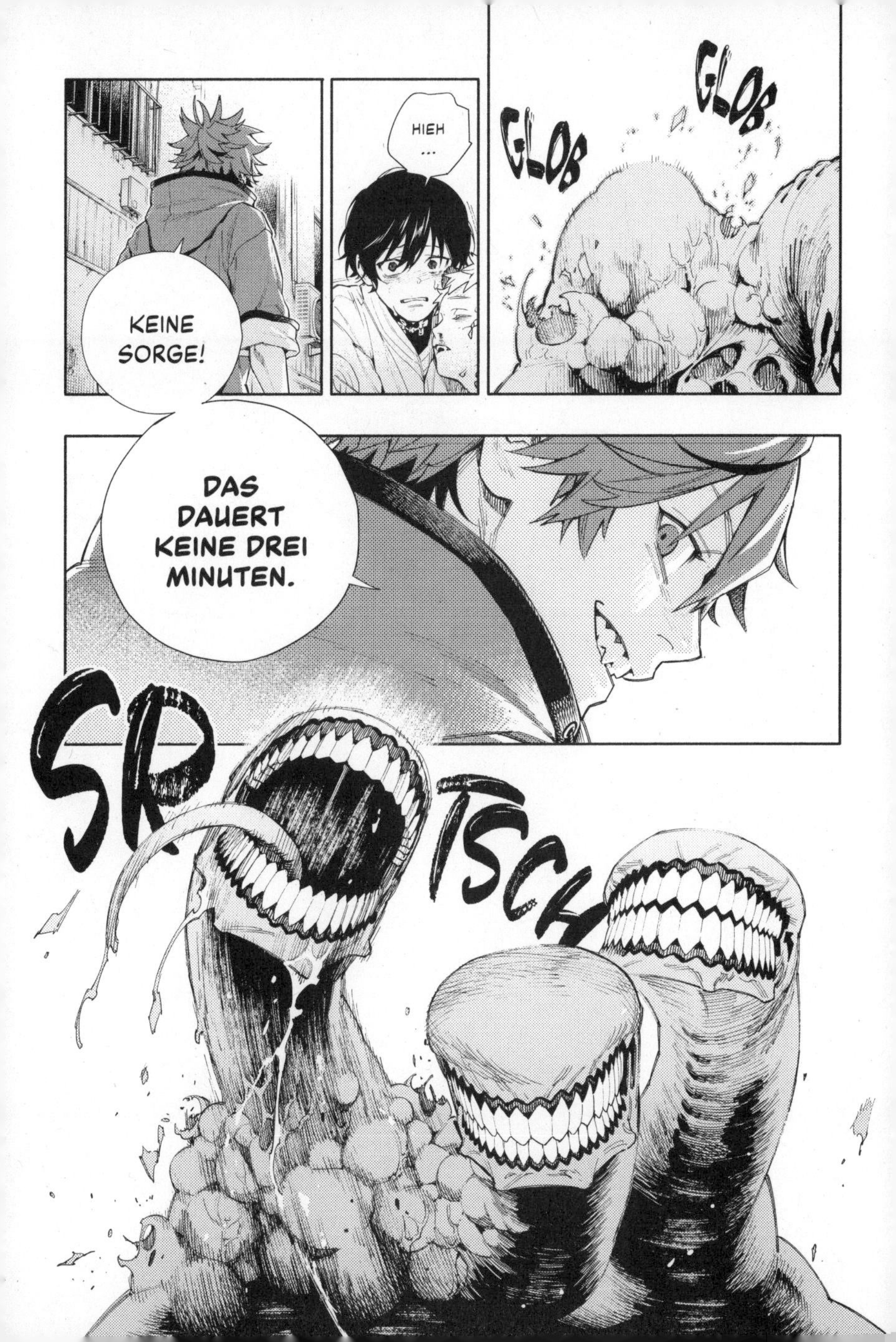
GLOB
GLOB
HIEH ...
KEINE SORGE!
DAS DAUERT KEINE DREI MINUTEN.
SRTSCH

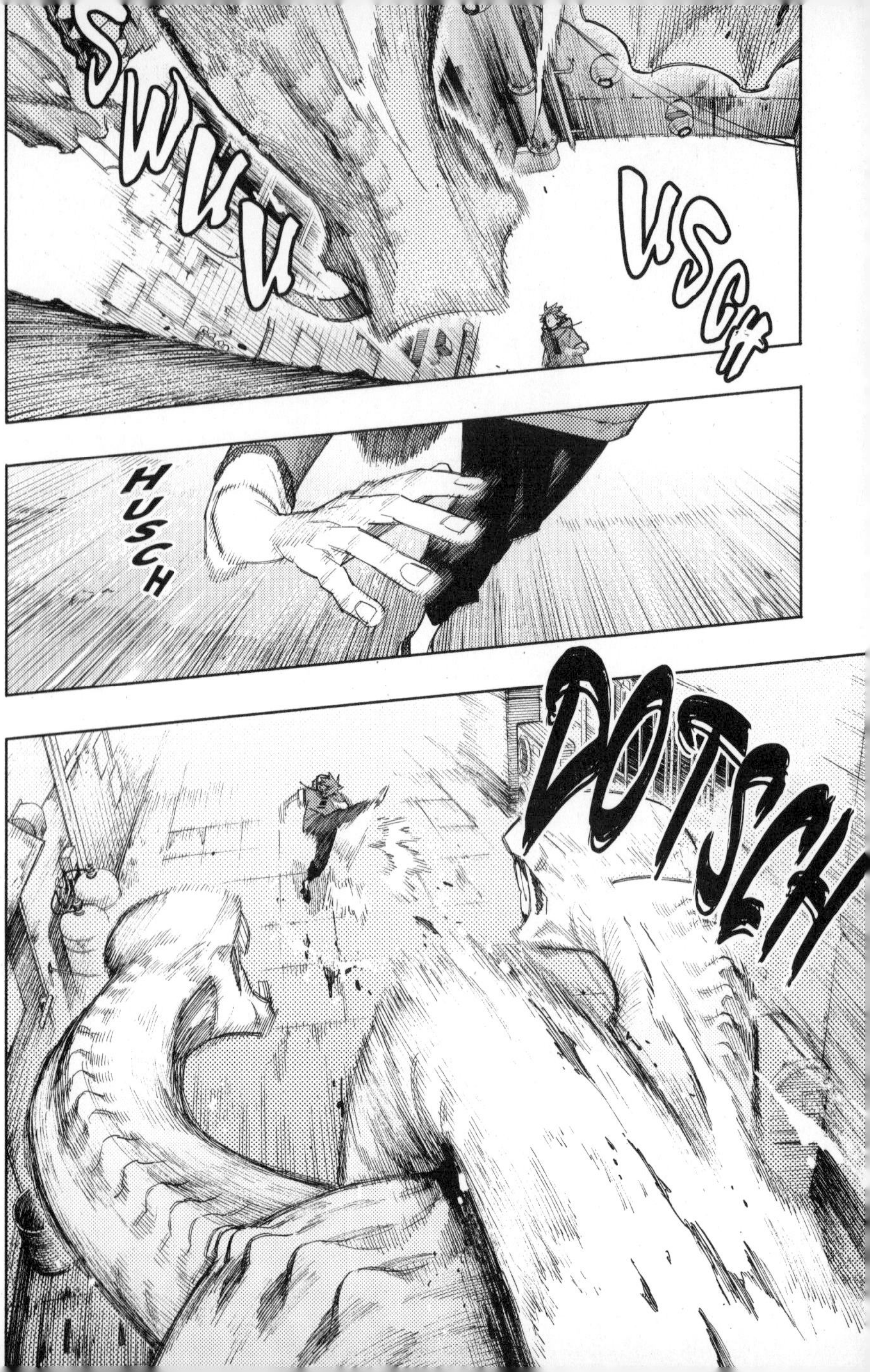
SWUUU
USCH
HUSCH
DOTSCH

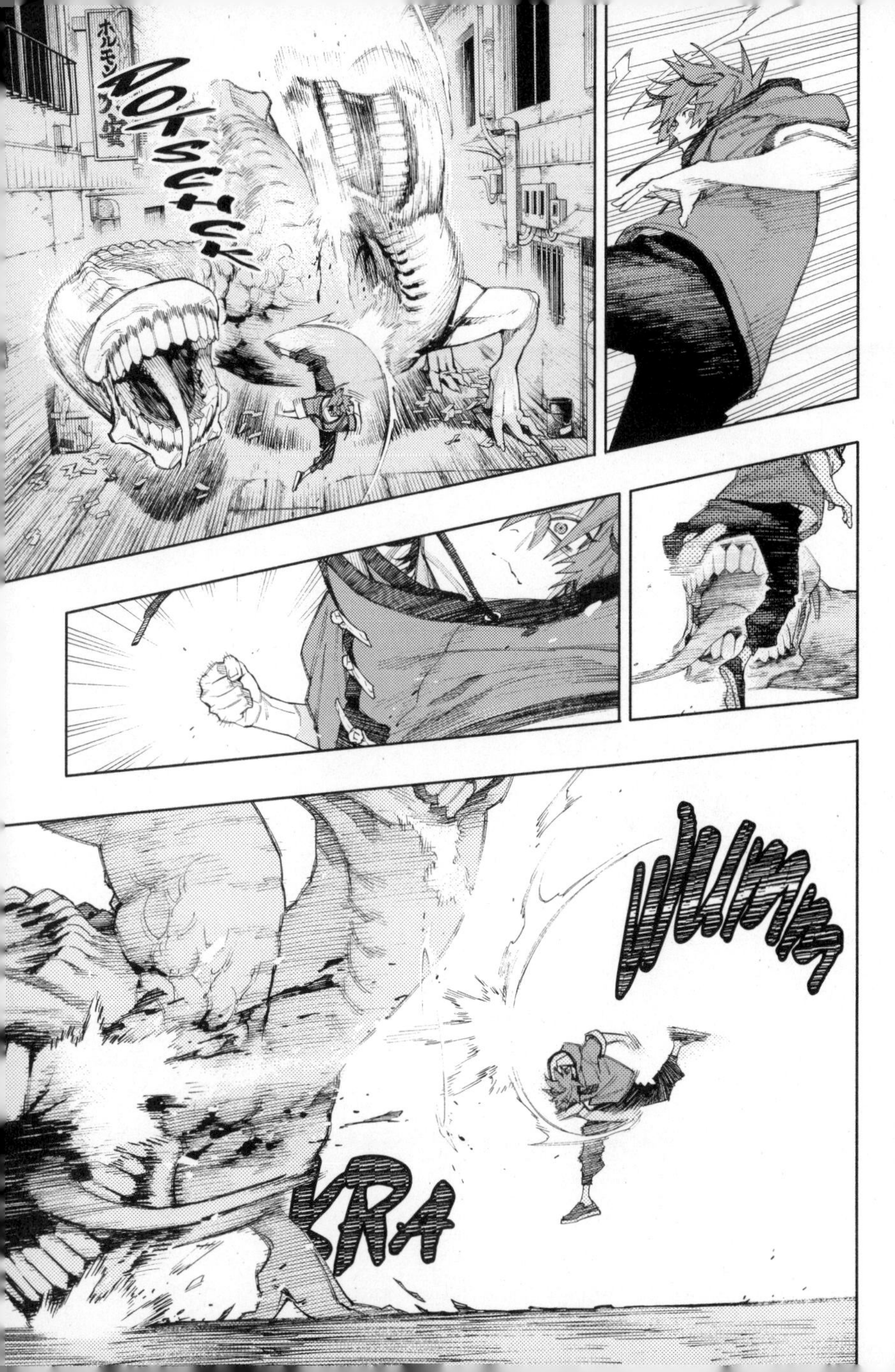
KRA

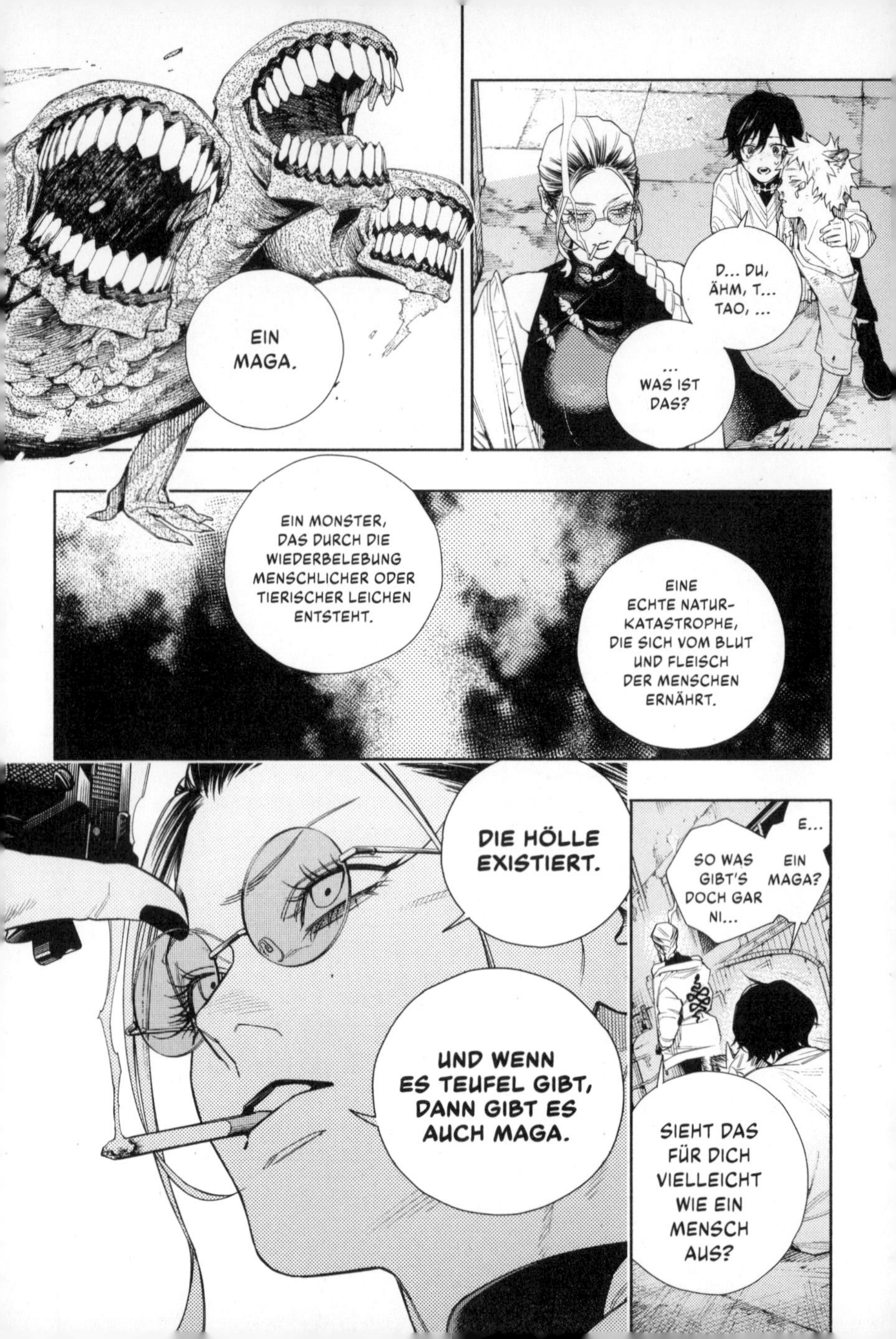
D... DU, ÄHM, T... TAO, ...
... WAS IST DAS?
EIN MAGA.
EIN MONSTER, DAS DURCH DIE WIEDERBELEBUNG MENSCHLICHER ODER TIERISCHER LEICHEN ENTSTEHT.
EINE ECHTE NATUR-KATASTROPHE, DIE SICH VOM BLUT UND FLEISCH DER MENSCHEN ERNÄHRT.
E... EIN MAGA?
SO WAS GIBT'S DOCH GAR NI...
SIEHT DAS FÜR DICH VIELLEICHT WIE EIN MENSCH AUS?
DIE HÖLLE EXISTIERT.
UND WENN ES TEUFEL GIBT, DANN GIBT ES AUCH MAGA.

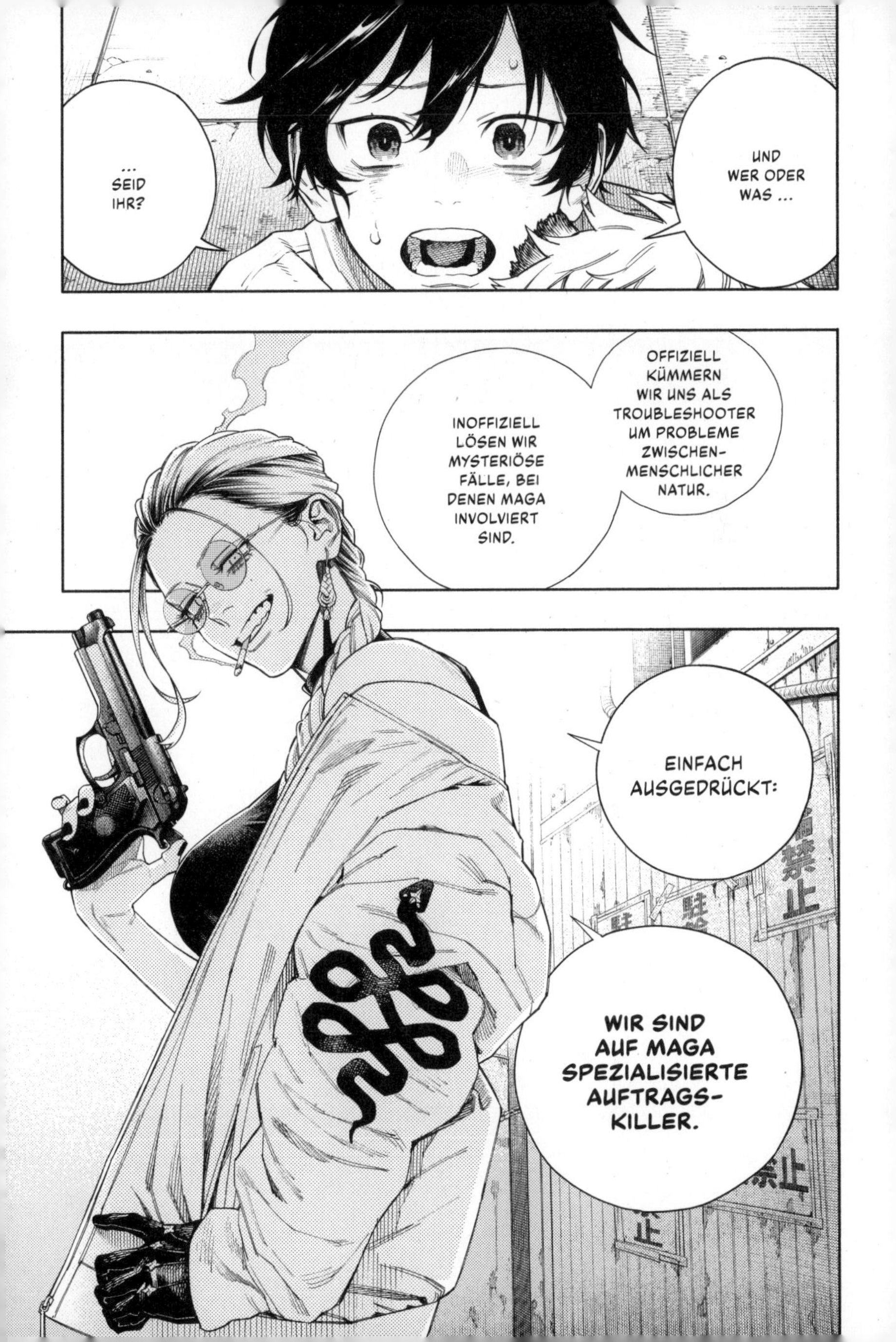
UND WER ODER WAS ...
... SEID IHR?
OFFIZIELL KÜMMERN WIR UNS ALS TROUBLESHOOTER UM PROBLEME ZWISCHEN-MENSCHLICHER NATUR.
INOFFIZIELL LÖSEN WIR MYSTERIÖSE FÄLLE, BEI DENEN MAGA INVOLVIERT SIND.
EINFACH AUSGEDRÜCKT:
WIR SIND AUF MAGA SPEZIALISIERTE AUFTRAGS-KILLER.

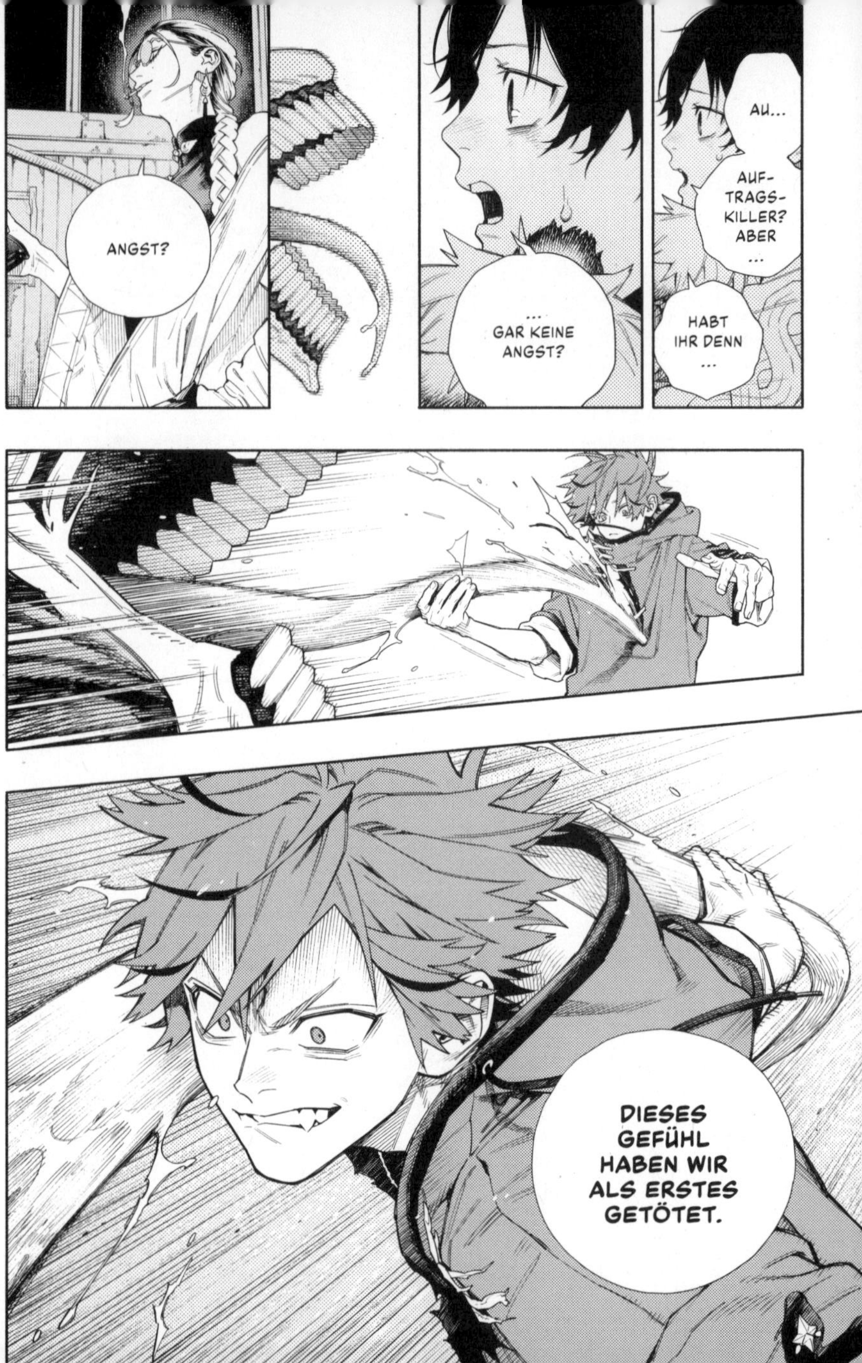
AU...
AUFTRAGS-KILLER? ABER ...
HABT IHR DENN ...
... GAR KEINE ANGST?
ANGST?
DIESES GEFÜHL HABEN WIR ALS ERSTES GETÖTET.

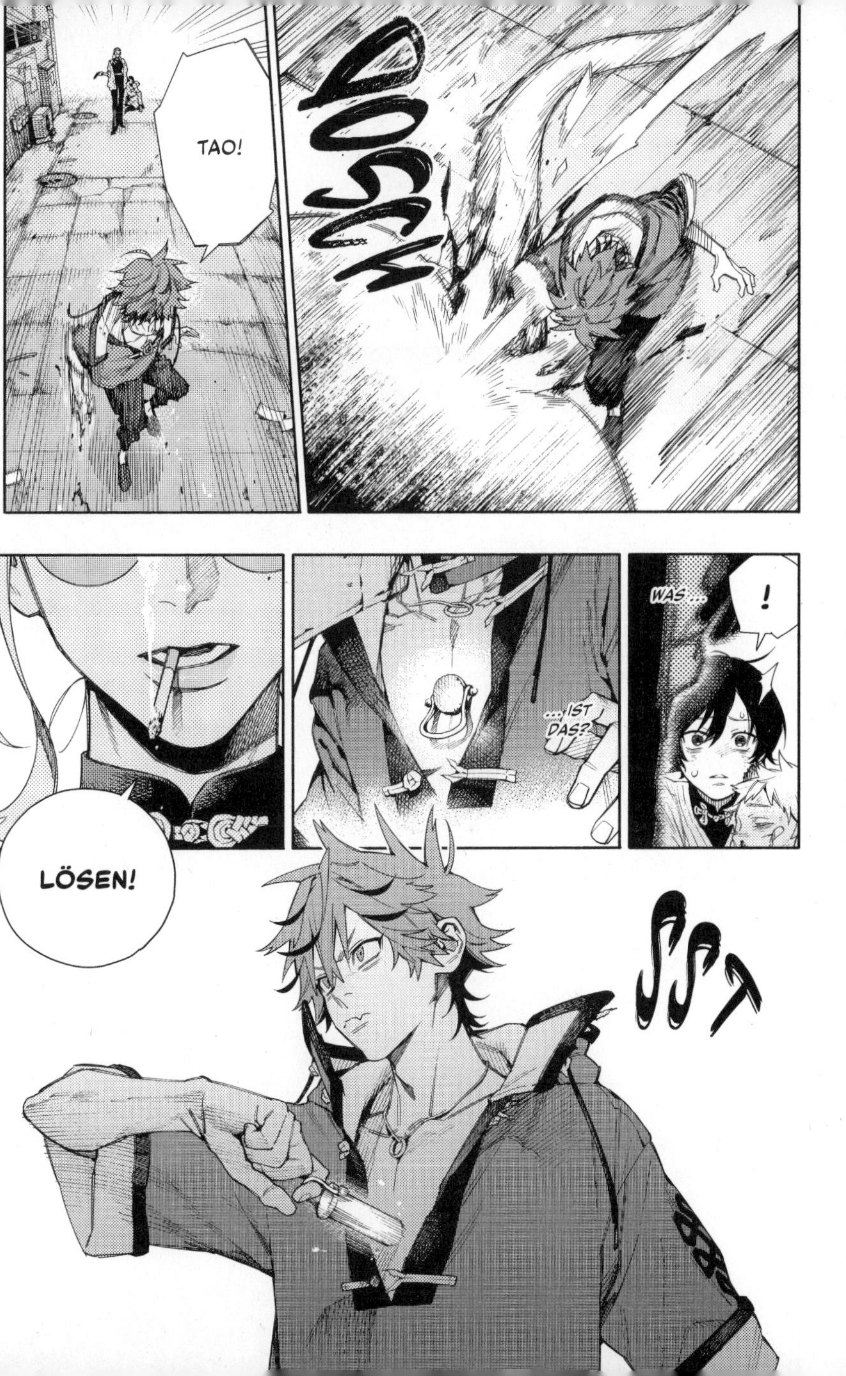

WUSCH
TAO!
WAS ...
!
... IST DAS?
LÖSEN!
SST

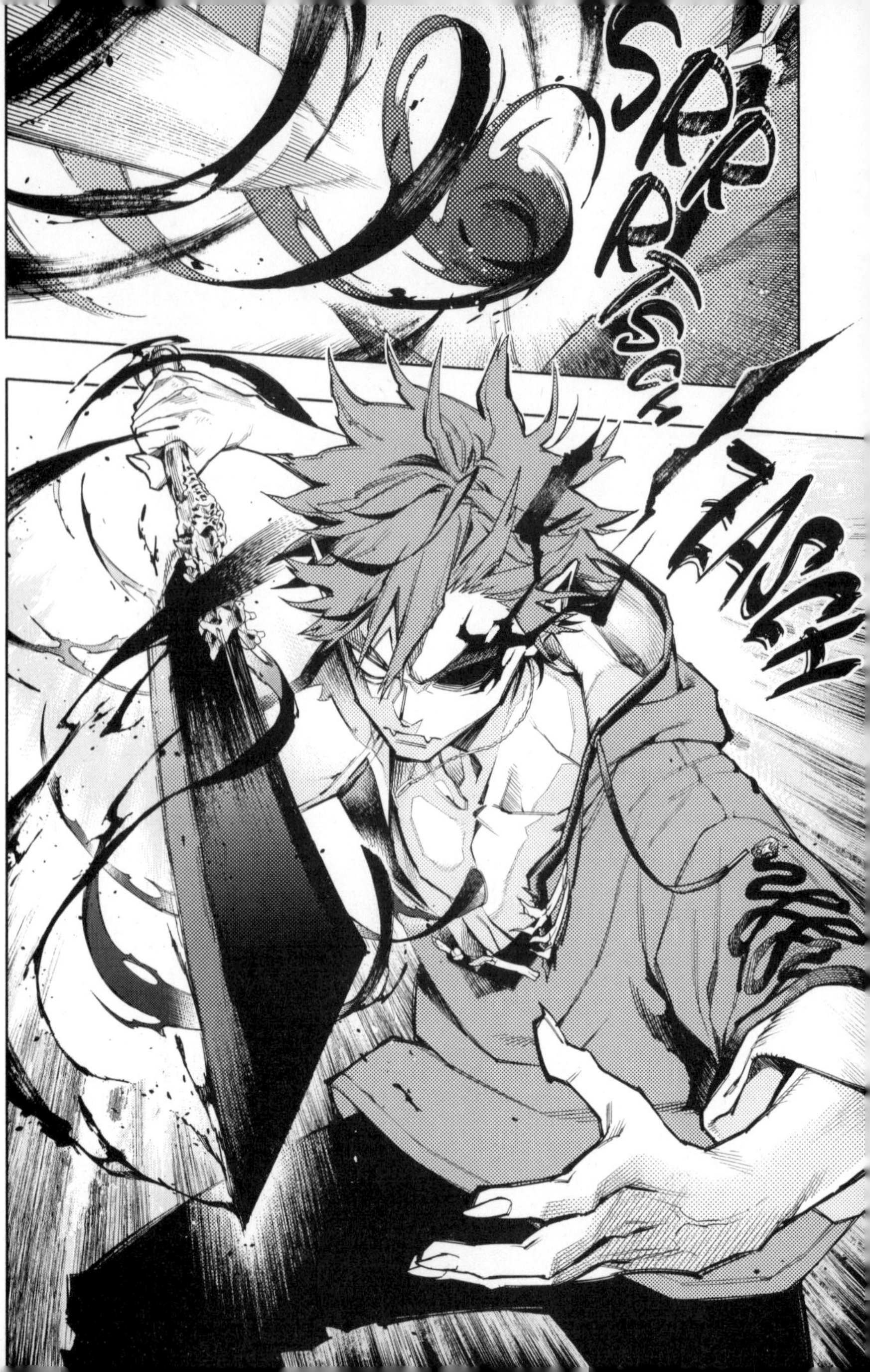
SRRRTSCH
ZASCH!

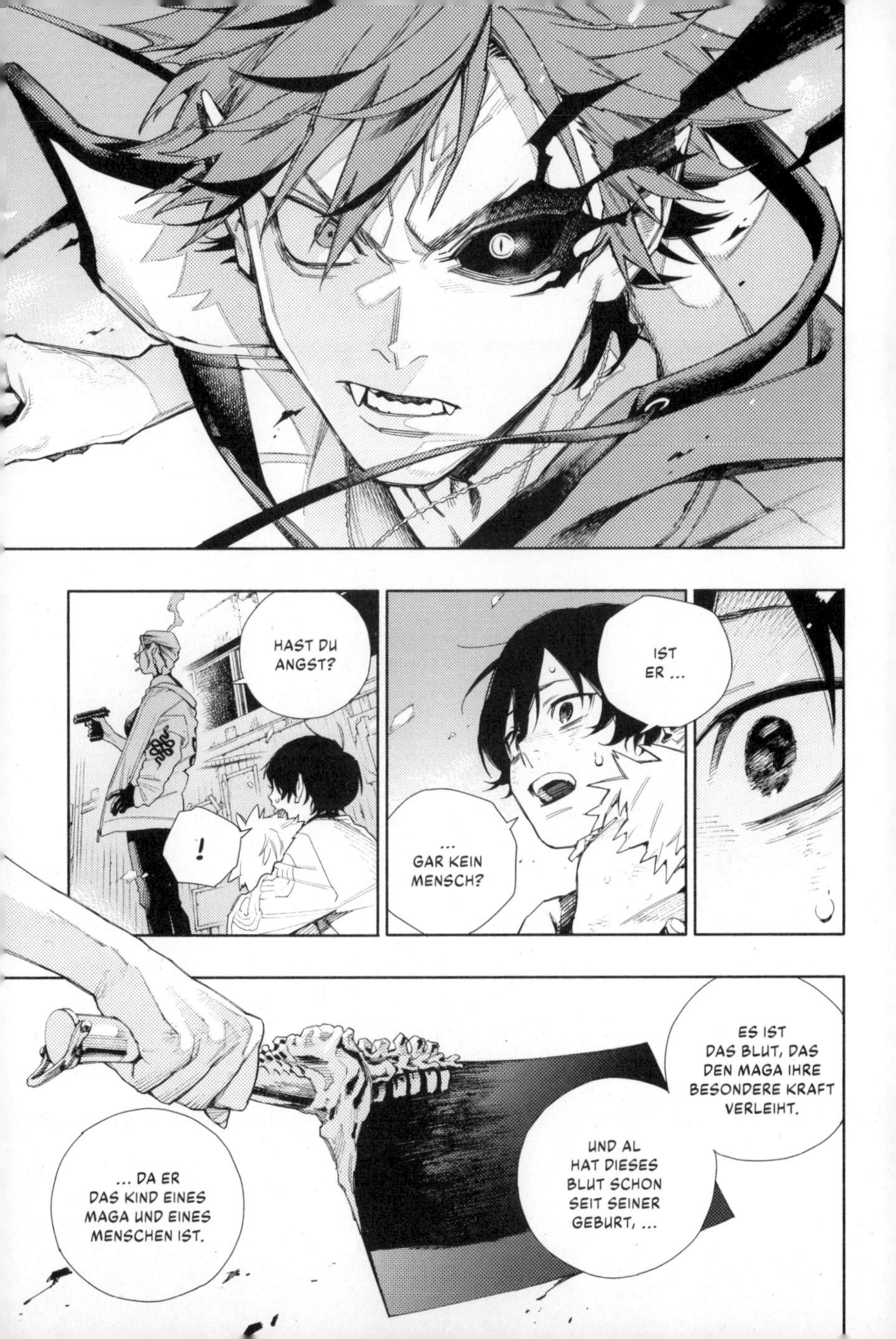
IST ER ...
... GAR KEIN MENSCH?
HAST DU ANGST?
!
ES IST DAS BLUT, DAS DEN MAGA IHRE BESONDERE KRAFT VERLEIHT.
UND AL HAT DIESES BLUT SCHON SEIT SEINER GEBURT, ...
... DA ER DAS KIND EINES MAGA UND EINES MENSCHEN IST.

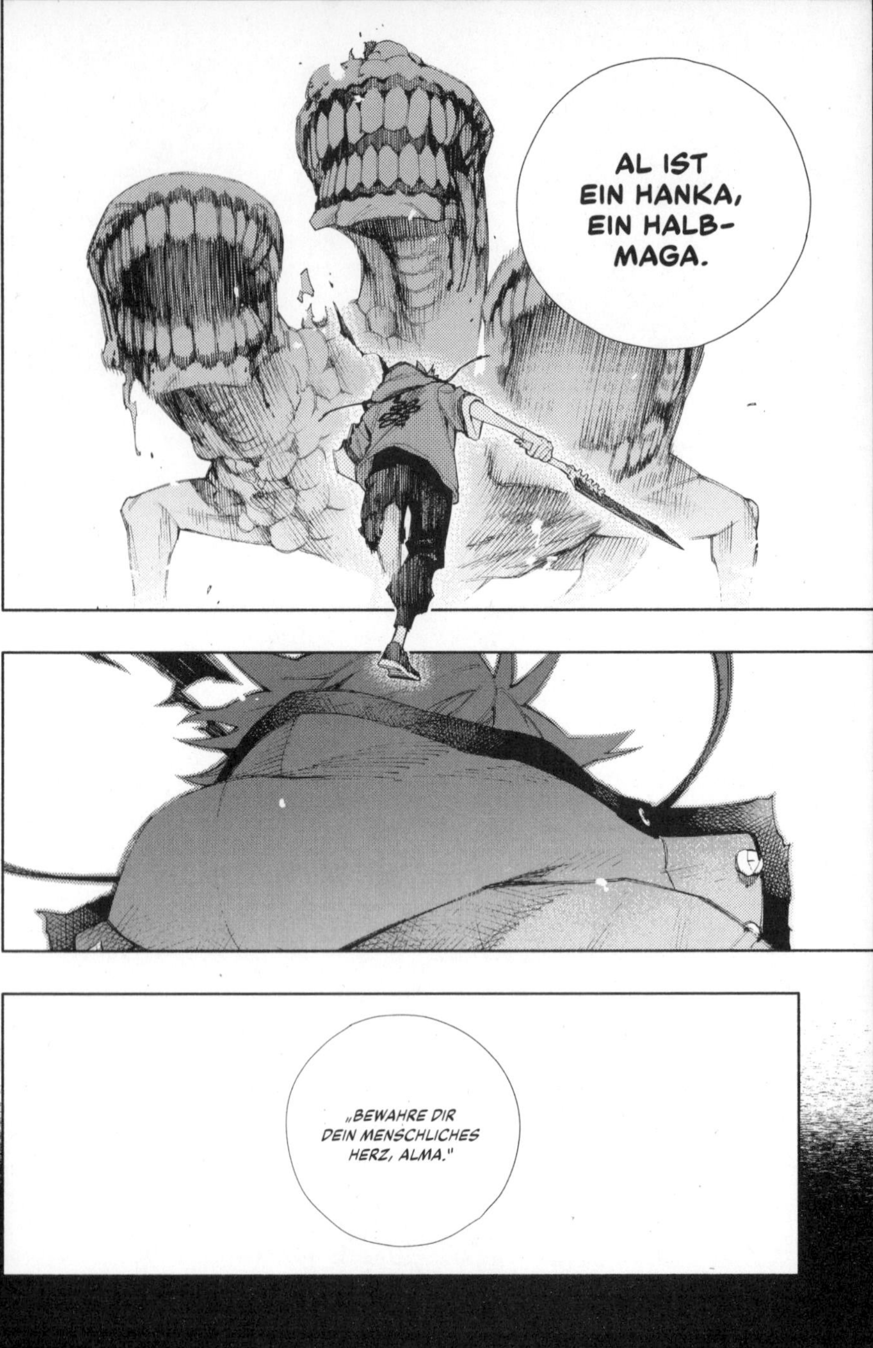
AL IST EIN HANKA, EIN HALB-MAGA.
„BEWAHRE DIR DEIN MENSCHLICHES HERZ, ALMA."

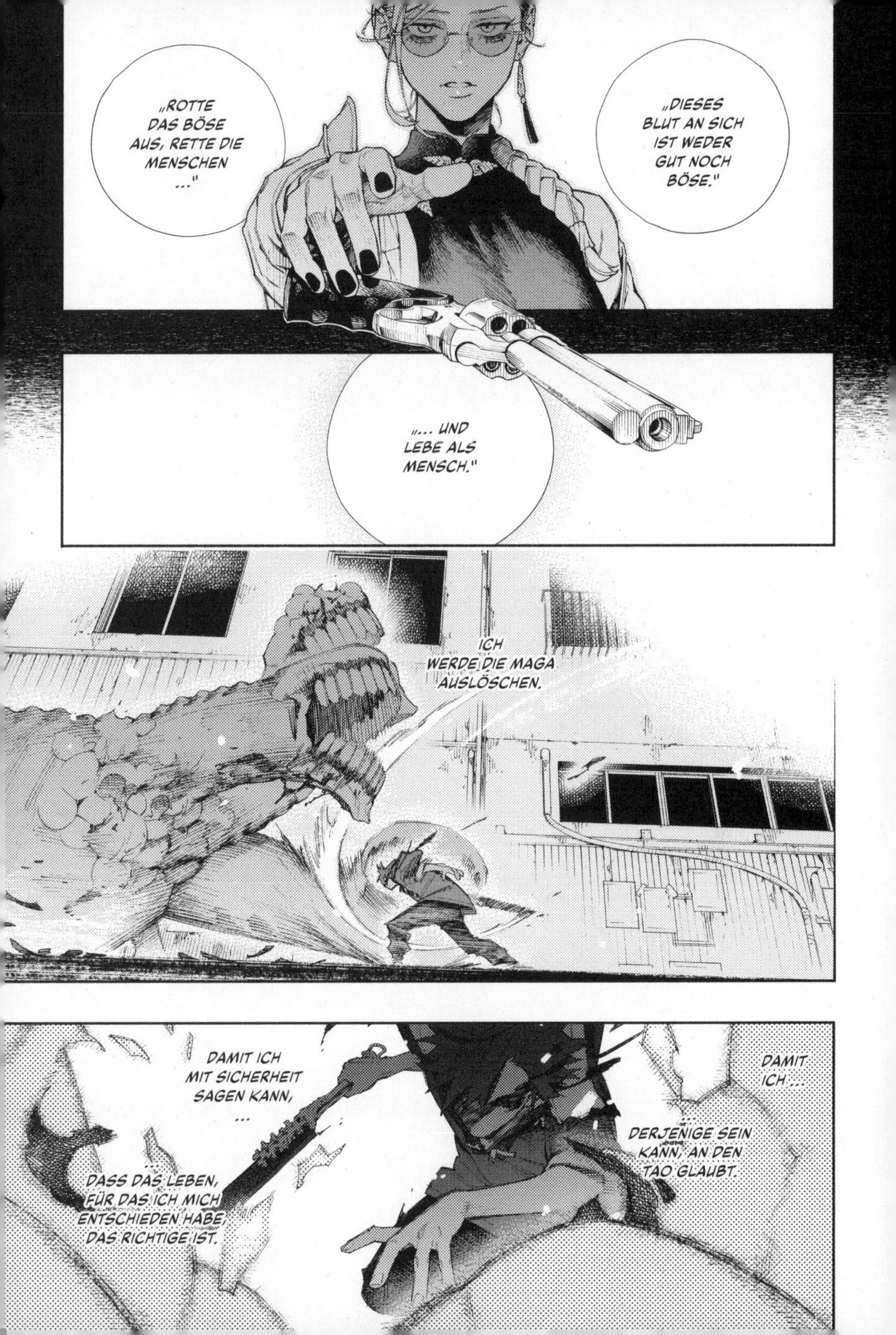
„DIESES BLUT AN SICH IST WEDER GUT NOCH BÖSE."
„ROTTE DAS BÖSE AUS, RETTE DIE MENSCHEN ..."
„... UND LEBE ALS MENSCH."
ICH WERDE DIE MAGA AUSLÖSCHEN.
DAMIT ICH ...
... DERJENIGE SEIN KANN, AN DEN TAO GLAUBT.
DAMIT ICH MIT SICHERHEIT SAGEN KANN, ...
... DASS DAS LEBEN, FÜR DAS ICH MICH ENTSCHIEDEN HABE, DAS RICHTIGE IST.

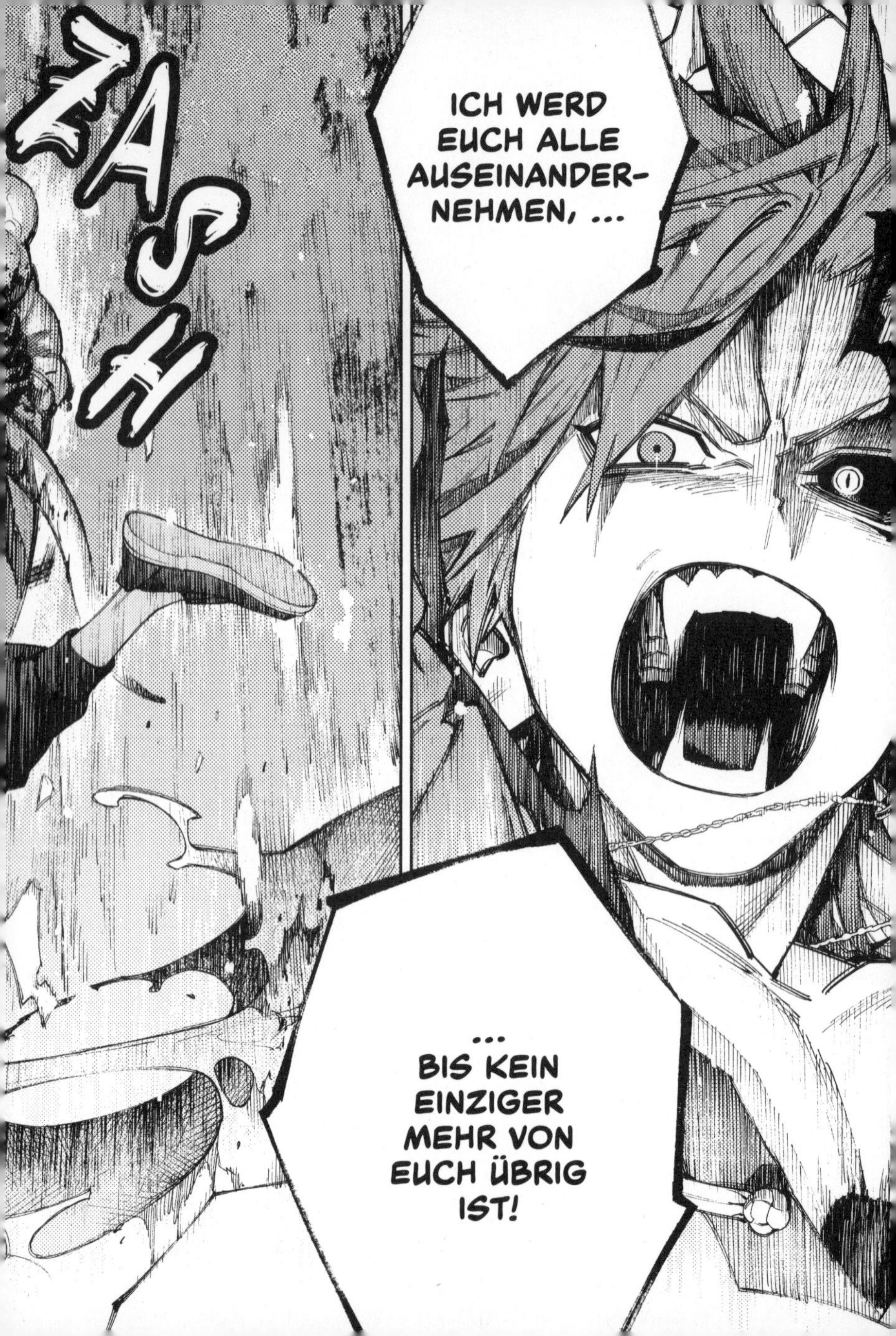
ZASH
ICH WERD EUCH ALLE AUSEINANDER-NEHMEN, ...
... BIS KEIN EINZIGER MEHR VON EUCH ÜBRIG IST!

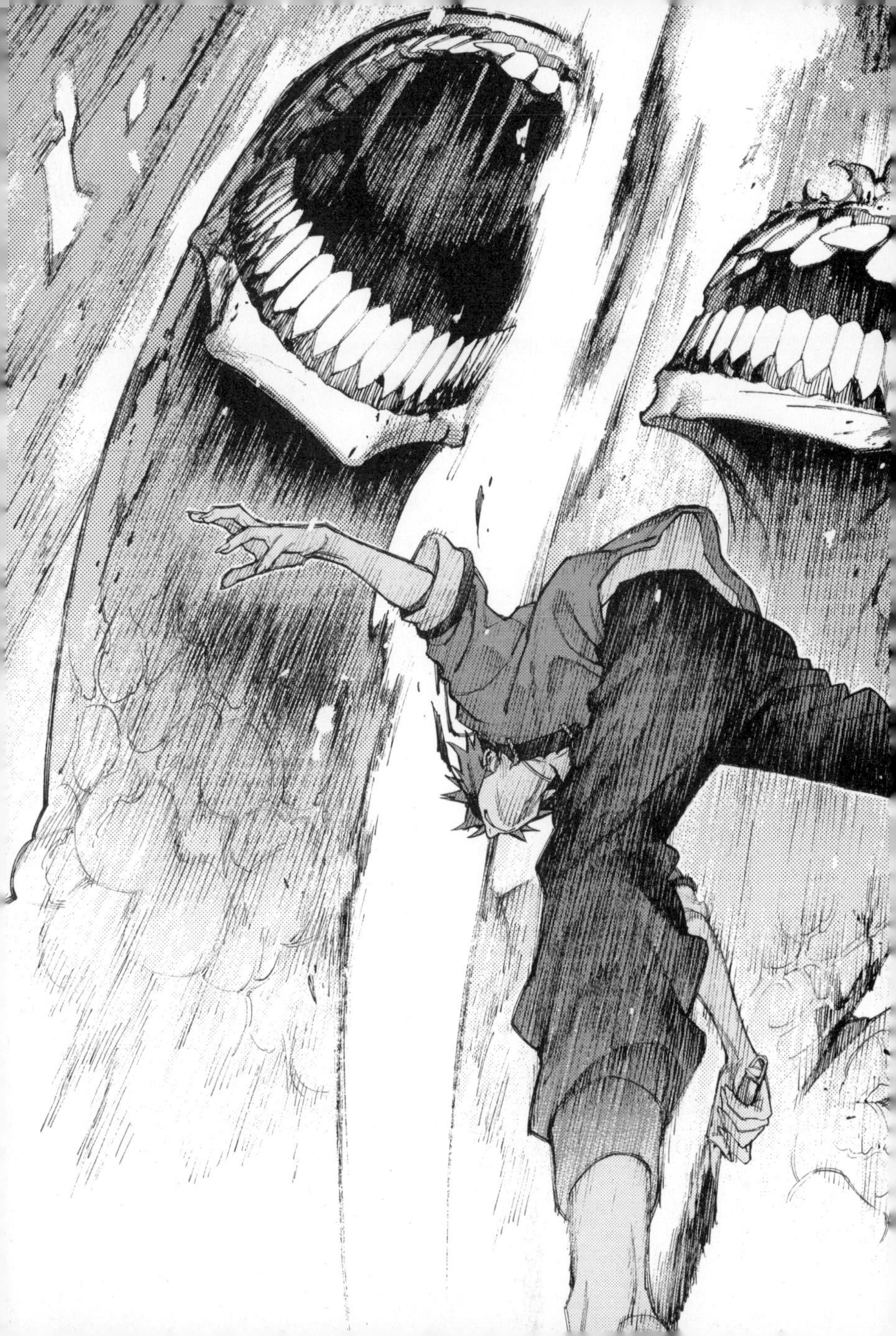

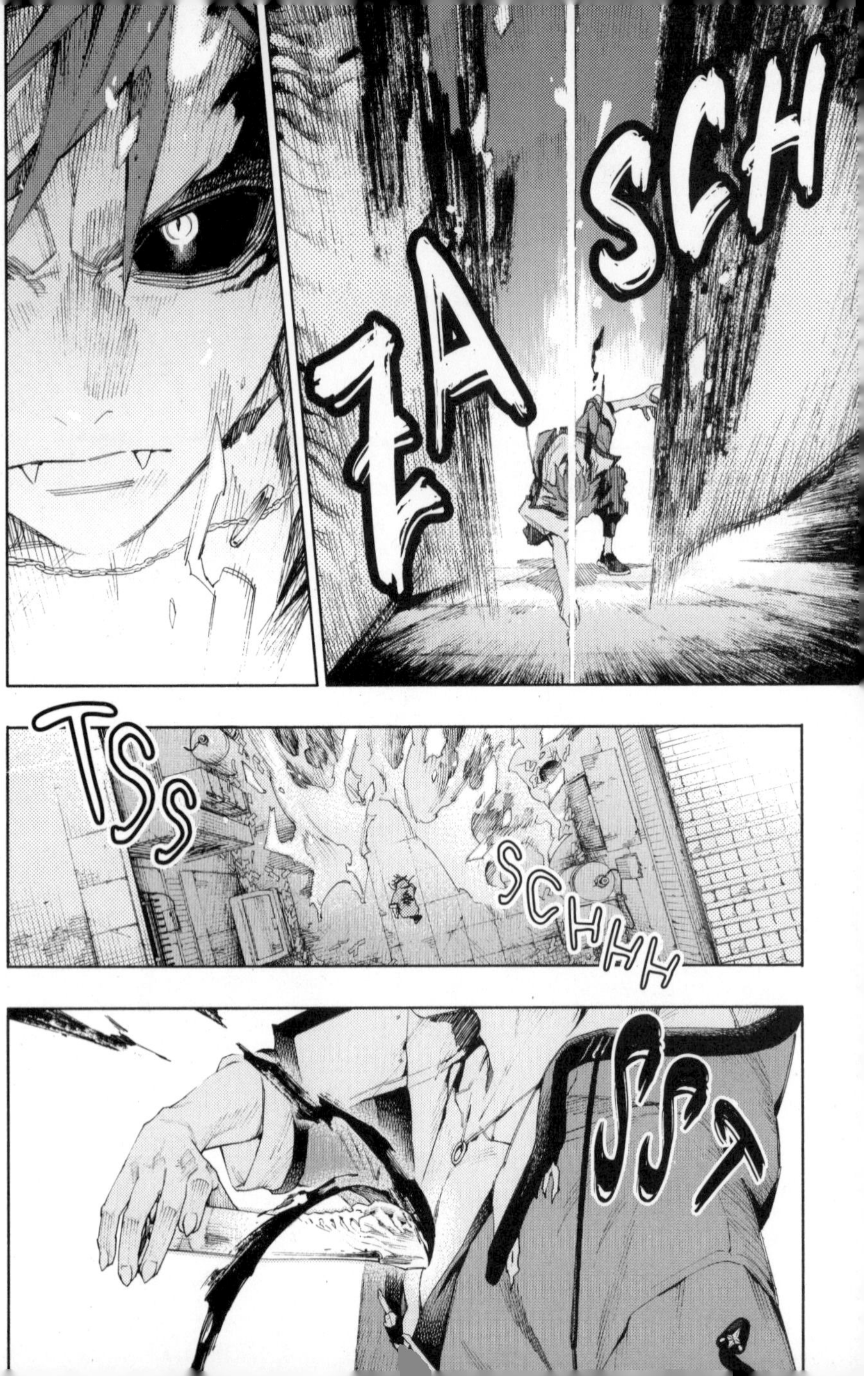
ZASCH
TSS
SCHHHH
SSST

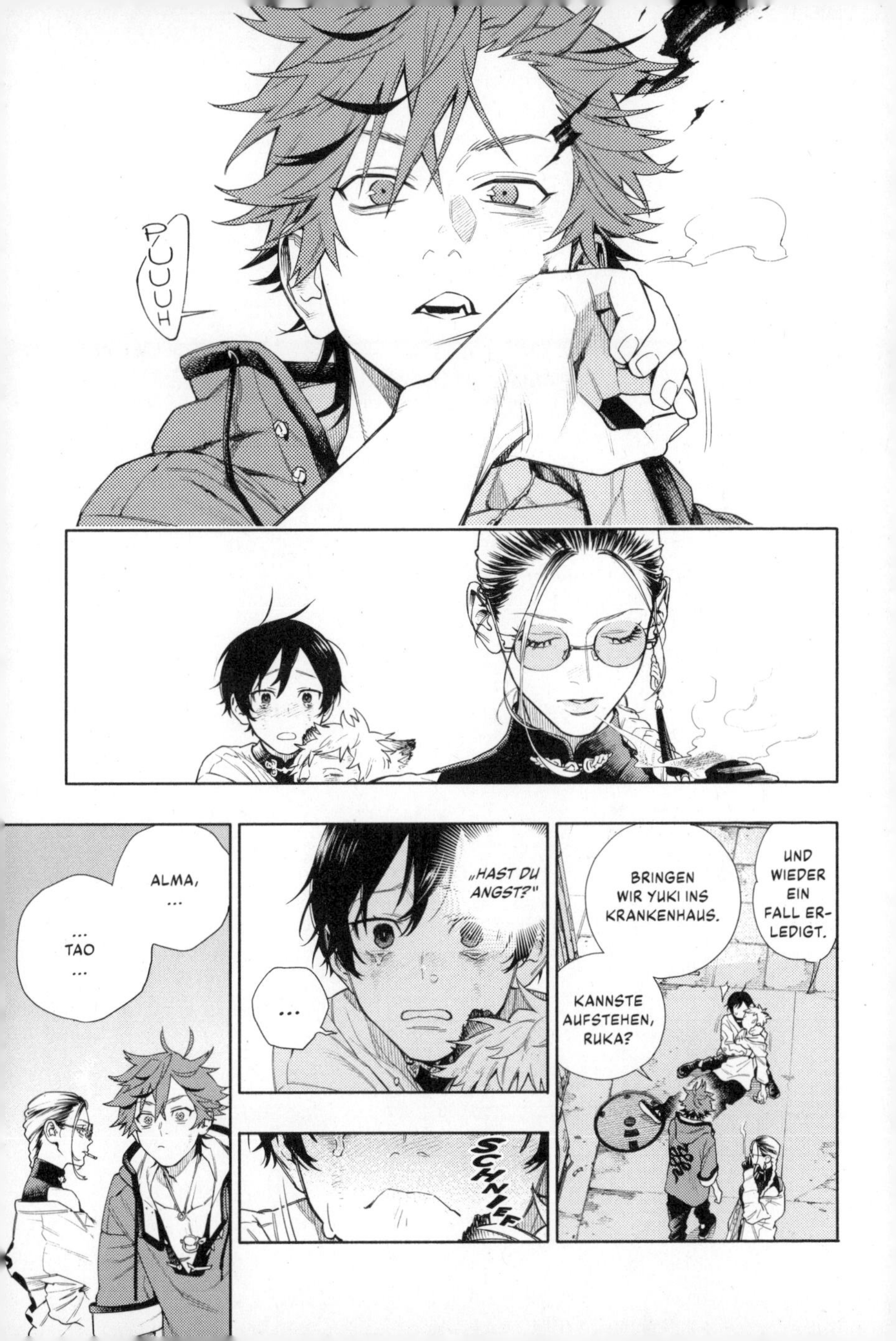
PUUUH
UND WIEDER EIN FALL ERLEDIGT.
BRINGEN WIR YUKI INS KRANKENHAUS.
KANNSTE AUFSTEHEN, RUKA?
„HAST DU ANGST?"
...
SCHNIEF
ALMA, ...
... TAO ...

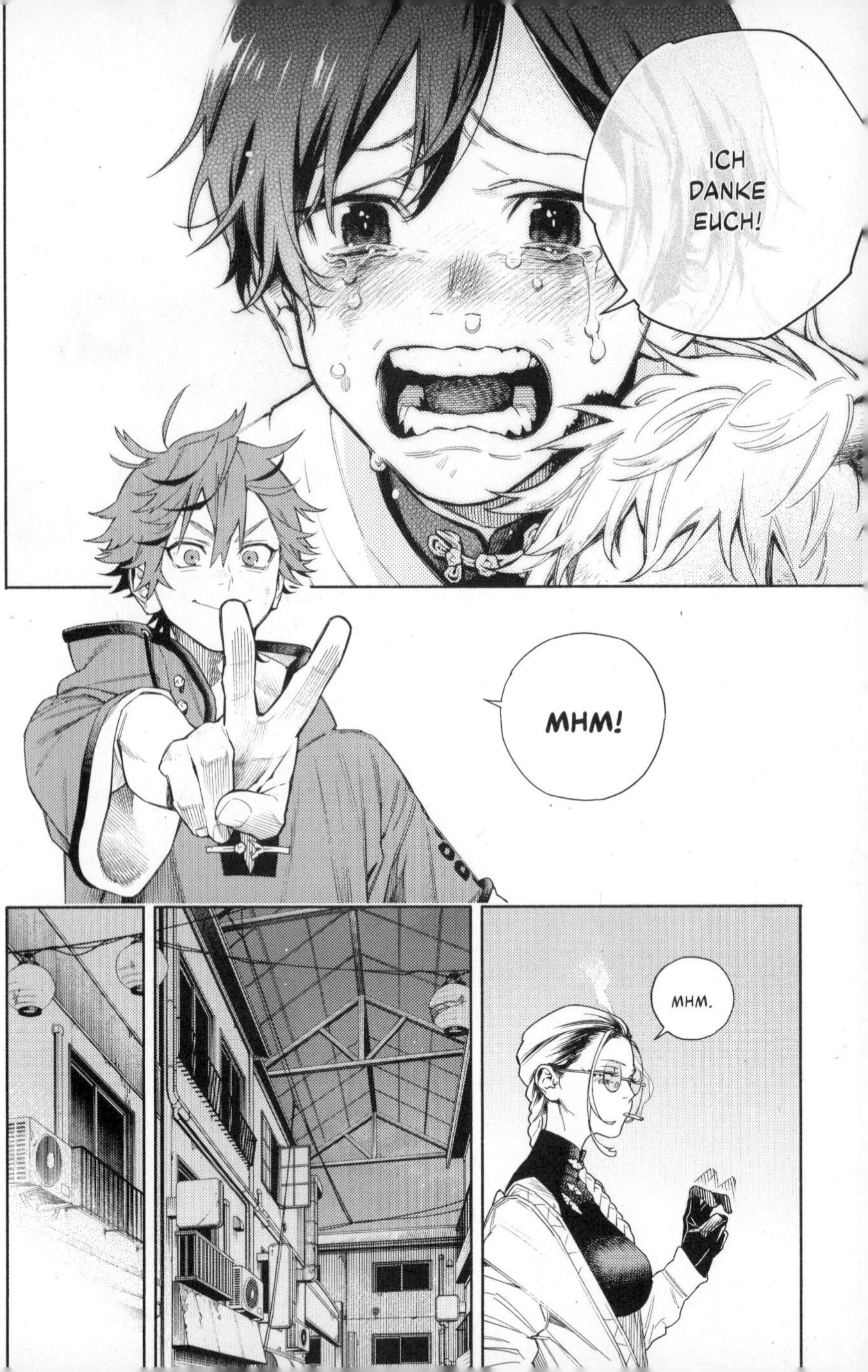
ICH DANKE EUCH!
MHM!
MHM.

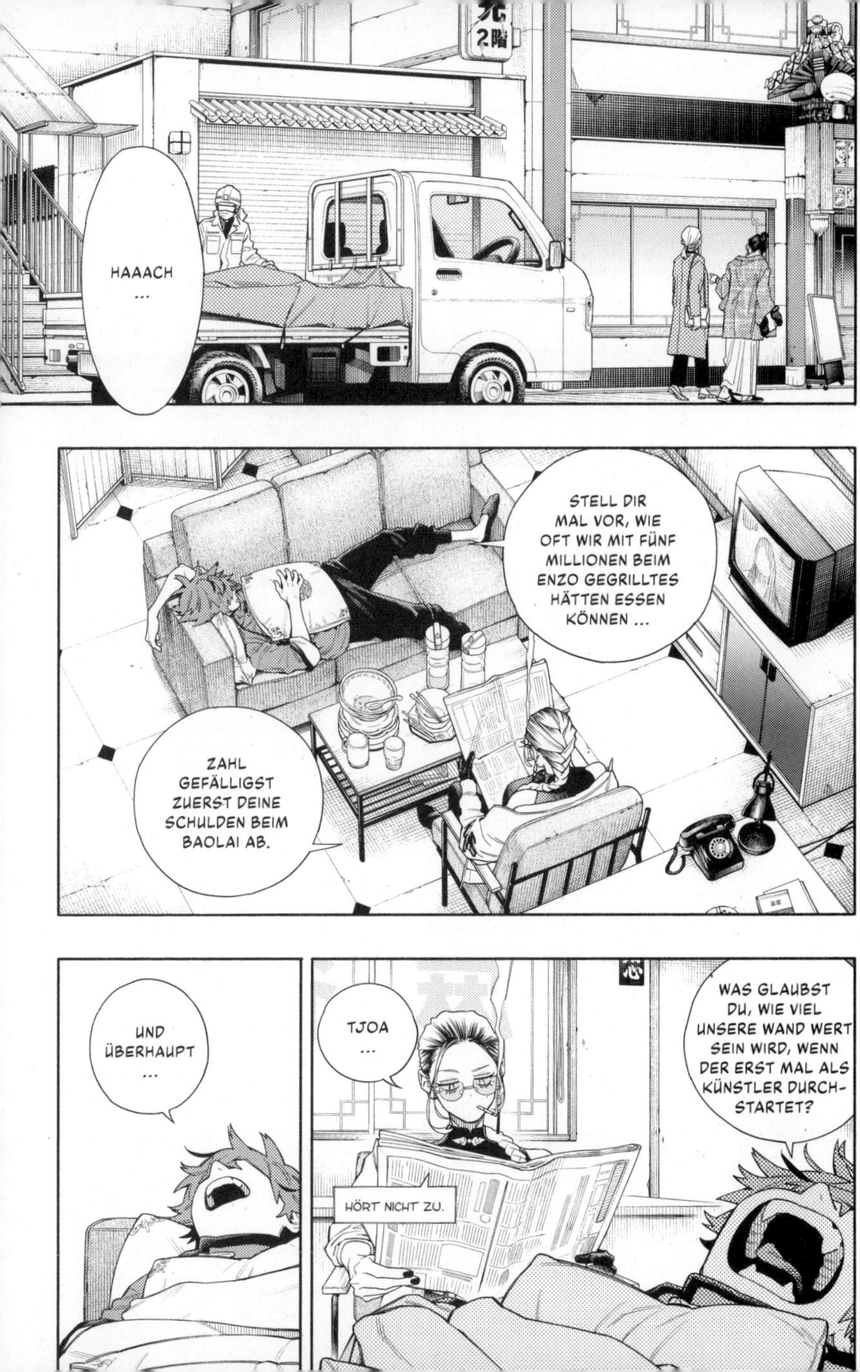
HAAACH …
STELL DIR MAL VOR, WIE OFT WIR MIT FÜNF MILLIONEN BEIM ENZO GEGRILLTES HÄTTEN ESSEN KÖNNEN …
ZAHL GEFÄLLIGST ZUERST DEINE SCHULDEN BEIM BAOLAI AB.
WAS GLAUBST DU, WIE VIEL UNSERE WAND WERT SEIN WIRD, WENN DER ERST MAL ALS KÜNSTLER DURCH-STARTET?
TJOA …
HÖRT NICHT ZU.
UND ÜBERHAUPT …

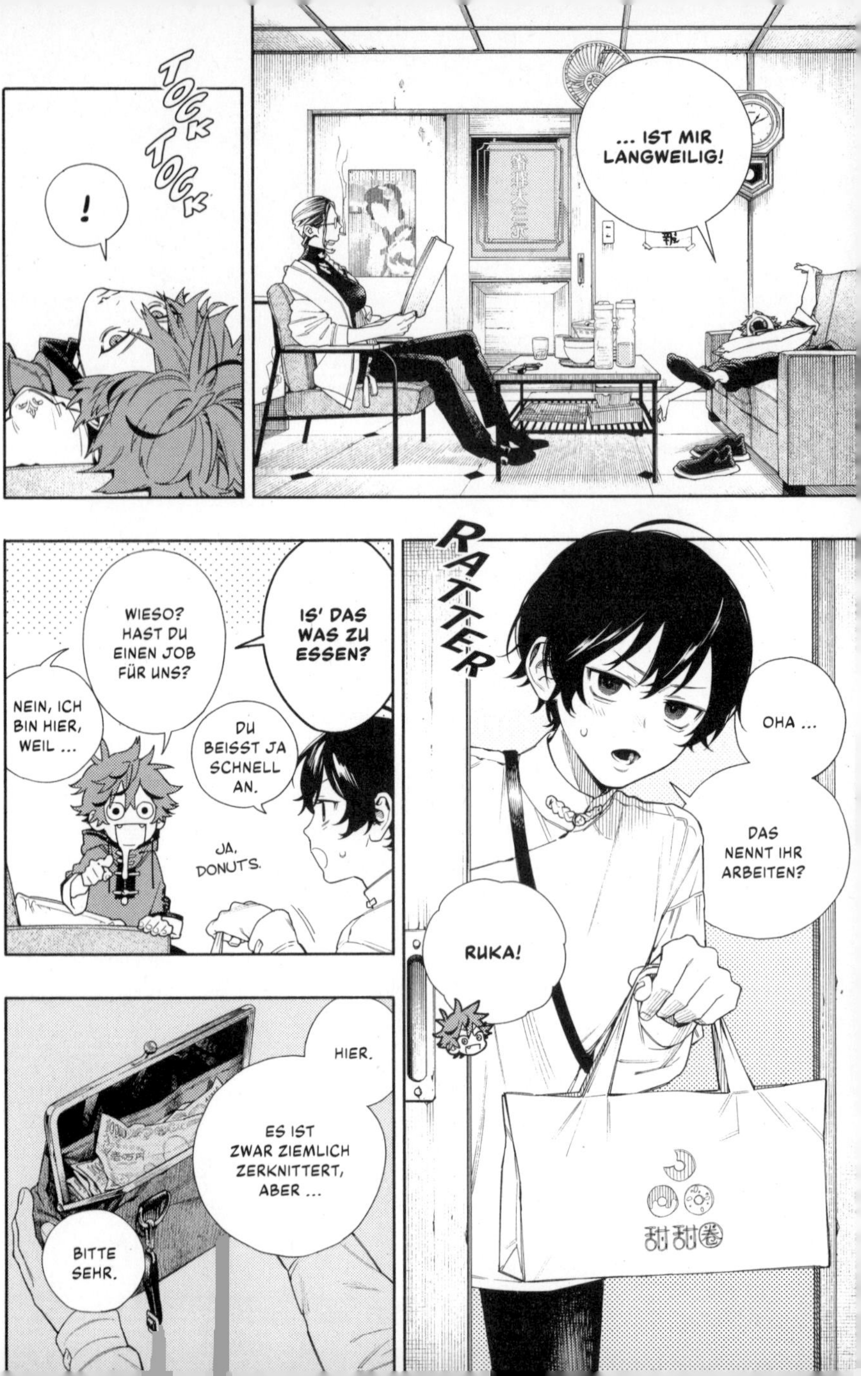
... IST MIR LANGWEILIG!
TOCK TOCK
!
RATTER
OHA ...
DAS NENNT IHR ARBEITEN?
RUKA!
IS' DAS WAS ZU ESSEN?
JA, DONUTS.
DU BEISST JA SCHNELL AN.
WIESO? HAST DU EINEN JOB FÜR UNS?
NEIN, ICH BIN HIER, WEIL ...
HIER.
ES IST ZWAR ZIEMLICH ZERKNITTERT, ABER ...
BITTE SEHR.

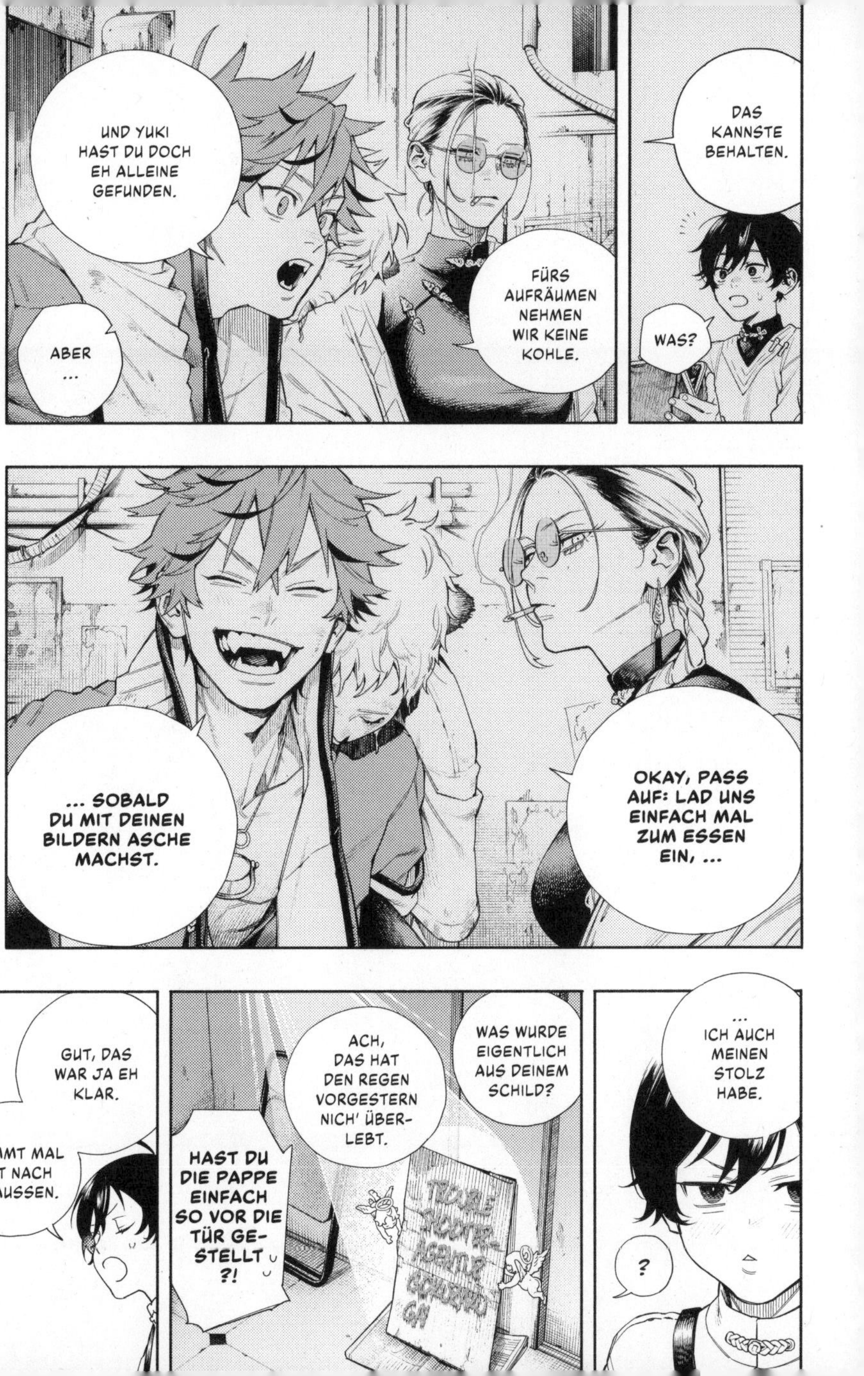
DAS KANNSTE BEHALTEN.
WAS?
FÜRS AUFRÄUMEN NEHMEN WIR KEINE KOHLE.
UND YUKI HAST DU DOCH EH ALLEINE GEFUNDEN.
ABER ...
OKAY, PASS AUF: LAD UNS EINFACH MAL ZUM ESSEN EIN, ...
... SOBALD DU MIT DEINEN BILDERN ASCHE MACHST.
... ICH AUCH MEINEN STOLZ HABE.
?
WAS WURDE EIGENTLICH AUS DEINEM SCHILD?
ACH, DAS HAT DEN REGEN VORGESTERN NICH' ÜBER-LEBT.
HAST DU DIE PAPPE EINFACH SO VOR DIE TÜR GE-STELLT ?!
GUT, DAS WAR JA EH KLAR.
KOMMT MAL MIT NACH DRAUSSEN.

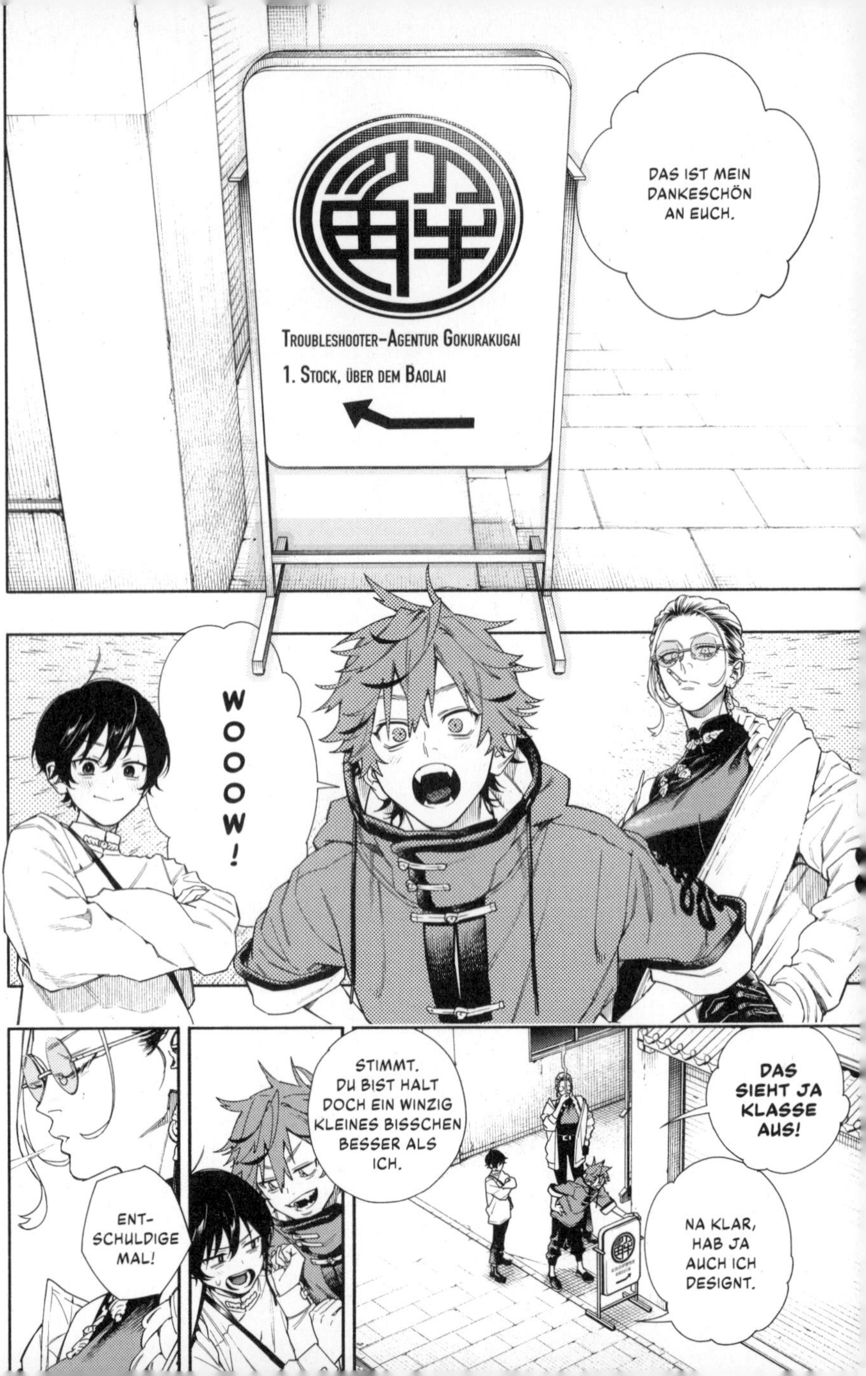

Troubleshooter-Agentur Gokurakugai
1. Stock, über dem Baolai
Das ist mein Dankeschön an euch.
WOOOOW!
Das sieht ja klasse aus!
Na klar, hab ja auch ich designt.
Stimmt. Du bist halt doch ein winzig kleines bisschen besser als ich.
Ent-schuldige mal!

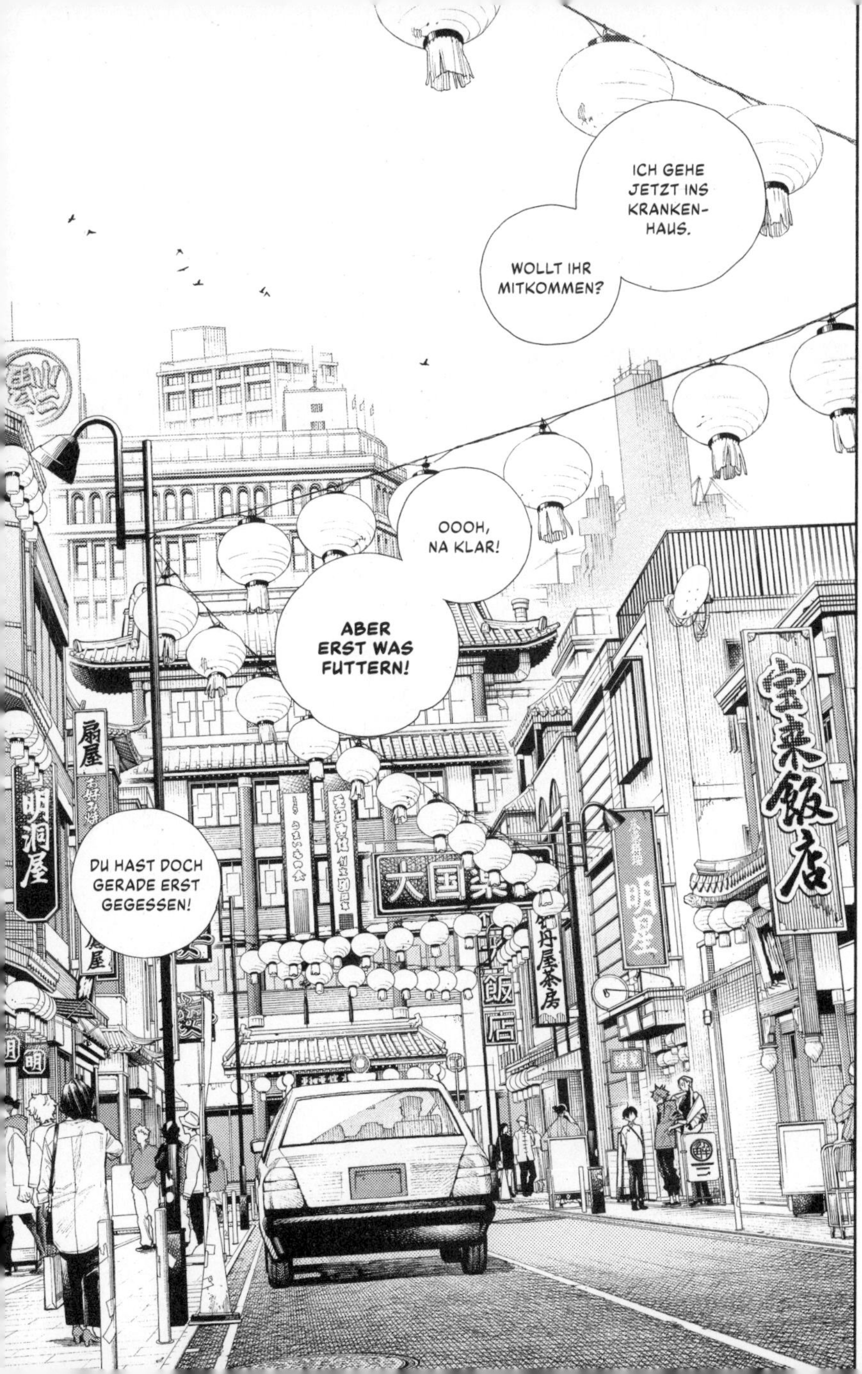
ICH GEHE JETZT INS KRANKEN-HAUS.
WOLLT IHR MITKOMMEN?
OOOH, NA KLAR!
ABER ERST WAS FUTTERN!
DU HAST DOCH GERADE ERST GEGESSEN!
宝来飯店
扇屋
明洞屋

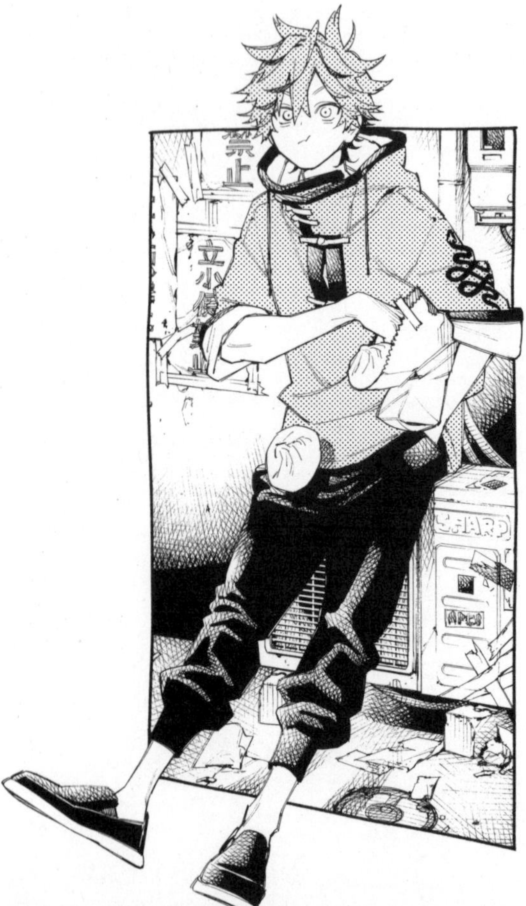
SHARP

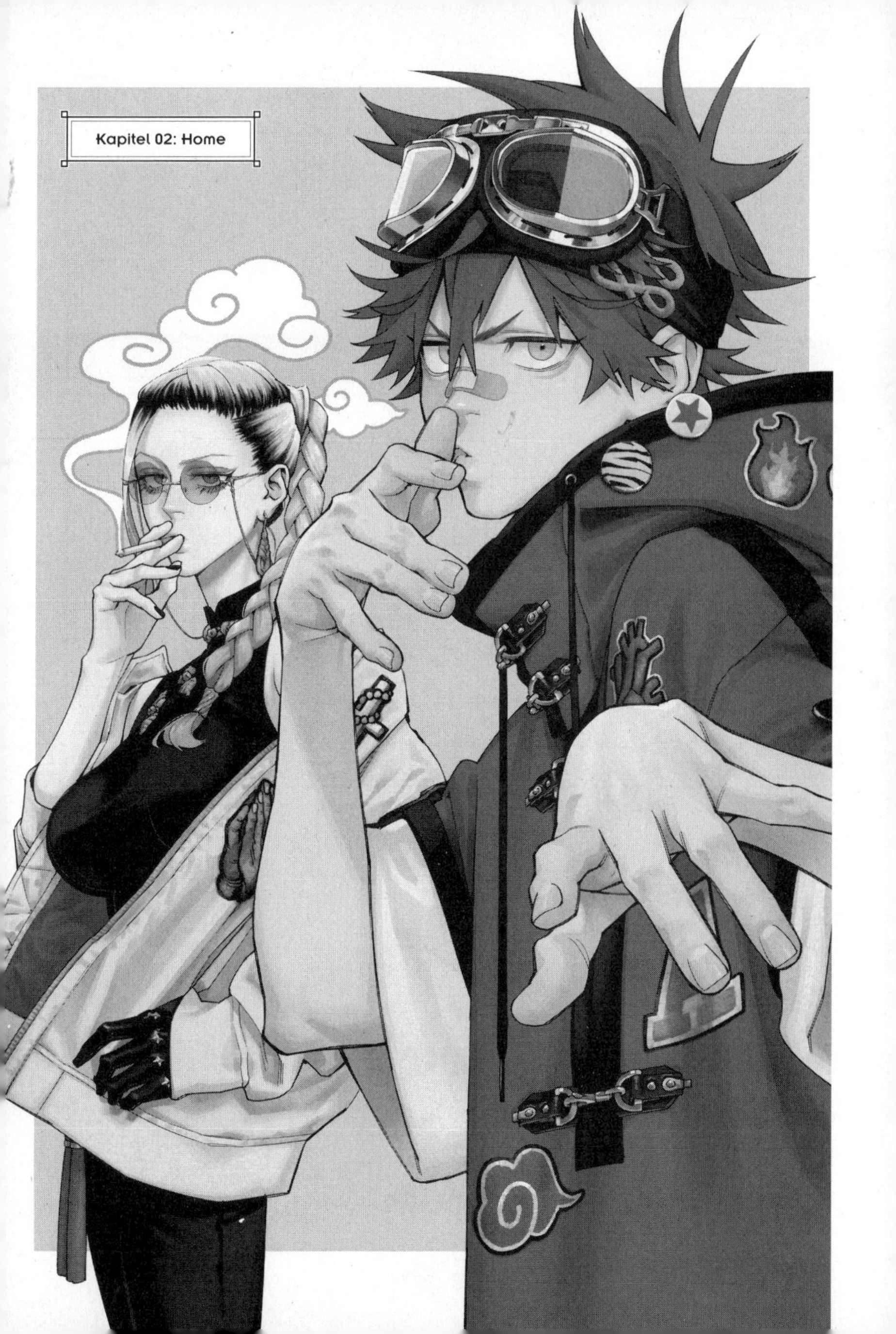
Kapitel 02: Home

GOKURAKUGAI
極楽街

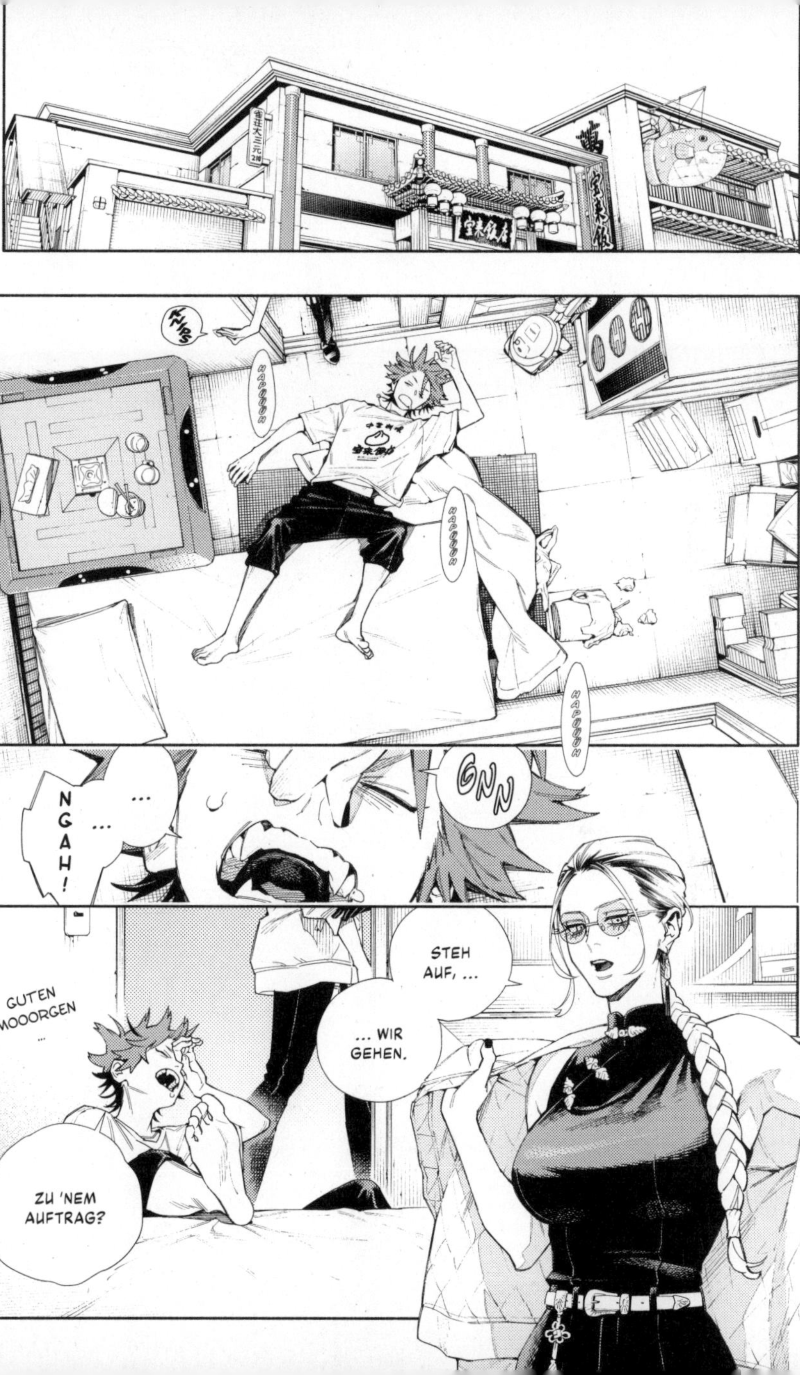

KNIPS
HAPUUUH
HAPUUUH
HAPUUUH
GNN
NGAH!
... ...
STEH AUF, ...
... WIR GEHEN.
GUTEN MOOORGEN ...
ZU 'NEM AUFTRAG?

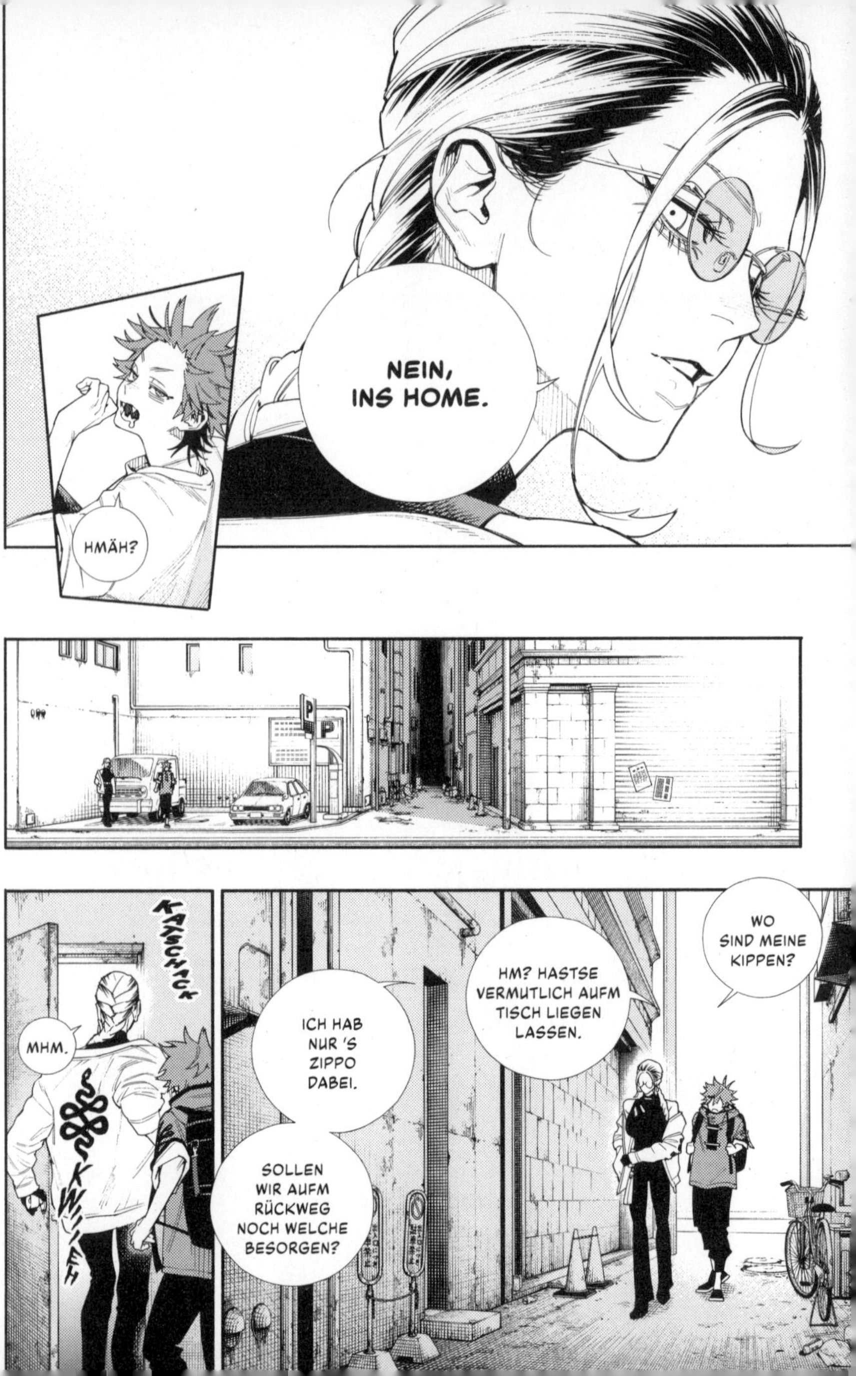
NEIN, INS HOME.
HMÄH?
WO SIND MEINE KIPPEN?
HM? HASTSE VERMUTLICH AUFM TISCH LIEGEN LASSEN.
ICH HAB NUR 'S ZIPPO DABEI.
SOLLEN WIR AUFM RÜCKWEG NOCH WELCHE BESORGEN?
KRASCHACK
MHM.
KWIIIEH

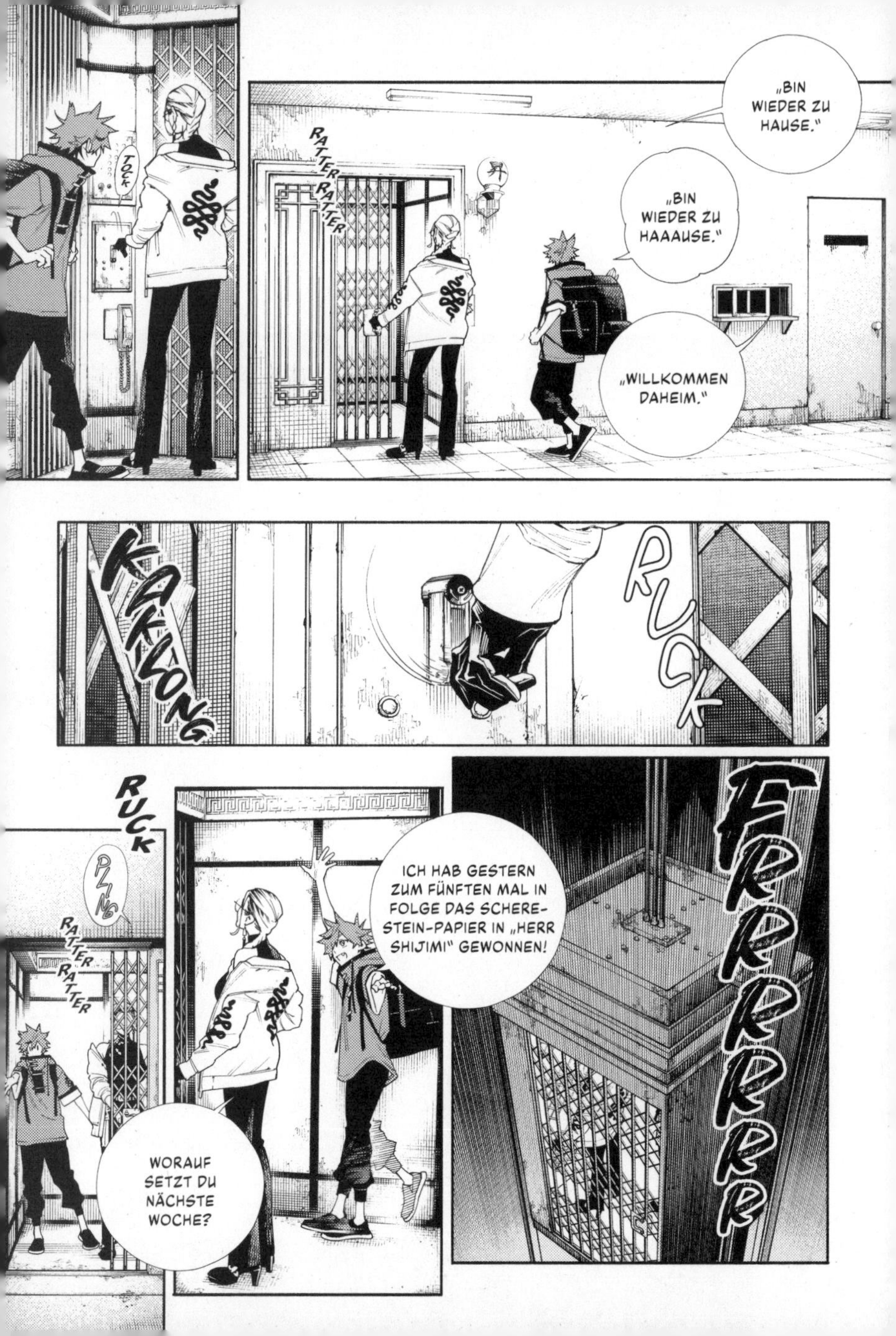
„BIN WIEDER ZU HAUSE."
„BIN WIEDER ZU HAAAUSE."
RATTER RATTER
„WILLKOMMEN DAHEIM."
TOCK
RUCK
KAKLONG
FRRRRRRR
RUCK
ICH HAB GESTERN ZUM FÜNFTEN MAL IN FOLGE DAS SCHERE-STEIN-PAPIER IN „HERR SHIJIMI" GEWONNEN!
WORAUF SETZT DU NÄCHSTE WOCHE?
PLING
RATTER RATTER

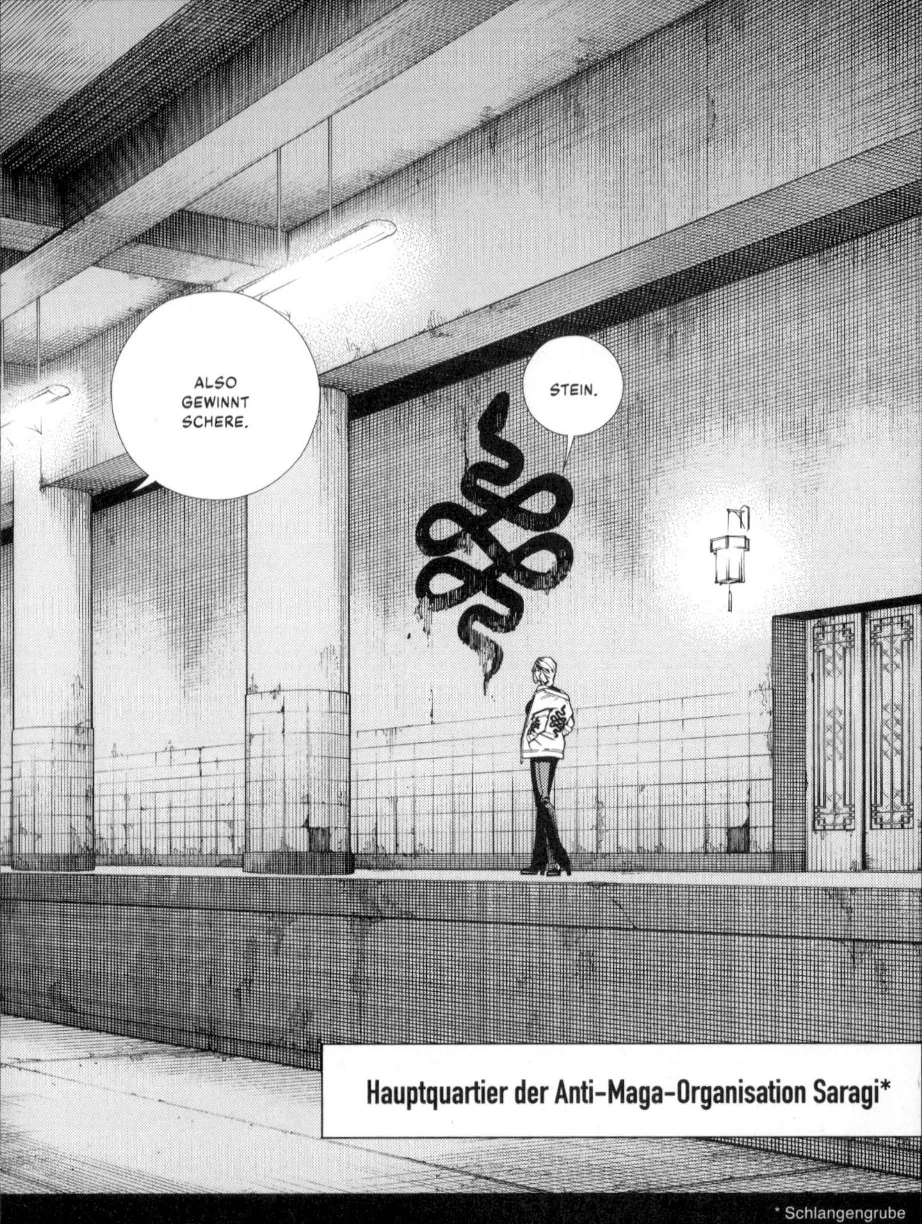

* Schlangengrube

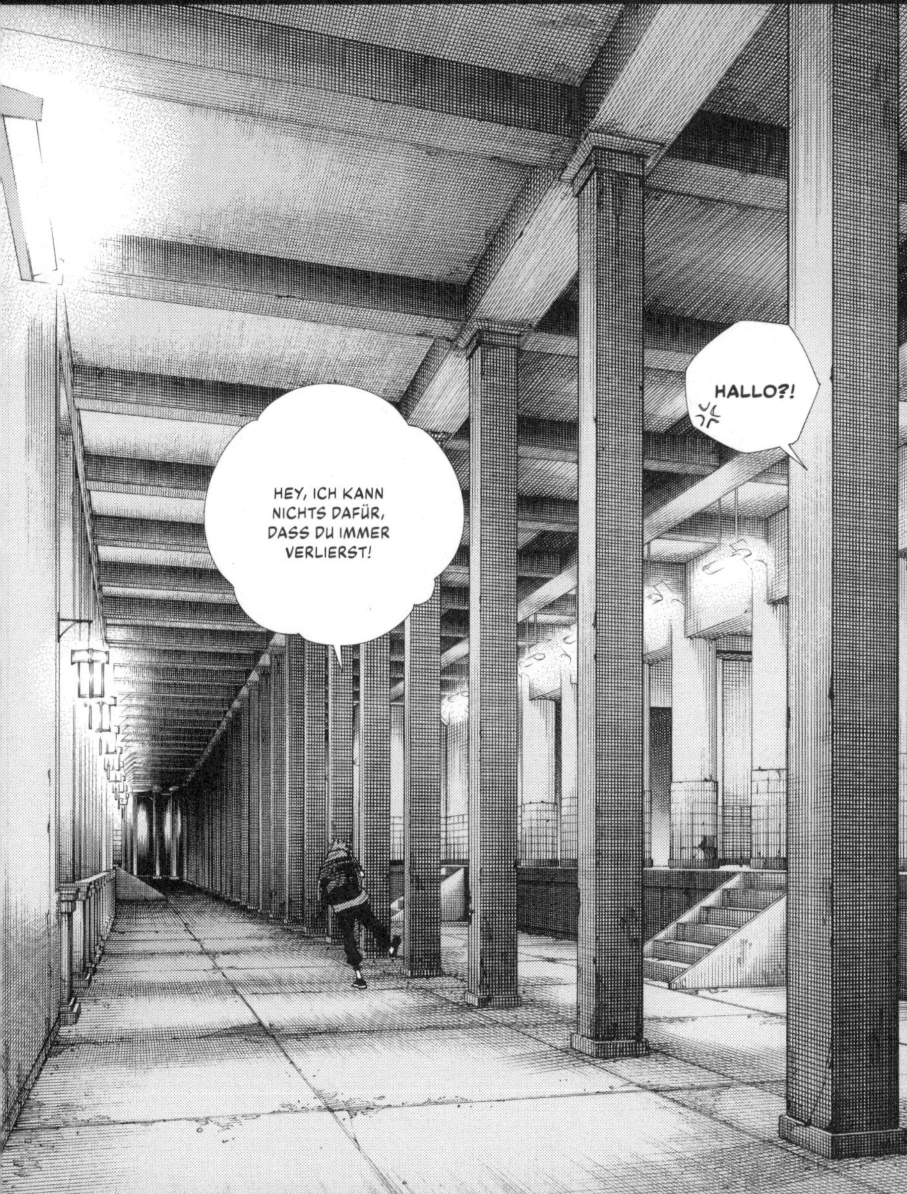
HALLO?!
HEY, ICH KANN NICHTS DAFÜR, DASS DU IMMER VERLIERST!

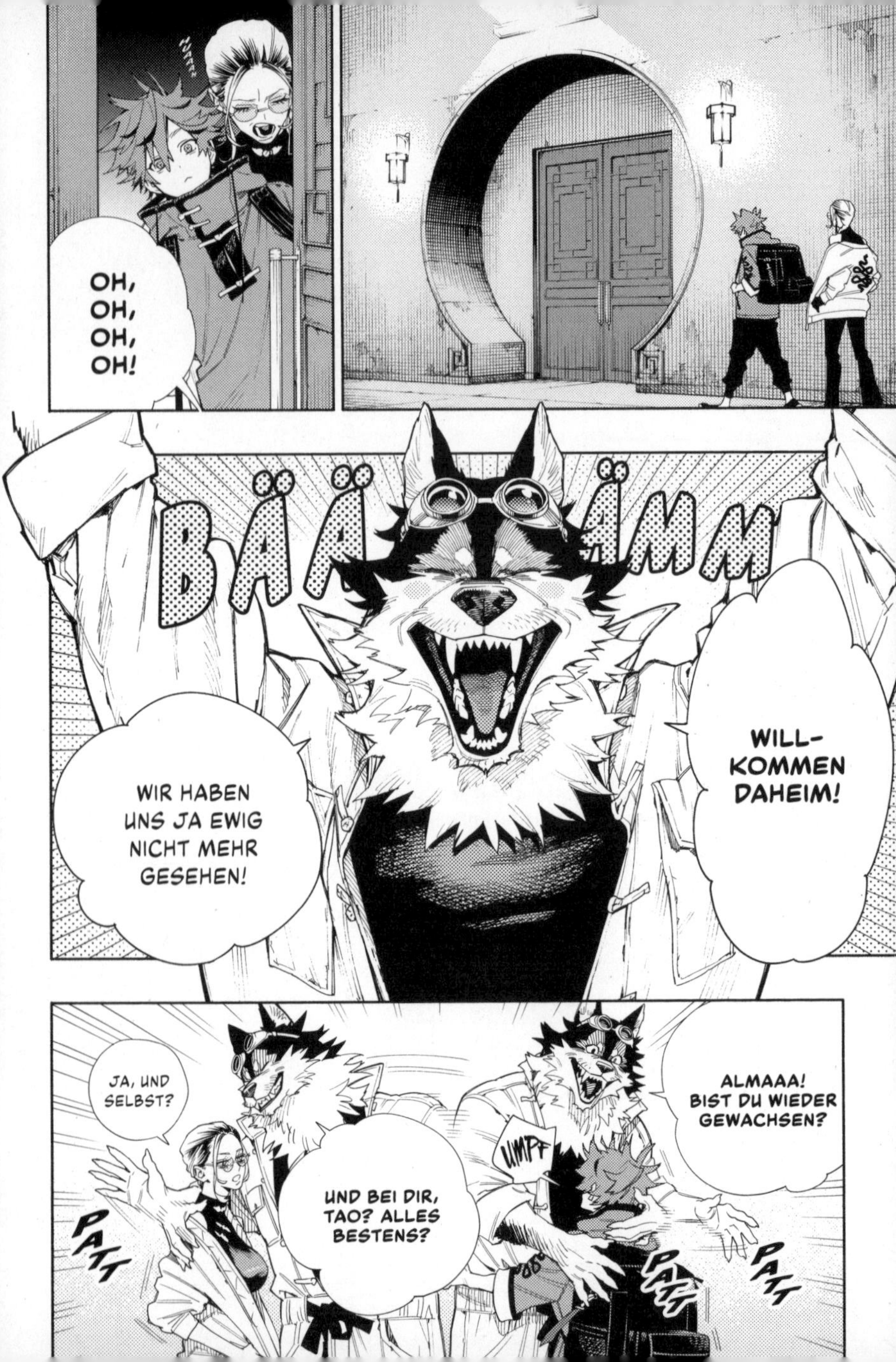

OH,
OH,
OH,
OH!
BÄÄMM
WILL-
KOMMEN
DAHEIM!
WIR HABEN
UNS JA EWIG
NICHT MEHR
GESEHEN!
ALMAAA!
BIST DU WIEDER
GEWACHSEN?
UMPF
PATT
PATT
UND BEI DIR,
TAO? ALLES
BESTENS?
JA, UND
SELBST?
PATT

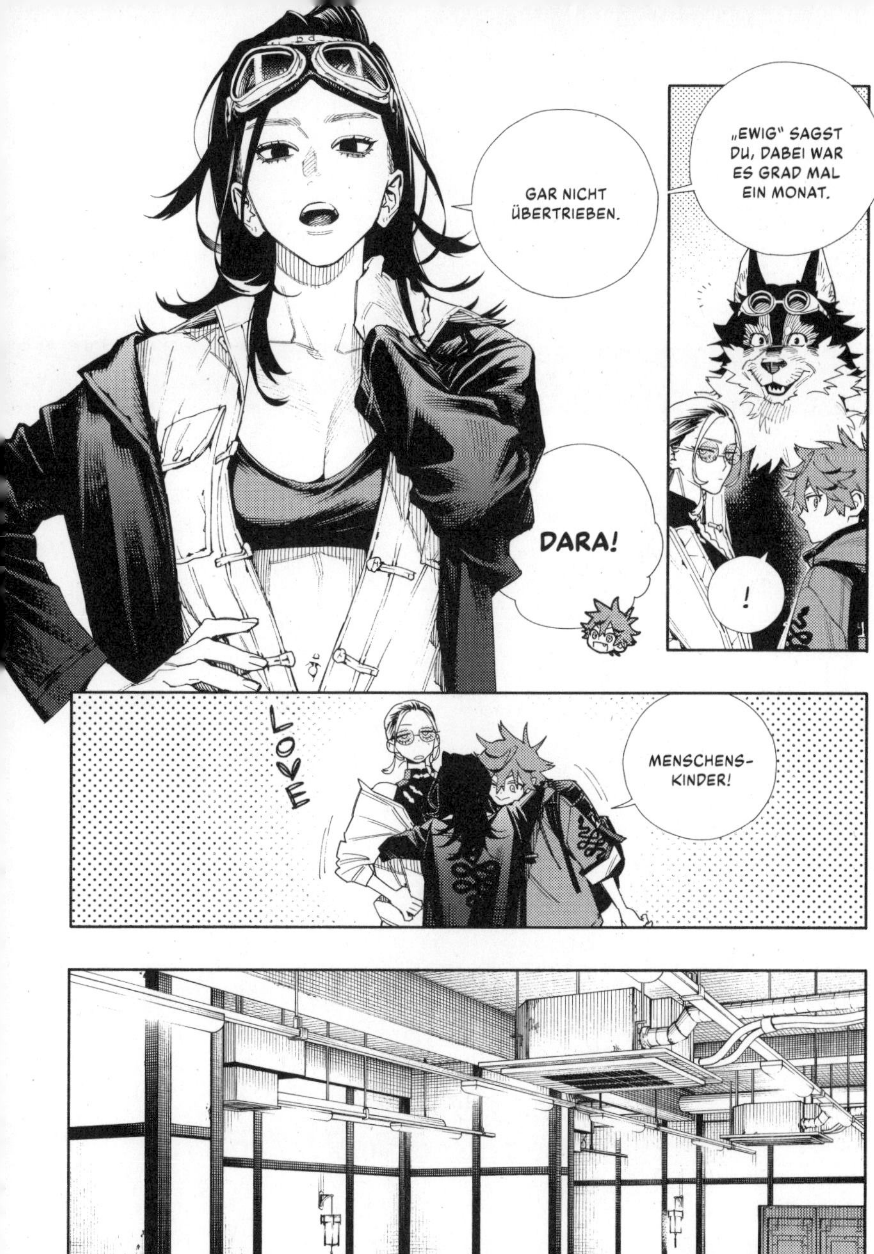
„EWIG" SAGST DU, DABEI WAR ES GRAD MAL EIN MONAT.
GAR NICHT ÜBERTRIEBEN.
!
DARA!
MENSCHENS-KINDER!
LOVE

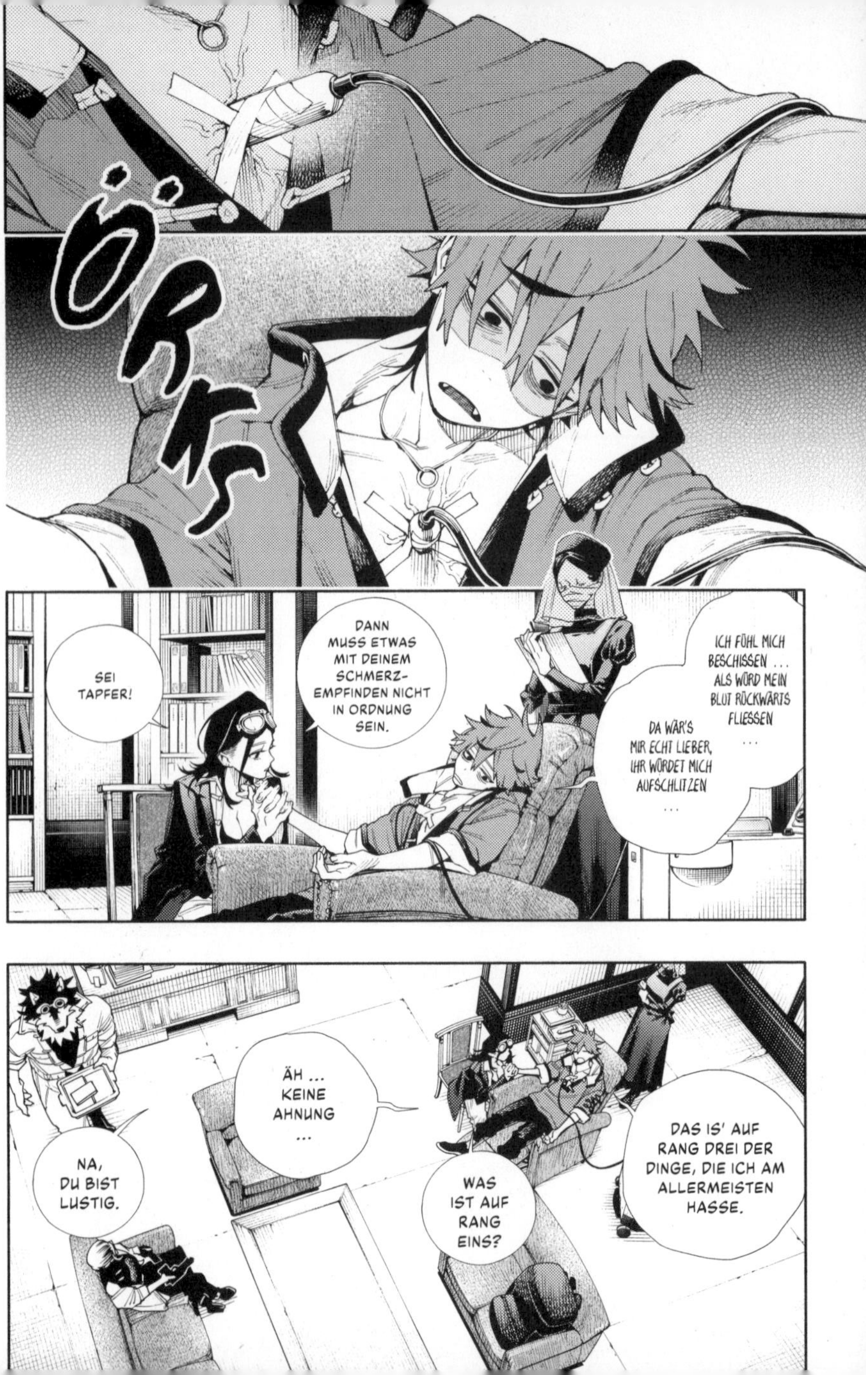
ÖRKS
ICH FÜHL MICH BESCHISSEN ... ALS WÜRD MEIN BLUT RÜCKWÄRTS FLIESSEN ...
DA WÄR'S MIR ECHT LIEBER, IHR WÜRDET MICH AUFSCHLITZEN ...
DANN MUSS ETWAS MIT DEINEM SCHMERZ-EMPFINDEN NICHT IN ORDNUNG SEIN.
SEI TAPFER!
DAS IS' AUF RANG DREI DER DINGE, DIE ICH AM ALLERMEISTEN HASSE.
WAS IST AUF RANG EINS?
ÄH ... KEINE AHNUNG ...
NA, DU BIST LUSTIG.

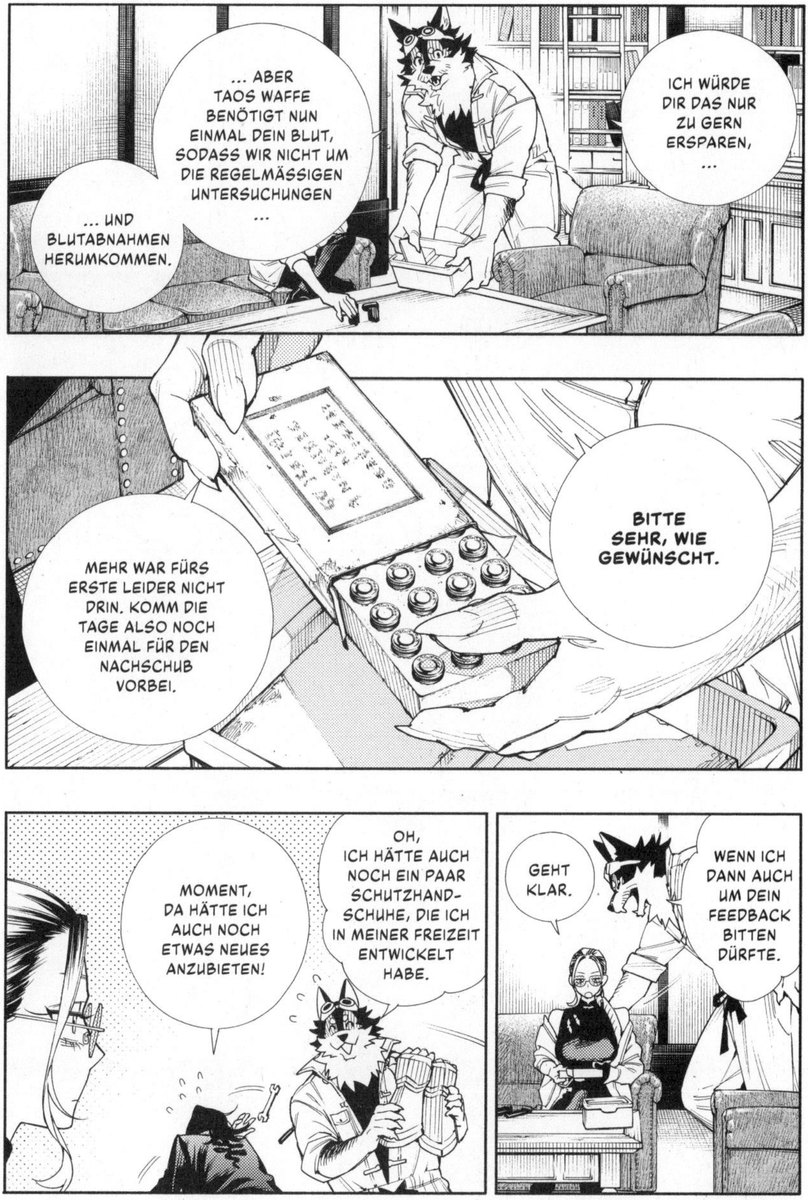
ICH WÜRDE DIR DAS NUR ZU GERN ERSPAREN, ...
... ABER TAOS WAFFE BENÖTIGT NUN EINMAL DEIN BLUT, SODASS WIR NICHT UM DIE REGELMÄSSIGEN UNTERSUCHUNGEN ...
... UND BLUTABNAHMEN HERUMKOMMEN.
BITTE SEHR, WIE GEWÜNSCHT.
MEHR WAR FÜRS ERSTE LEIDER NICHT DRIN. KOMM DIE TAGE ALSO NOCH EINMAL FÜR DEN NACHSCHUB VORBEI.
WENN ICH DANN AUCH UM DEIN FEEDBACK BITTEN DÜRFTE.
GEHT KLAR.
OH, ICH HÄTTE AUCH NOCH EIN PAAR SCHUTZHAND-SCHUHE, DIE ICH IN MEINER FREIZEIT ENTWICKELT HABE.
MOMENT, DA HÄTTE ICH AUCH NOCH ETWAS NEUES ANZUBIETEN!

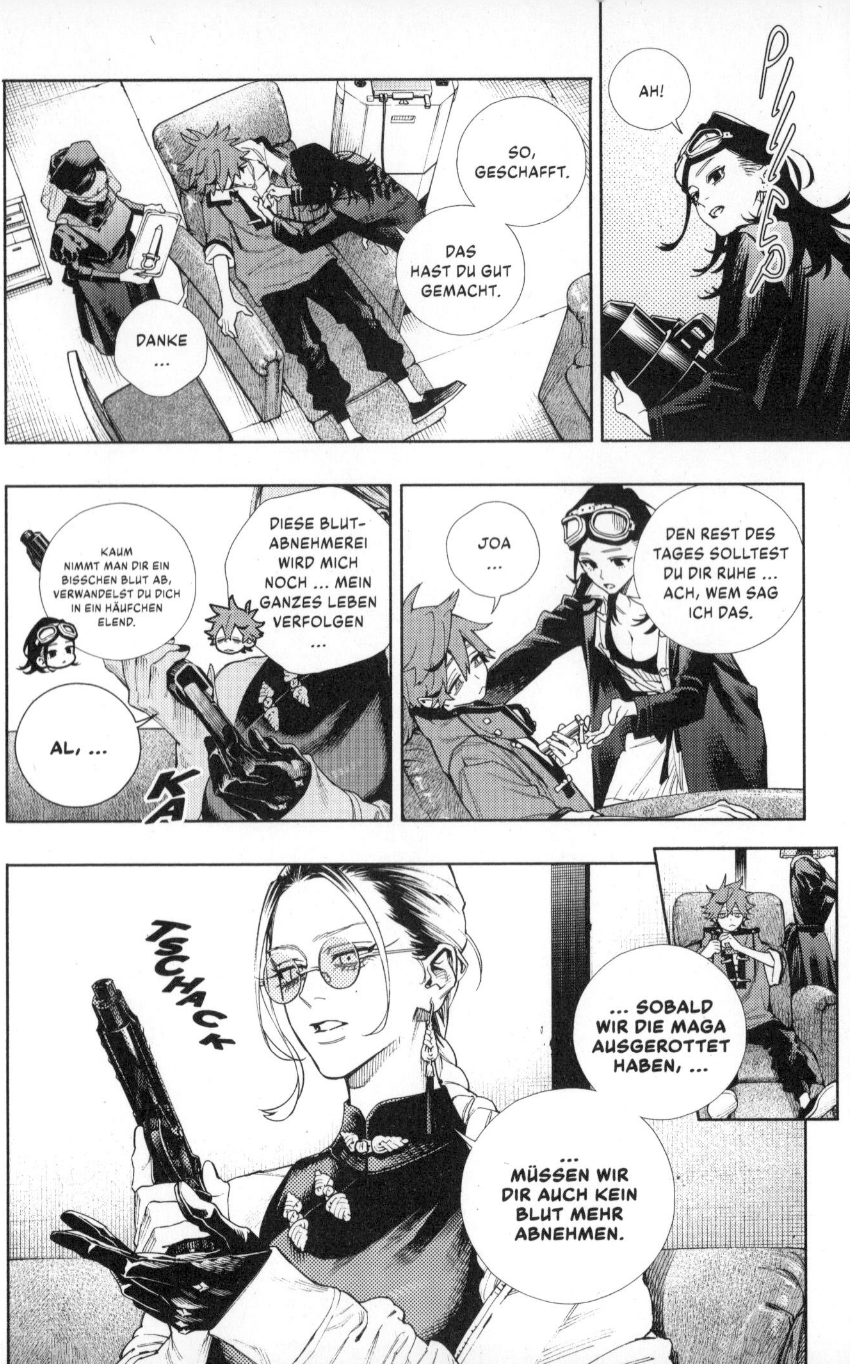
PIIIEP
AH!
SO, GESCHAFFT.
DAS HAST DU GUT GEMACHT.
DANKE ...
JOA ...
DEN REST DES TAGES SOLLTEST DU DIR RUHE ... ACH, WEM SAG ICH DAS.
DIESE BLUT-ABNEHMEREI WIRD MICH NOCH ... MEIN GANZES LEBEN VERFOLGEN ...
KAUM NIMMT MAN DIR EIN BISSCHEN BLUT AB, VERWANDELST DU DICH IN EIN HÄUFCHEN ELEND.
AL, ...
TSCHACK
... SOBALD WIR DIE MAGA AUSGEROTTET HABEN, ...
... MÜSSEN WIR DIR AUCH KEIN BLUT MEHR ABNEHMEN.

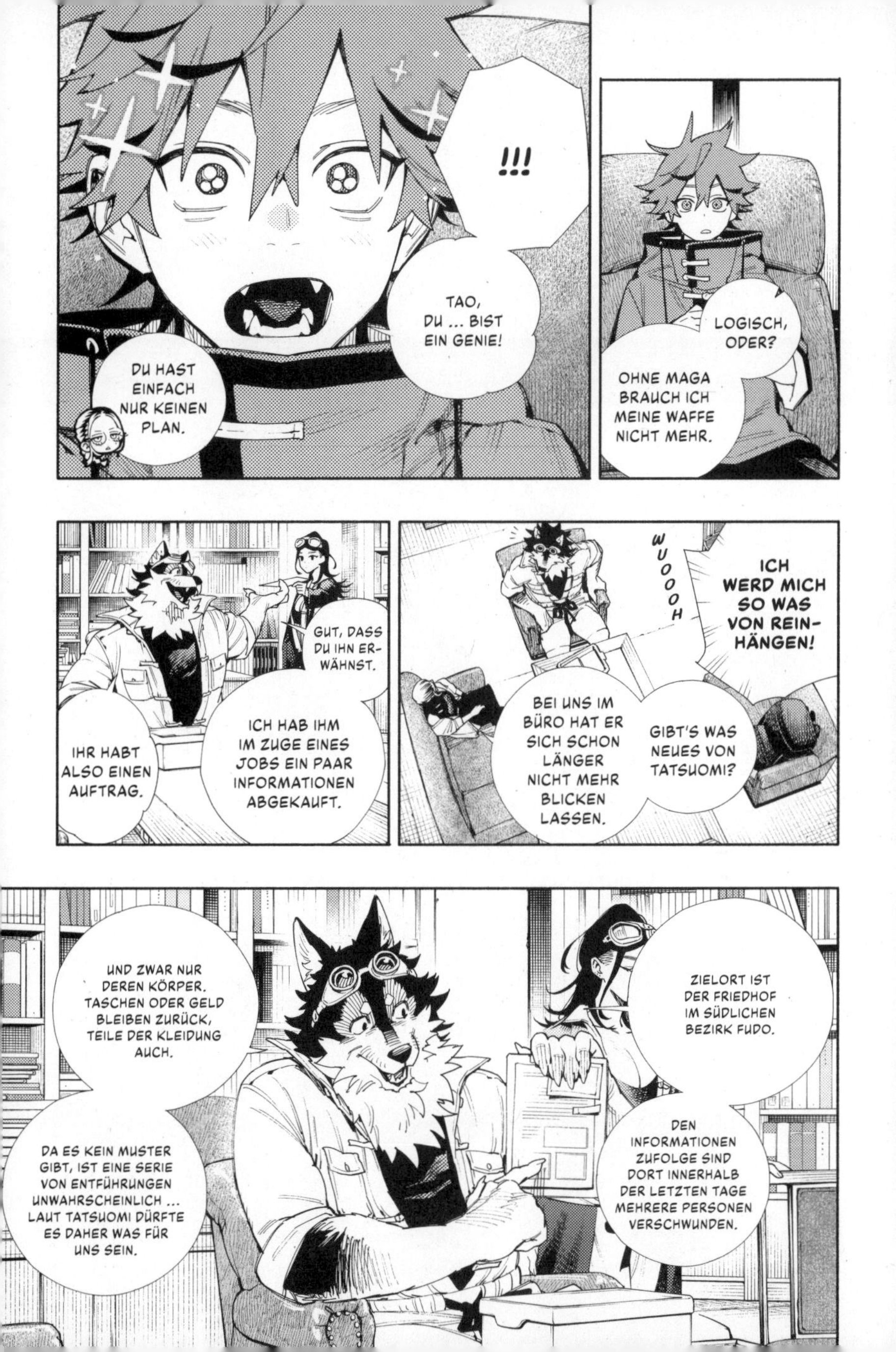
OHNE MAGA BRAUCH ICH MEINE WAFFE NICHT MEHR.
LOGISCH, ODER?
!!!
TAO, DU ... BIST EIN GENIE!
DU HAST EINFACH NUR KEINEN PLAN.
ICH WERD MICH SO WAS VON REIN-HÄNGEN!
WUOOOH
GIBT'S WAS NEUES VON TATSUOMI?
BEI UNS IM BÜRO HAT ER SICH SCHON LÄNGER NICHT MEHR BLICKEN LASSEN.
GUT, DASS DU IHN ER-WÄHNST.
ICH HAB IHM IM ZUGE EINES JOBS EIN PAAR INFORMATIONEN ABGEKAUFT.
IHR HABT ALSO EINEN AUFTRAG.
ZIELORT IST DER FRIEDHOF IM SÜDLICHEN BEZIRK FUDO.
DEN INFORMATIONEN ZUFOLGE SIND DORT INNERHALB DER LETZTEN TAGE MEHRERE PERSONEN VERSCHWUNDEN.
UND ZWAR NUR DEREN KÖRPER. TASCHEN ODER GELD BLEIBEN ZURÜCK, TEILE DER KLEIDUNG AUCH.
DA ES KEIN MUSTER GIBT, IST EINE SERIE VON ENTFÜHRUNGEN UNWAHRSCHEINLICH ... LAUT TATSUOMI DÜRFTE ES DAHER WAS FÜR UNS SEIN.

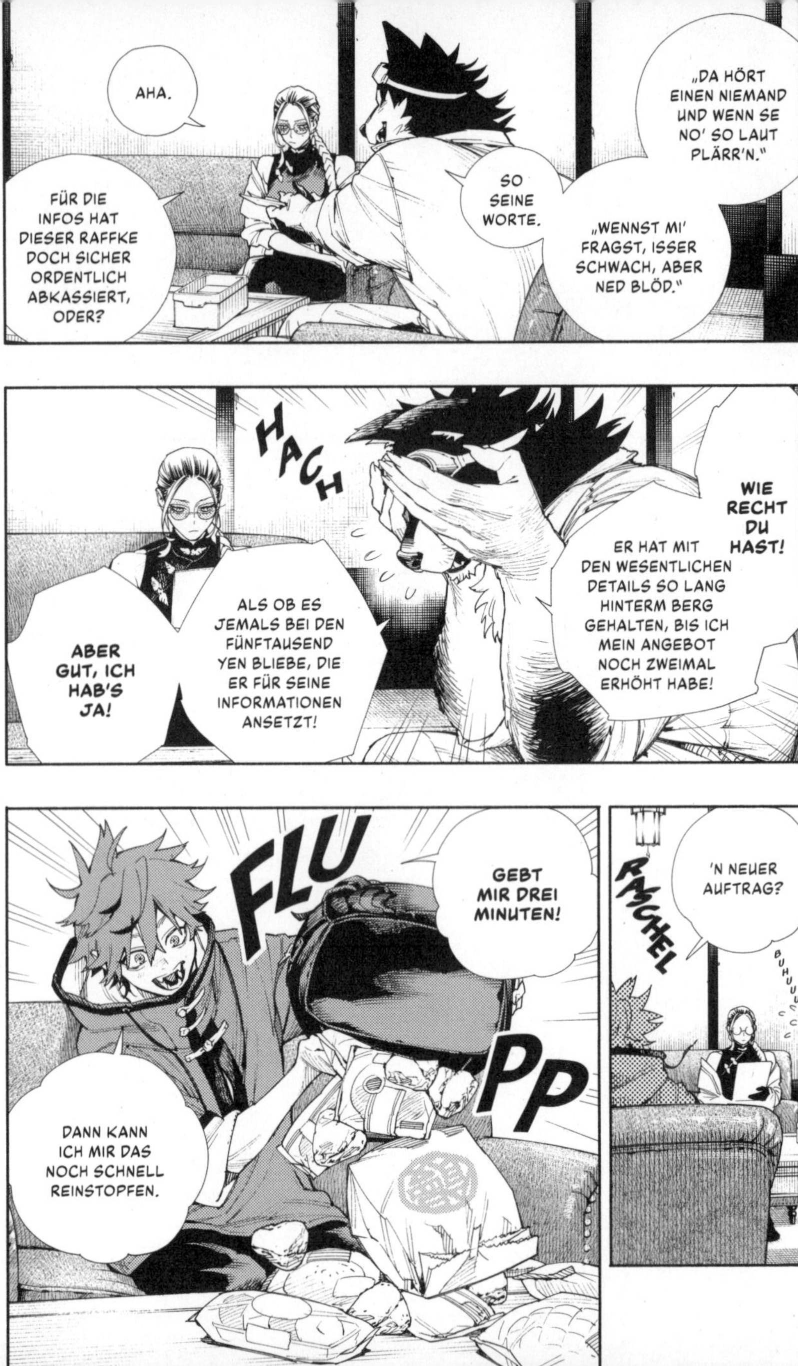
„DA HÖRT EINEN NIEMAND UND WENN SE NO' SO LAUT PLÄRR'N.“
SO SEINE WORTE.
„WENNST MI' FRAGST, ISSER SCHWACH, ABER NED BLÖD.“
AHA.
FÜR DIE INFOS HAT DIESER RAFFKE DOCH SICHER ORDENTLICH ABKASSIERT, ODER?
HACH
WIE RECHT DU HAST!
ER HAT MIT DEN WESENTLICHEN DETAILS SO LANG HINTERM BERG GEHALTEN, BIS ICH MEIN ANGEBOT NOCH ZWEIMAL ERHÖHT HABE!
ALS OB ES JEMALS BEI DEN FÜNFTAUSEND YEN BLIEBE, DIE ER FÜR SEINE INFORMATIONEN ANSETZT!
ABER GUT, ICH HAB'S JA!
RASCHEL
'N NEUER AUFTRAG?
BUHUUU
GEBT MIR DREI MINUTEN!
FLUPP
DANN KANN ICH MIR DAS NOCH SCHNELL REINSTOPFEN.

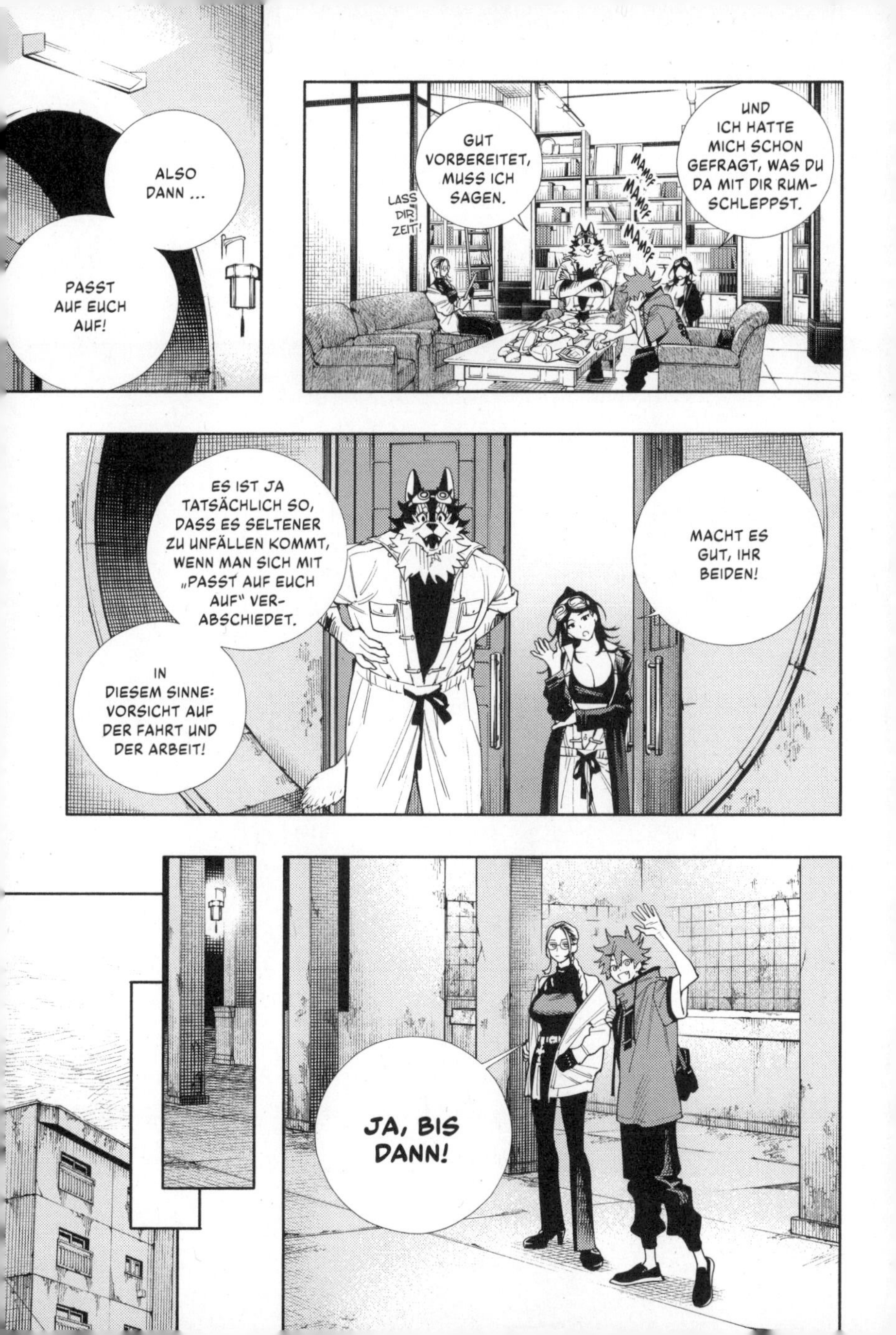
UND ICH HATTE MICH SCHON GEFRAGT, WAS DU DA MIT DIR RUMSCHLEPPST.
MAMPF MAMPF MAMPF
GUT VORBEREITET, MUSS ICH SAGEN.
LASS DIR ZEIT!
ALSO DANN ...
PASST AUF EUCH AUF!
MACHT ES GUT, IHR BEIDEN!
ES IST JA TATSÄCHLICH SO, DASS ES SELTENER ZU UNFÄLLEN KOMMT, WENN MAN SICH MIT „PASST AUF EUCH AUF“ VERABSCHIEDET.
IN DIESEM SINNE: VORSICHT AUF DER FAHRT UND DER ARBEIT!
JA, BIS DANN!

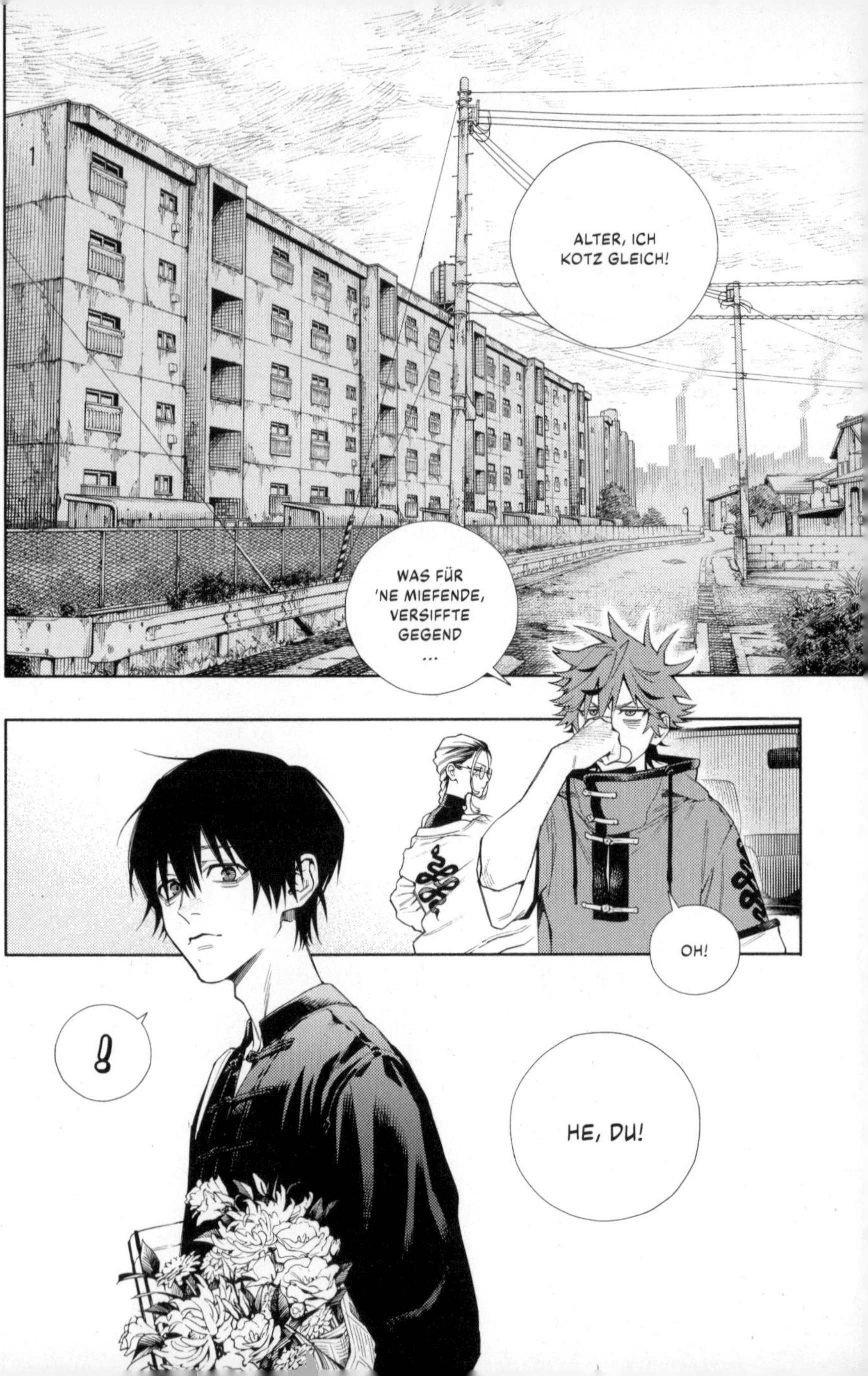
ALTER, ICH KOTZ GLEICH!
WAS FÜR 'NE MIEFENDE, VERSIFFTE GEGEND ...
OH!
!
HE, DU!

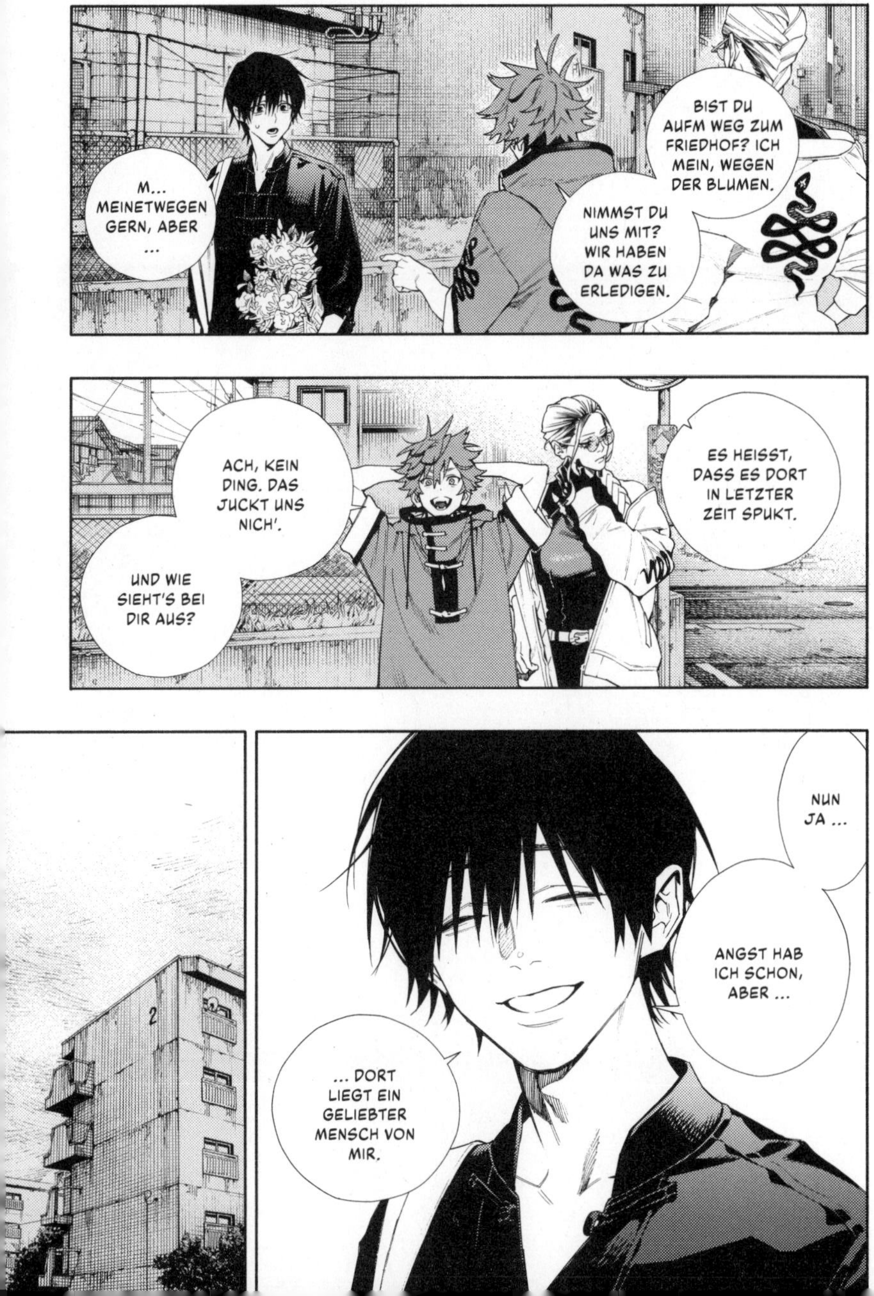
BIST DU AUFM WEG ZUM FRIEDHOF? ICH MEIN, WEGEN DER BLUMEN.
NIMMST DU UNS MIT? WIR HABEN DA WAS ZU ERLEDIGEN.
M... MEINETWEGEN GERN, ABER ...
ES HEISST, DASS ES DORT IN LETZTER ZEIT SPUKT.
ACH, KEIN DING. DAS JUCKT UNS NICH'.
UND WIE SIEHT'S BEI DIR AUS?
NUN JA ...
ANGST HAB ICH SCHON, ABER ...
... DORT LIEGT EIN GELIEBTER MENSCH VON MIR.

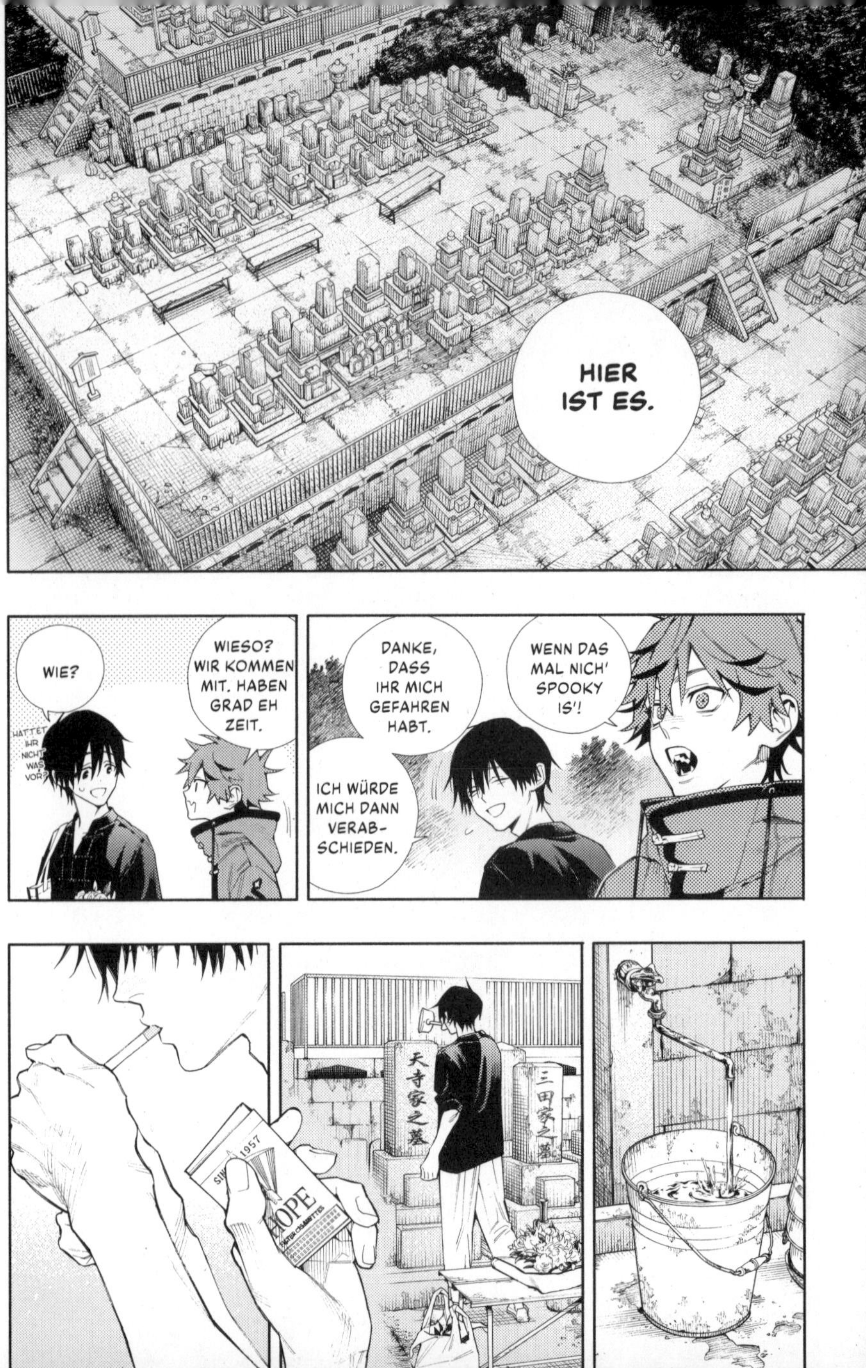
HIER IST ES.
WENN DAS MAL NICH' SPOOKY IS'!
DANKE, DASS IHR MICH GEFAHREN HABT.
ICH WÜRDE MICH DANN VERAB-SCHIEDEN.
WIESO? WIR KOMMEN MIT. HABEN GRAD EH ZEIT.
WIE?
HATTET IHR NICHT WAS VOR?
天寺家之墓
三田家之墓

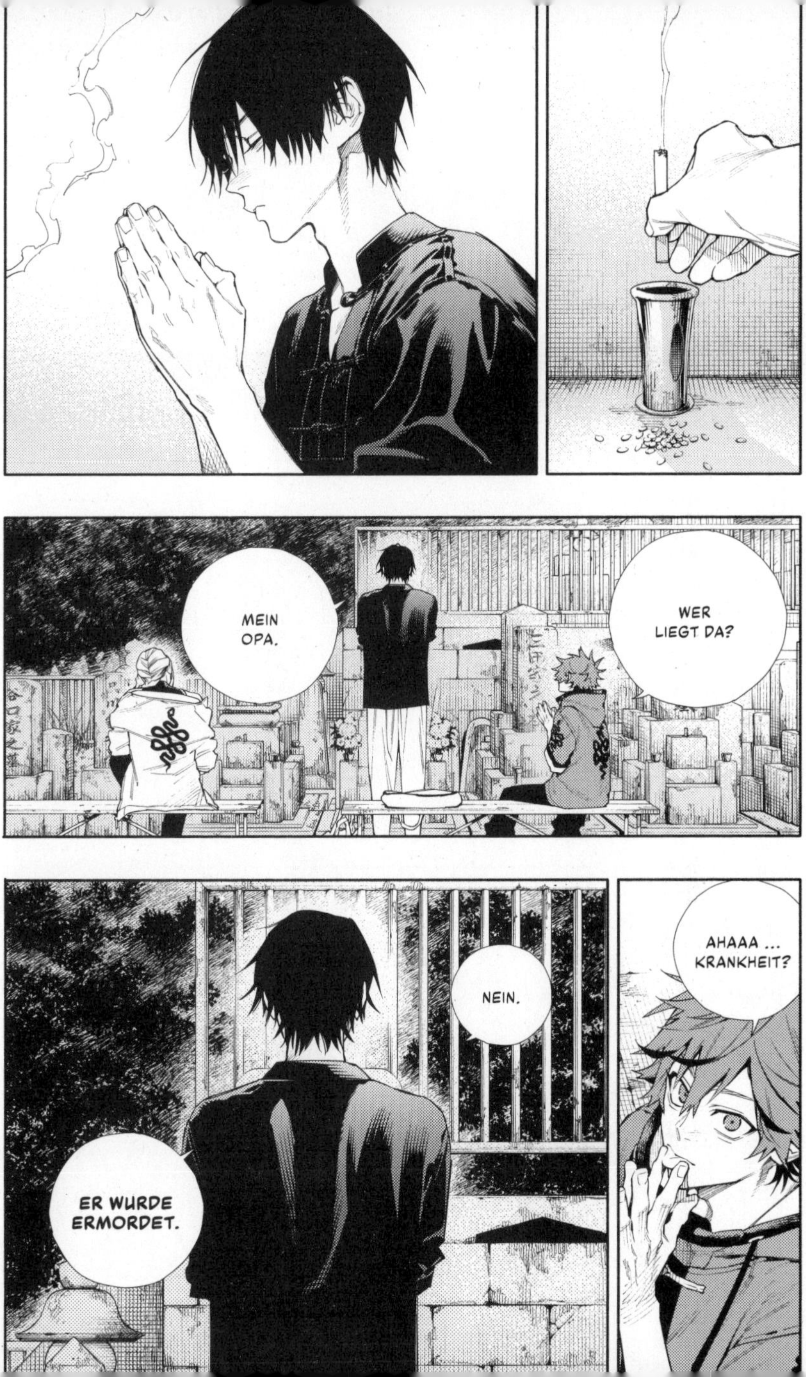

WER LIEGT DA?
MEIN OPA.
AHAAA ... KRANKHEIT?
NEIN.
ER WURDE ERMORDET.

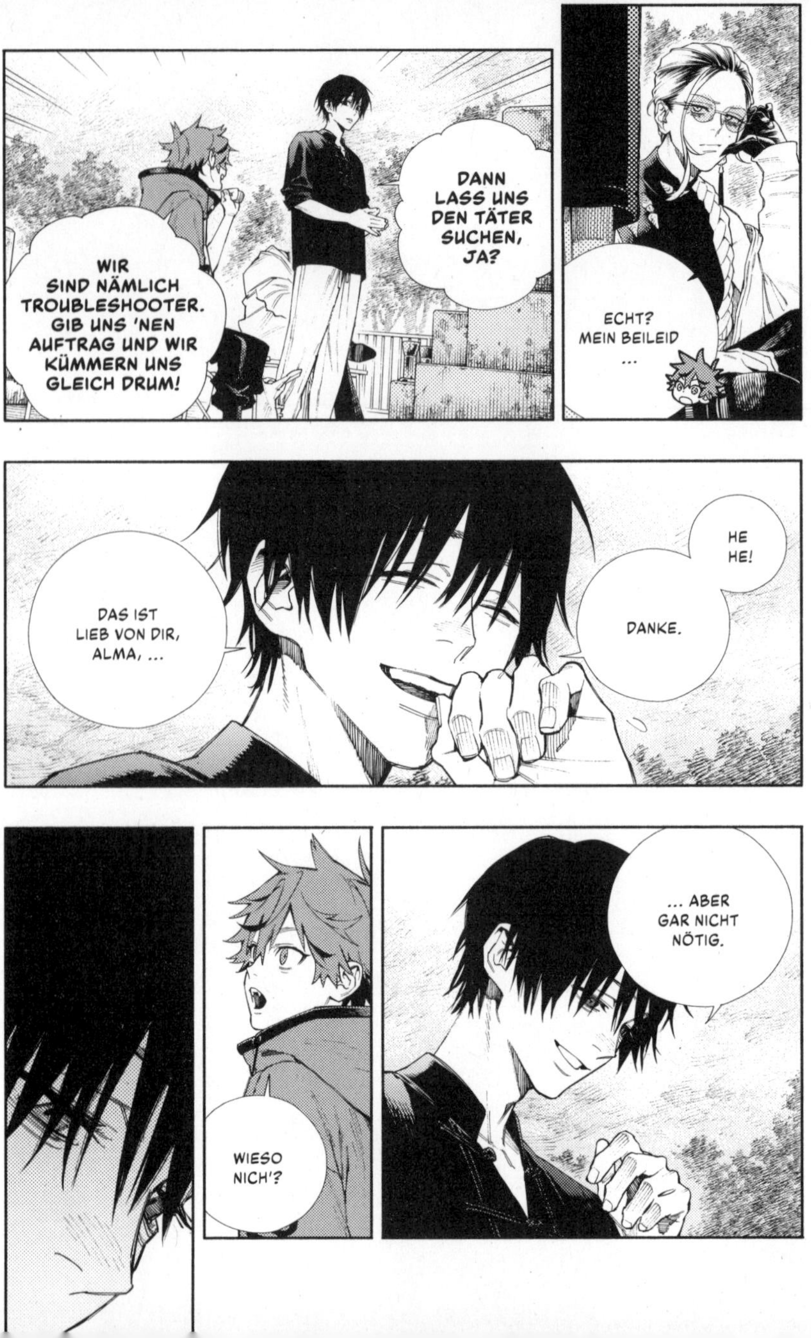
ECHT? MEIN BEILEID …
DANN LASS UNS DEN TÄTER SUCHEN, JA?
WIR SIND NÄMLICH TROUBLESHOOTER. GIB UNS 'NEN AUFTRAG UND WIR KÜMMERN UNS GLEICH DRUM!
HE HE!
DANKE.
DAS IST LIEB VON DIR, ALMA, …
… ABER GAR NICHT NÖTIG.
WIESO NICH'?

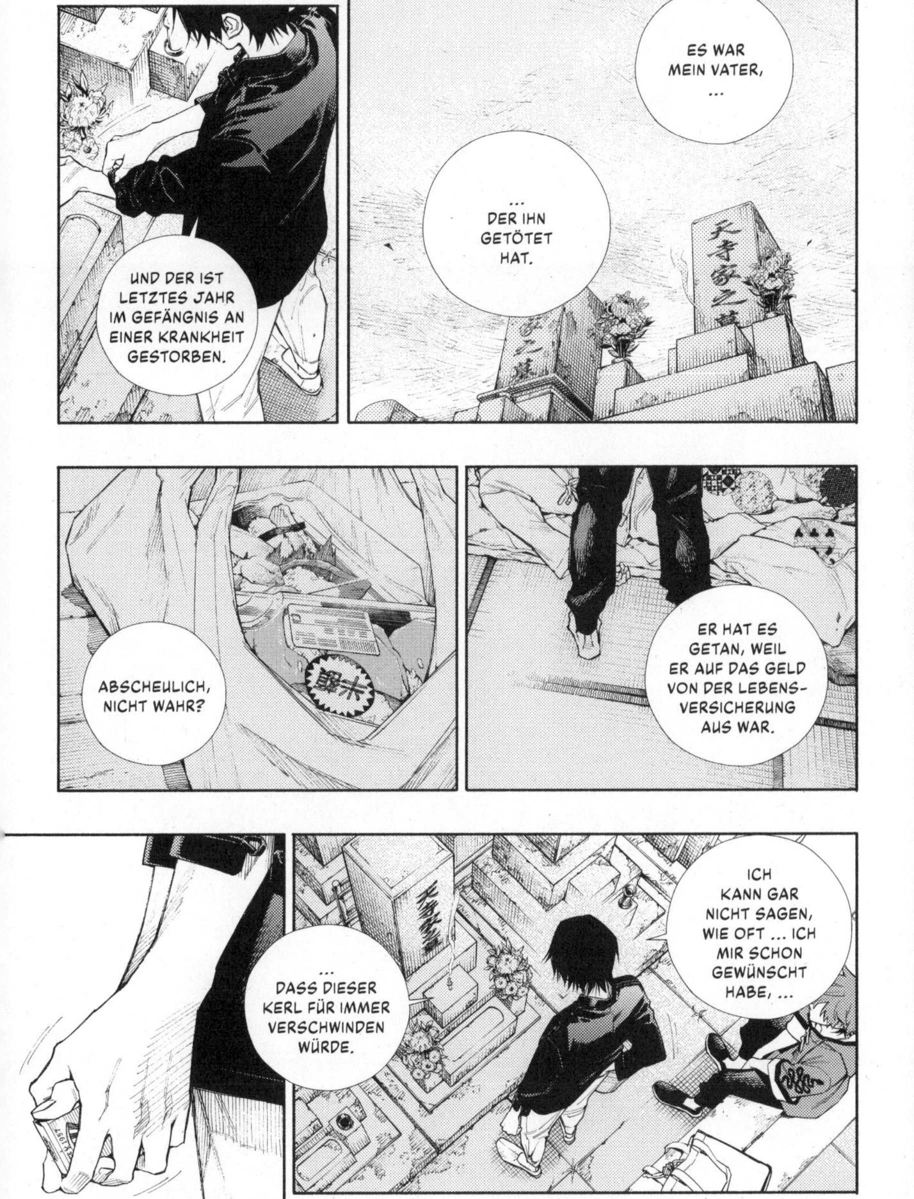
ES WAR MEIN VATER, ...
... DER IHN GETÖTET HAT.
UND DER IST LETZTES JAHR IM GEFÄNGNIS AN EINER KRANKHEIT GESTORBEN.
ER HAT ES GETAN, WEIL ER AUF DAS GELD VON DER LEBENS-VERSICHERUNG AUS WAR.
ABSCHEULICH, NICHT WAHR?
ICH KANN GAR NICHT SAGEN, WIE OFT ... ICH MIR SCHON GEWÜNSCHT HABE, ...
... DASS DIESER KERL FÜR IMMER VERSCHWINDEN WÜRDE.

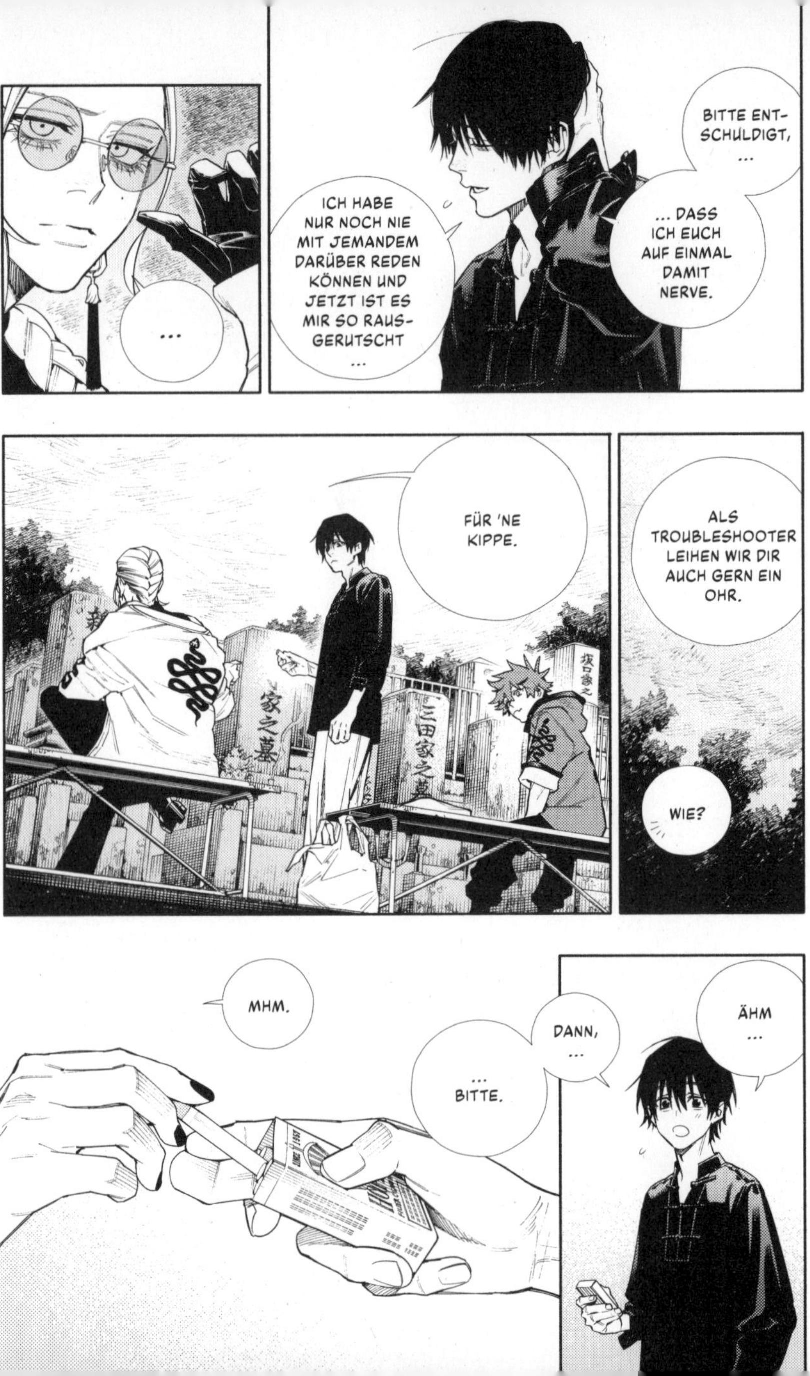
BITTE ENT-SCHULDIGT, ...
... DASS ICH EUCH AUF EINMAL DAMIT NERVE.
ICH HABE NUR NOCH NIE MIT JEMANDEM DARÜBER REDEN KÖNNEN UND JETZT IST ES MIR SO RAUS-GERUTSCHT ...
...
ALS TROUBLESHOOTER LEIHEN WIR DIR AUCH GERN EIN OHR.
WIE?
FÜR 'NE KIPPE.
ÄHM ...
DANN, ...
... BITTE.
MHM.

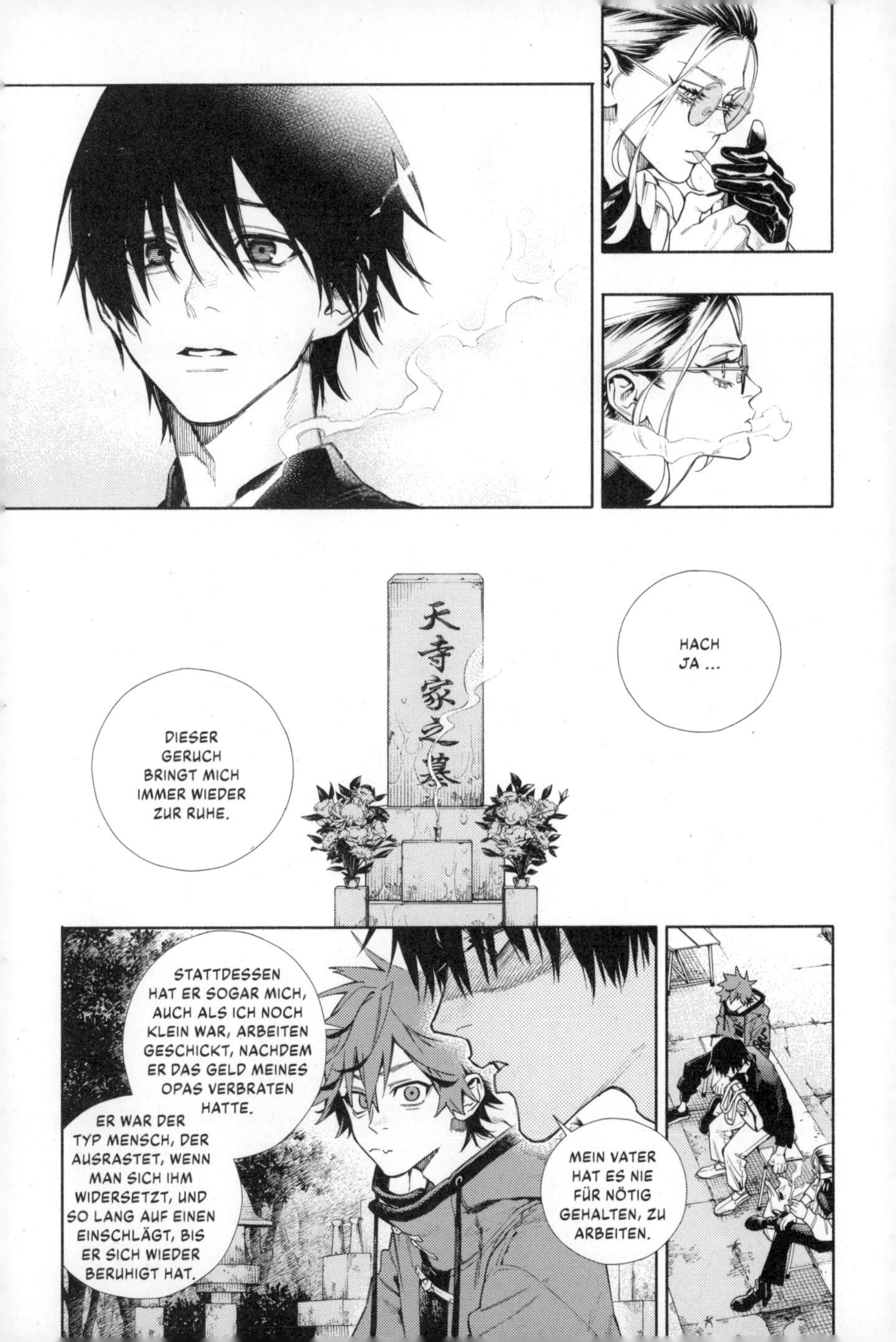

HACH JA ...
天寺家之墓
DIESER GERUCH BRINGT MICH IMMER WIEDER ZUR RUHE.
MEIN VATER HAT ES NIE FÜR NÖTIG GEHALTEN, ZU ARBEITEN.
STATTDESSEN HAT ER SOGAR MICH, AUCH ALS ICH NOCH KLEIN WAR, ARBEITEN GESCHICKT, NACHDEM ER DAS GELD MEINES OPAS VERBRATEN HATTE.
ER WAR DER TYP MENSCH, DER AUSRASTET, WENN MAN SICH IHM WIDERSETZT, UND SO LANG AUF EINEN EINSCHLÄGT, BIS ER SICH WIEDER BERUHIGT HAT.

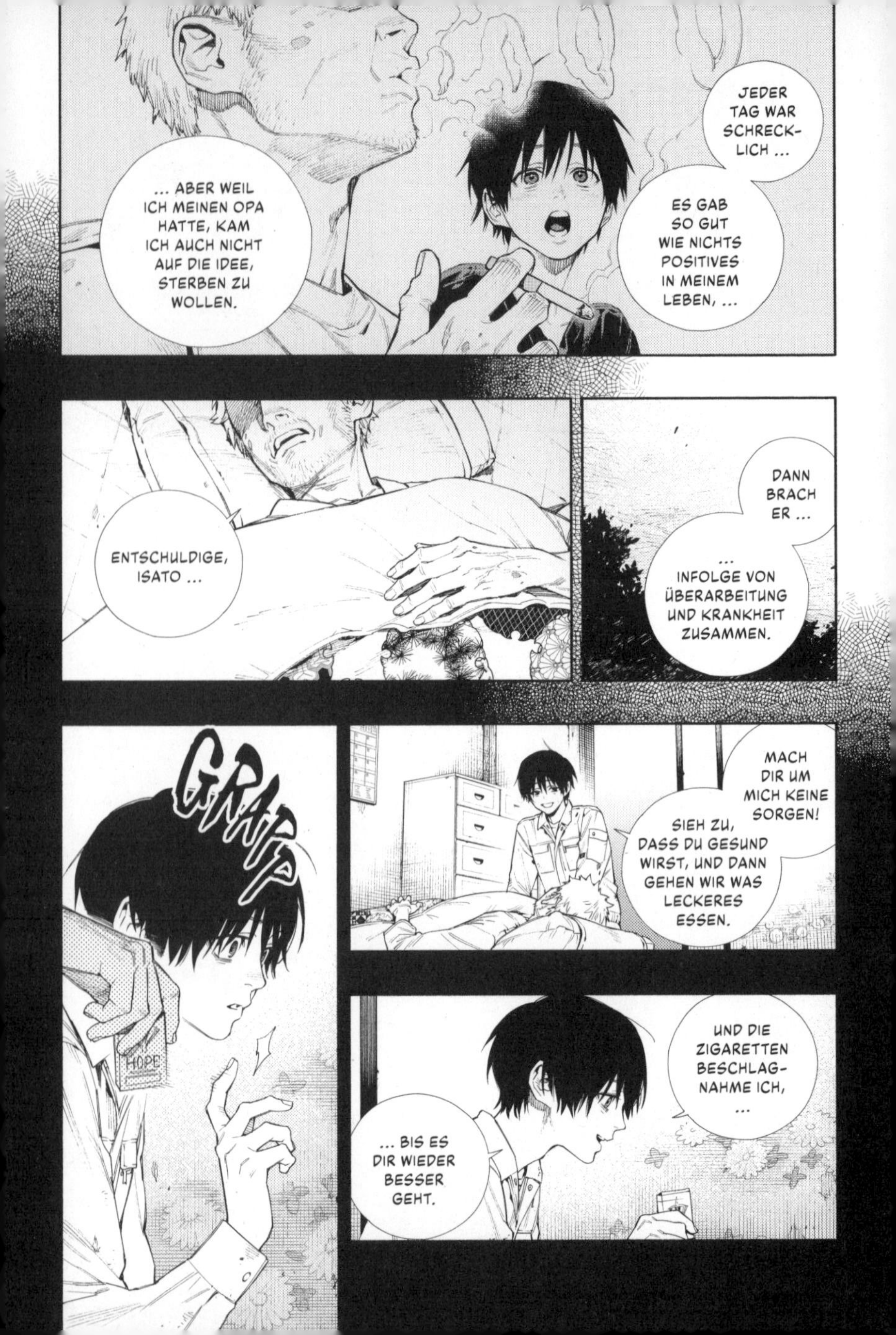
JEDER TAG WAR SCHRECKLICH …
ES GAB SO GUT WIE NICHTS POSITIVES IN MEINEM LEBEN, …
… ABER WEIL ICH MEINEN OPA HATTE, KAM ICH AUCH NICHT AUF DIE IDEE, STERBEN ZU WOLLEN.
DANN BRACH ER …
… INFOLGE VON ÜBERARBEITUNG UND KRANKHEIT ZUSAMMEN.
ENTSCHULDIGE, ISATO …
MACH DIR UM MICH KEINE SORGEN!
SIEH ZU, DASS DU GESUND WIRST, UND DANN GEHEN WIR WAS LECKERES ESSEN.
GRAPP
HOPE
UND DIE ZIGARETTEN BESCHLAG-NAHME ICH, …
… BIS ES DIR WIEDER BESSER GEHT.

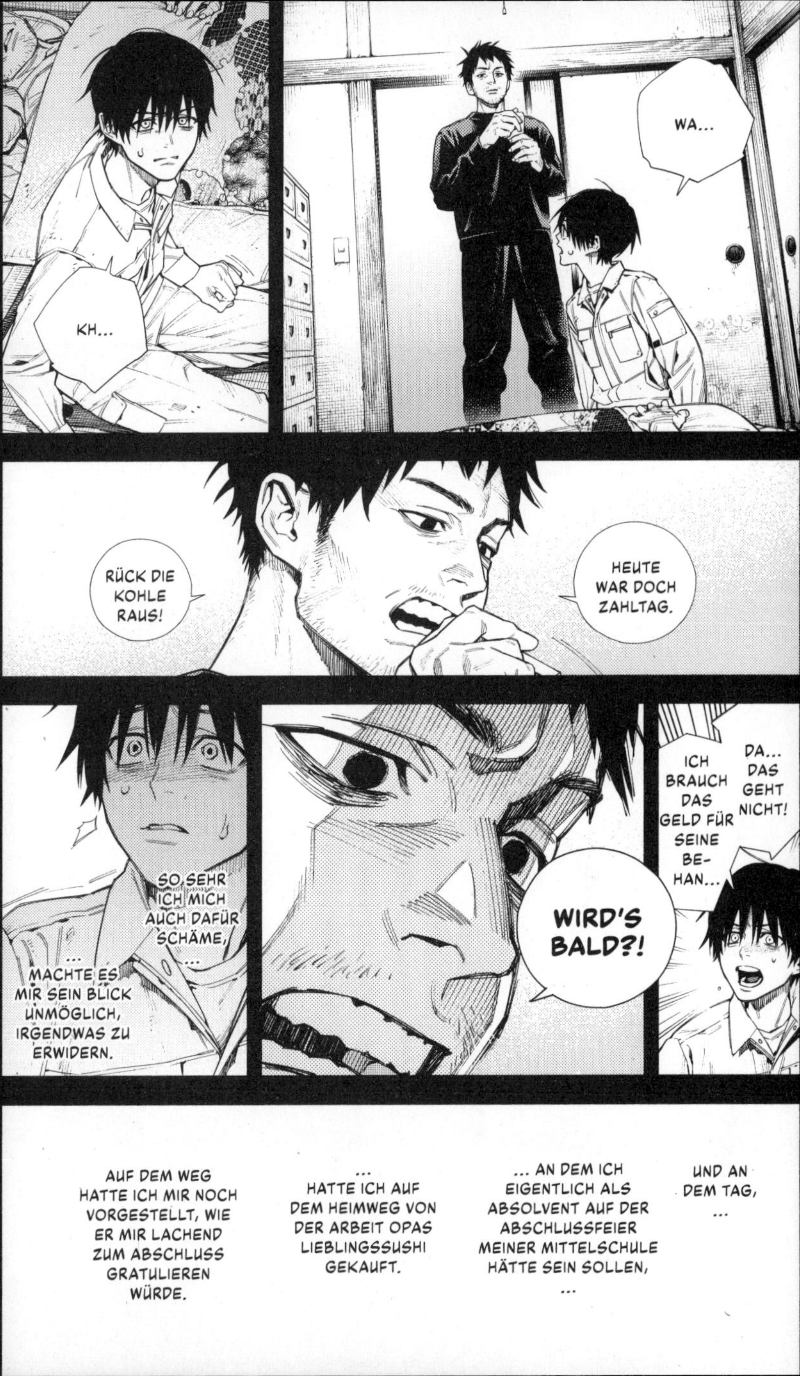
WA...
KH...
HEUTE WAR DOCH ZAHLTAG.
RÜCK DIE KOHLE RAUS!
DA... DAS GEHT NICHT!
ICH BRAUCH DAS GELD FÜR SEINE BE-HAN...
WIRD'S BALD?!
SO SEHR ICH MICH AUCH DAFÜR SCHÄME, ...
... MACHTE ES MIR SEIN BLICK UNMÖGLICH, IRGENDWAS ZU ERWIDERN.
UND AN DEM TAG, ...
... AN DEM ICH EIGENTLICH ALS ABSOLVENT AUF DER ABSCHLUSSFEIER MEINER MITTELSCHULE HÄTTE SEIN SOLLEN, ...
... HATTE ICH AUF DEM HEIMWEG VON DER ARBEIT OPAS LIEBLINGSSUSHI GEKAUFT.
AUF DEM WEG HATTE ICH MIR NOCH VORGESTELLT, WIE ER MIR LACHEND ZUM ABSCHLUSS GRATULIEREN WÜRDE.

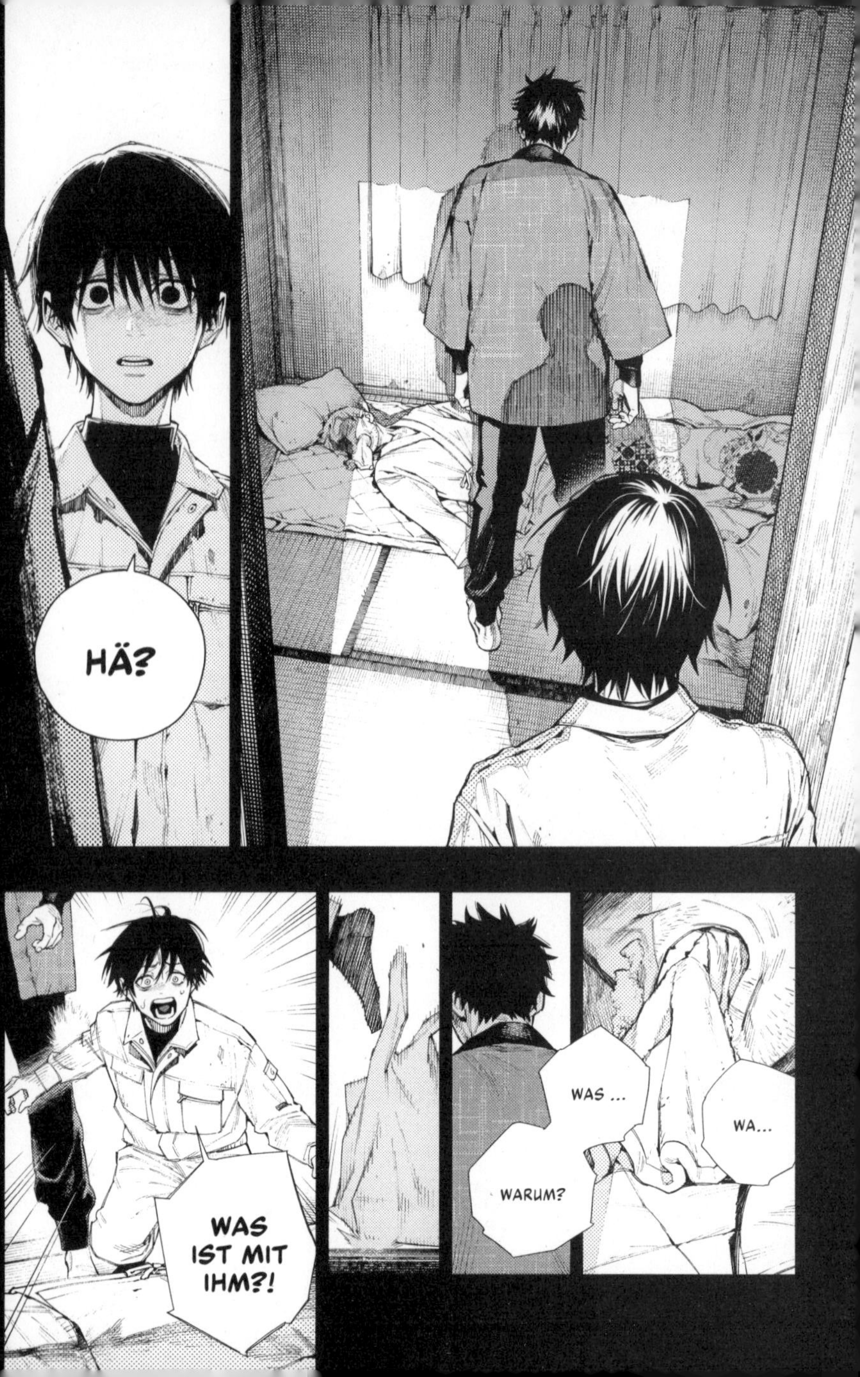
HÄ?
WA...
WAS ...
WARUM?
WAS IST MIT IHM?!

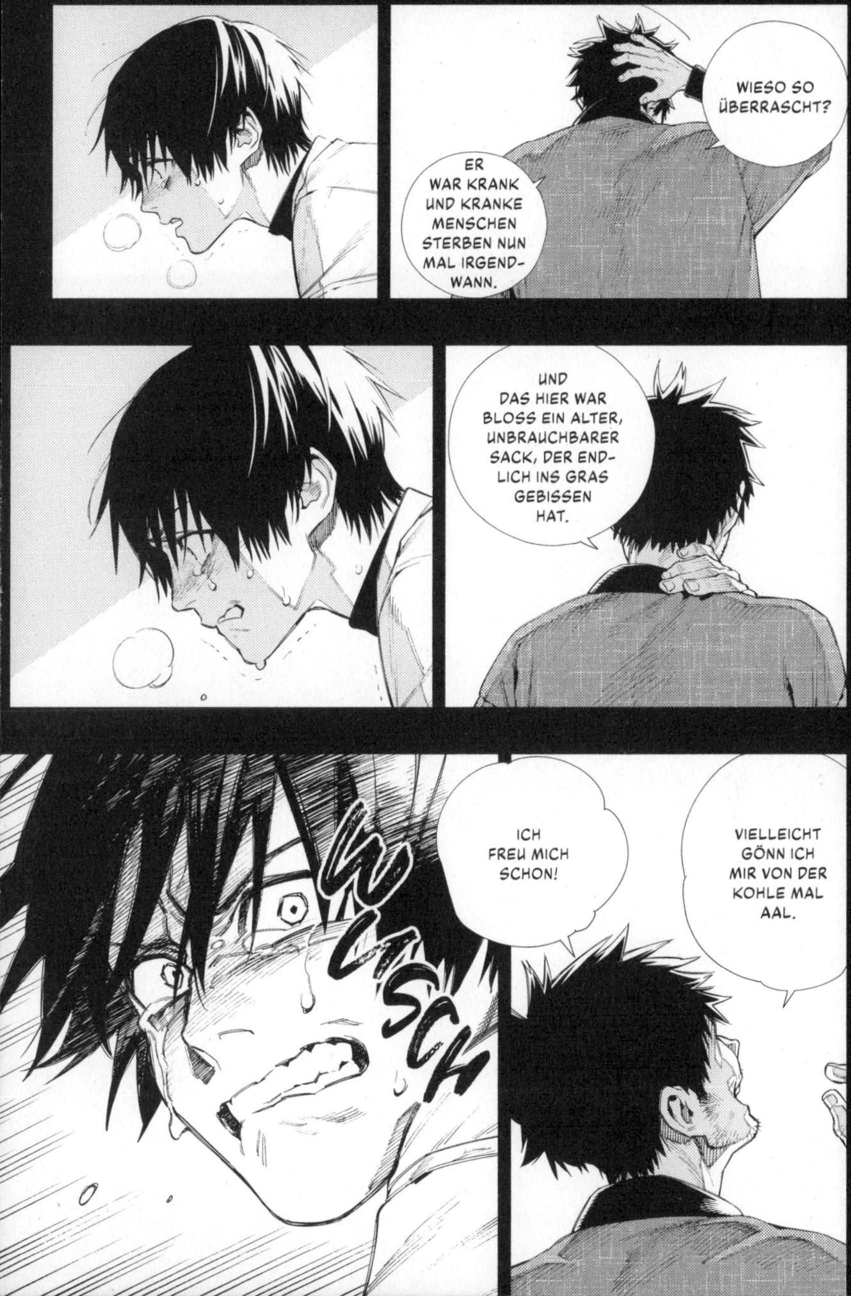
WIESO SO ÜBERRASCHT?
ER WAR KRANK UND KRANKE MENSCHEN STERBEN NUN MAL IRGEND-WANN.
UND DAS HIER WAR BLOSS EIN ALTER, UNBRAUCHBARER SACK, DER END-LICH INS GRAS GEBISSEN HAT.
VIELLEICHT GÖNN ICH MIR VON DER KOHLE MAL AAL.
ICH FREU MICH SCHON!
WUSCH

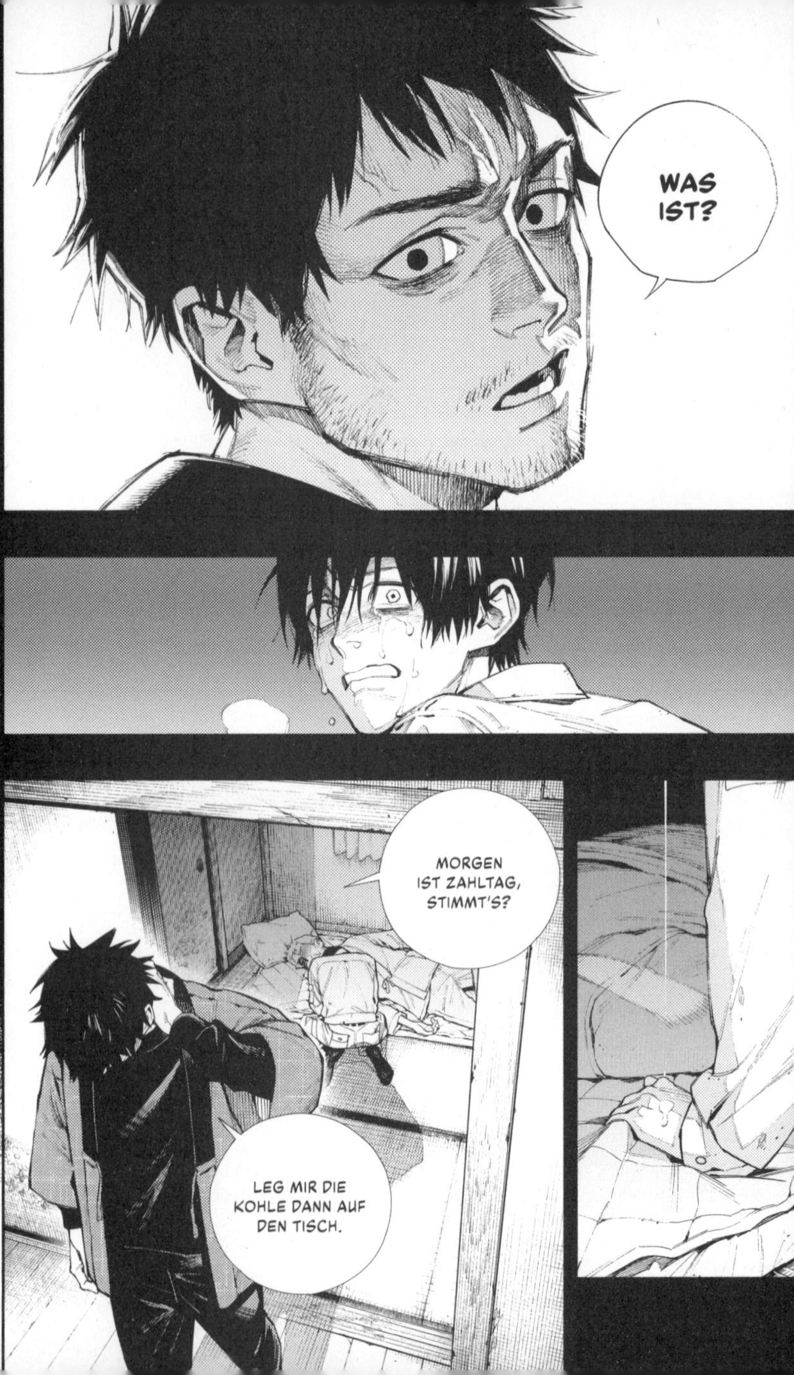
WAS IST?
MORGEN IST ZAHLTAG, STIMMT'S?
LEG MIR DIE KOHLE DANN AUF DEN TISCH.

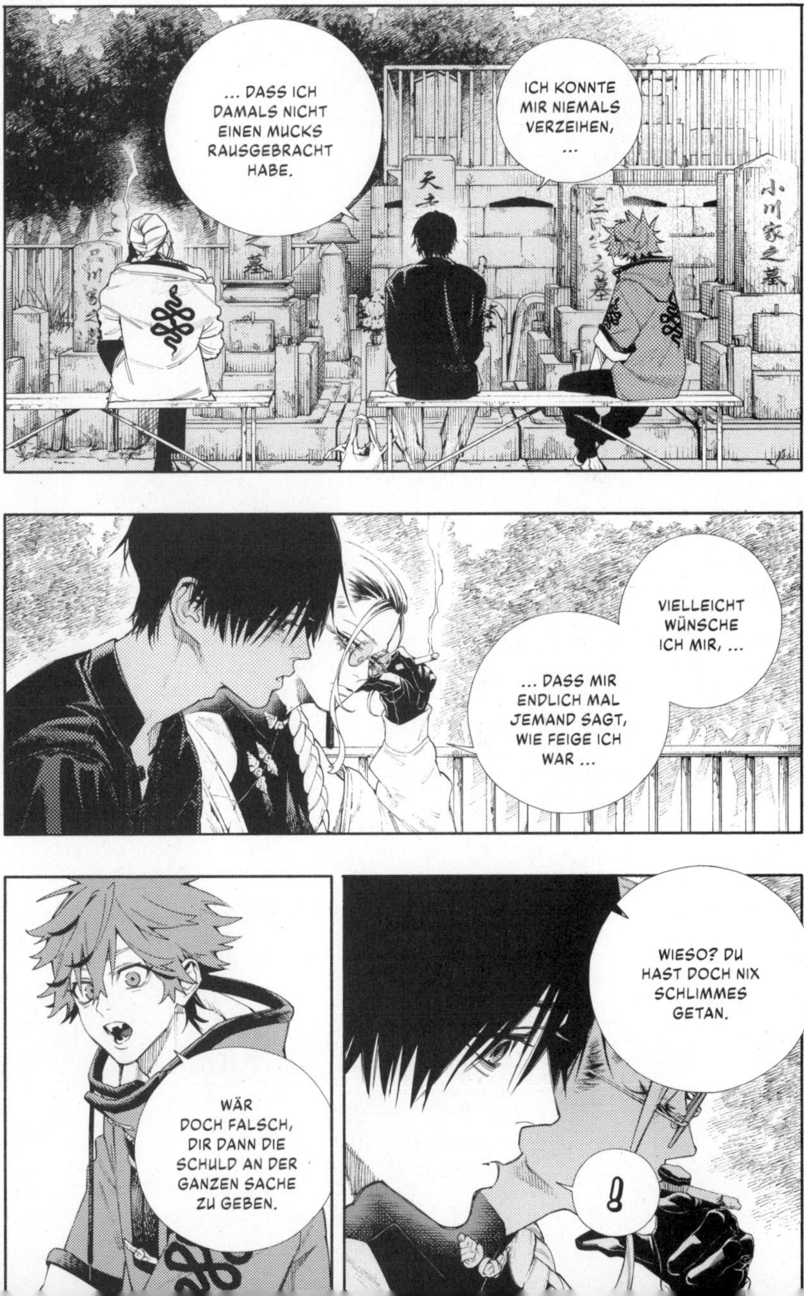

ICH KONNTE MIR NIEMALS VERZEIHEN, ...
... DASS ICH DAMALS NICHT EINEN MUCKS RAUSGEBRACHT HABE.
小川家之墓
VIELLEICHT WÜNSCHE ICH MIR, ...
... DASS MIR ENDLICH MAL JEMAND SAGT, WIE FEIGE ICH WAR ...
WIESO? DU HAST DOCH NIX SCHLIMMES GETAN.
!
WÄR DOCH FALSCH, DIR DANN DIE SCHULD AN DER GANZEN SACHE ZU GEBEN.

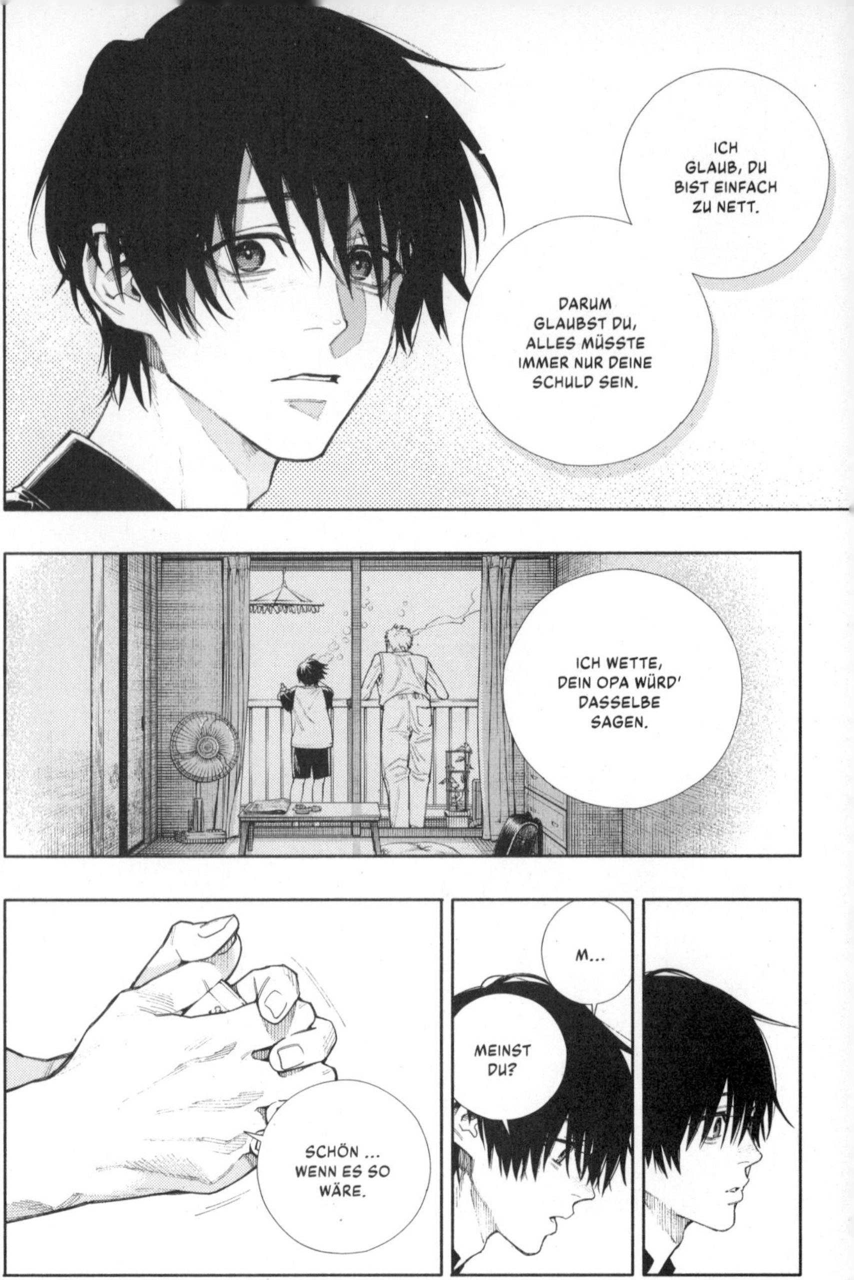
ICH GLAUB, DU BIST EINFACH ZU NETT.
DARUM GLAUBST DU, ALLES MÜSSTE IMMER NUR DEINE SCHULD SEIN.
ICH WETTE, DEIN OPA WÜRD' DASSELBE SAGEN.
M...
MEINST DU?
SCHÖN ... WENN ES SO WÄRE.

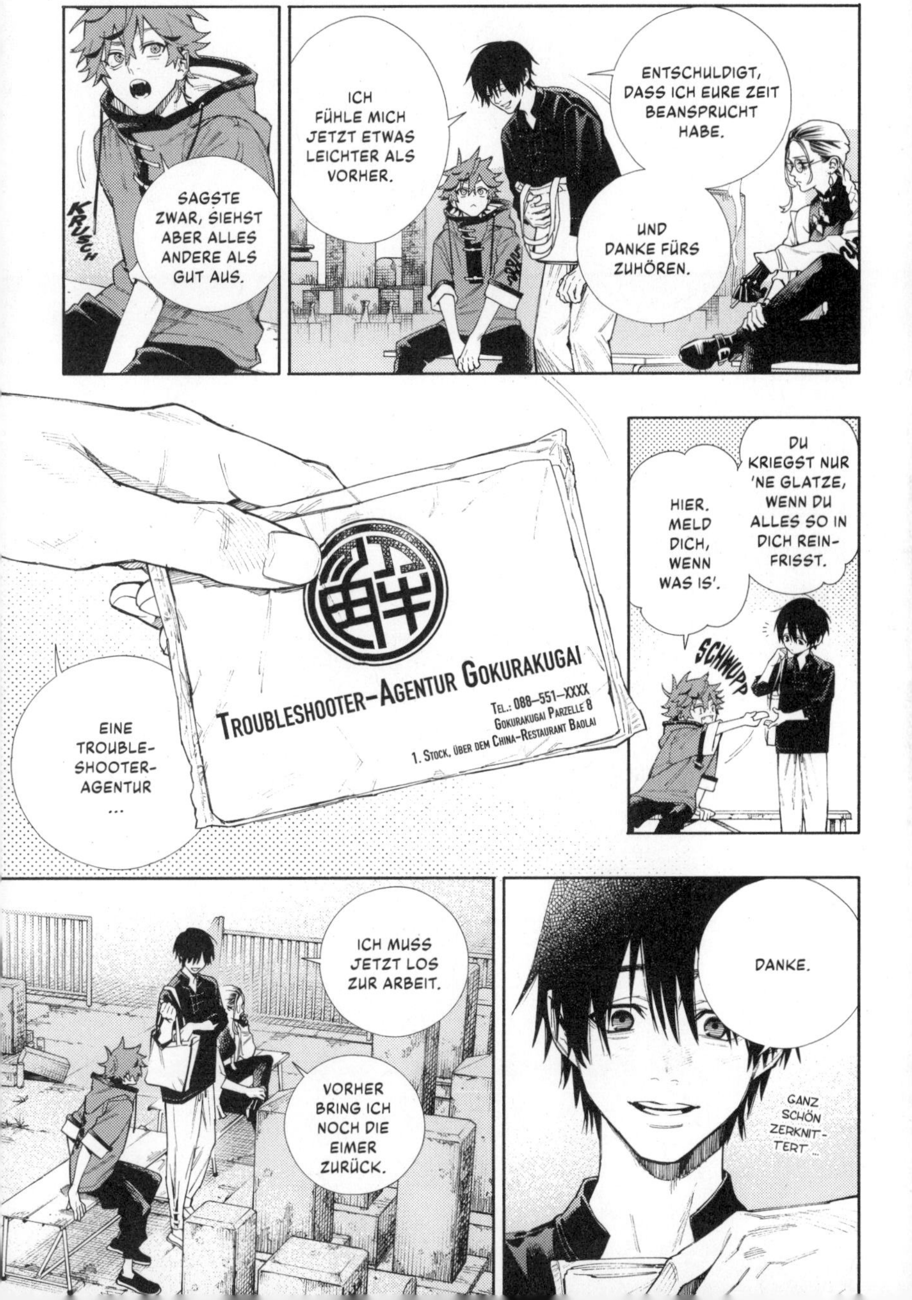
ENTSCHULDIGT, DASS ICH EURE ZEIT BEANSPRUCHT HABE.
UND DANKE FÜRS ZUHÖREN.
ICH FÜHLE MICH JETZT ETWAS LEICHTER ALS VORHER.
KRUSCH
SAGSTE ZWAR, SIEHST ABER ALLES ANDERE ALS GUT AUS.
DU KRIEGST NUR 'NE GLATZE, WENN DU ALLES SO IN DICH REIN-FRISST.
HIER. MELD DICH, WENN WAS IS'.
SCHWUPP
TROUBLESHOOTER-AGENTUR GOKURAKUGAI
TEL.: 088-551-XXXX
GOKURAKUGAI PARZELLE 8
1. STOCK, ÜBER DEM CHINA-RESTAURANT BAOLAI
EINE TROUBLE-SHOOTER-AGENTUR ...
DANKE.
GANZ SCHÖN ZERKNIT-TERT ...
ICH MUSS JETZT LOS ZUR ARBEIT.
VORHER BRING ICH NOCH DIE EIMER ZURÜCK.

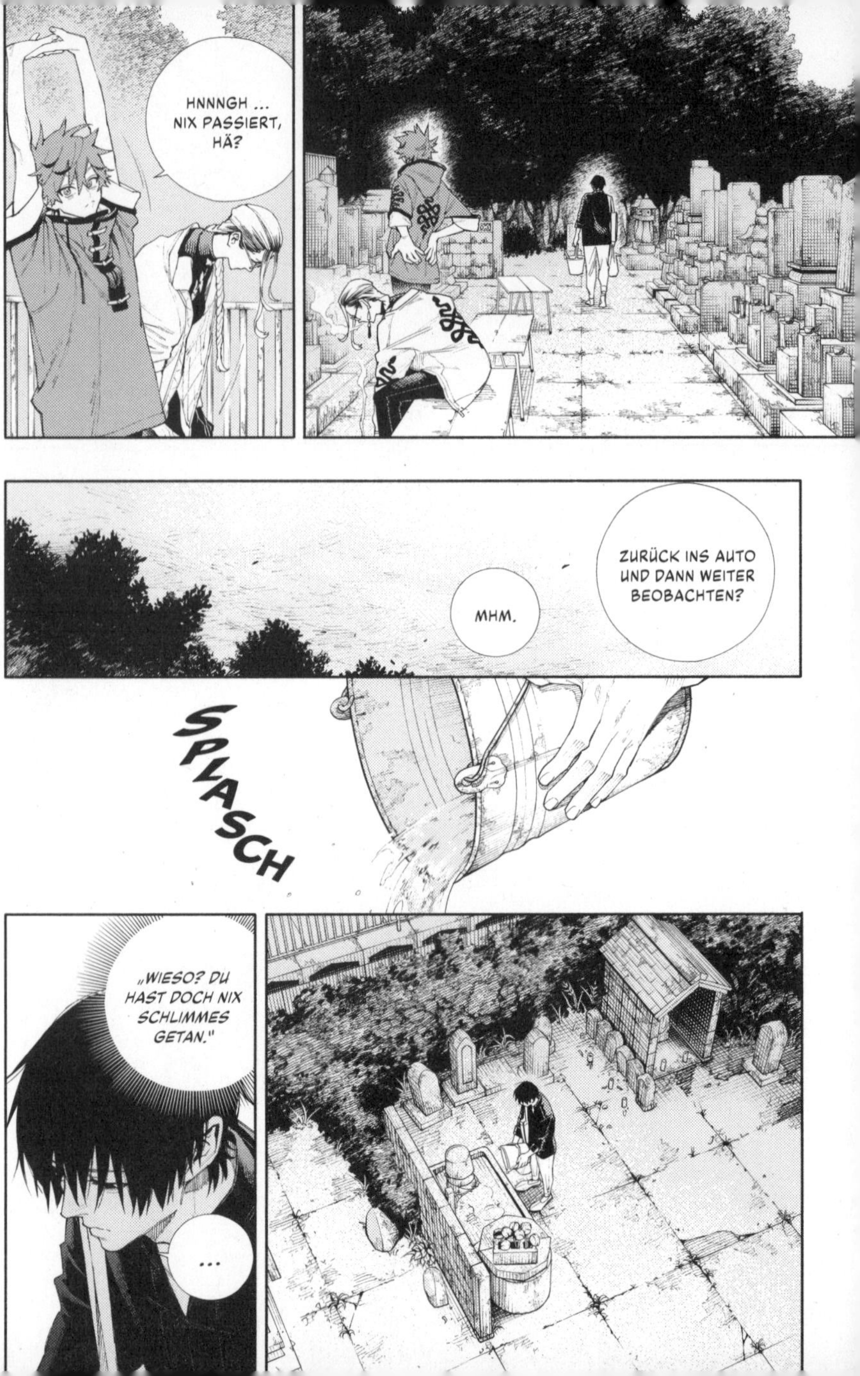
HNNNGH ... NIX PASSIERT, HÄ?
ZURÜCK INS AUTO UND DANN WEITER BEOBACHTEN?
MHM.
SPLASCH
„WIESO? DU HAST DOCH NIX SCHLIMMES GETAN."
...

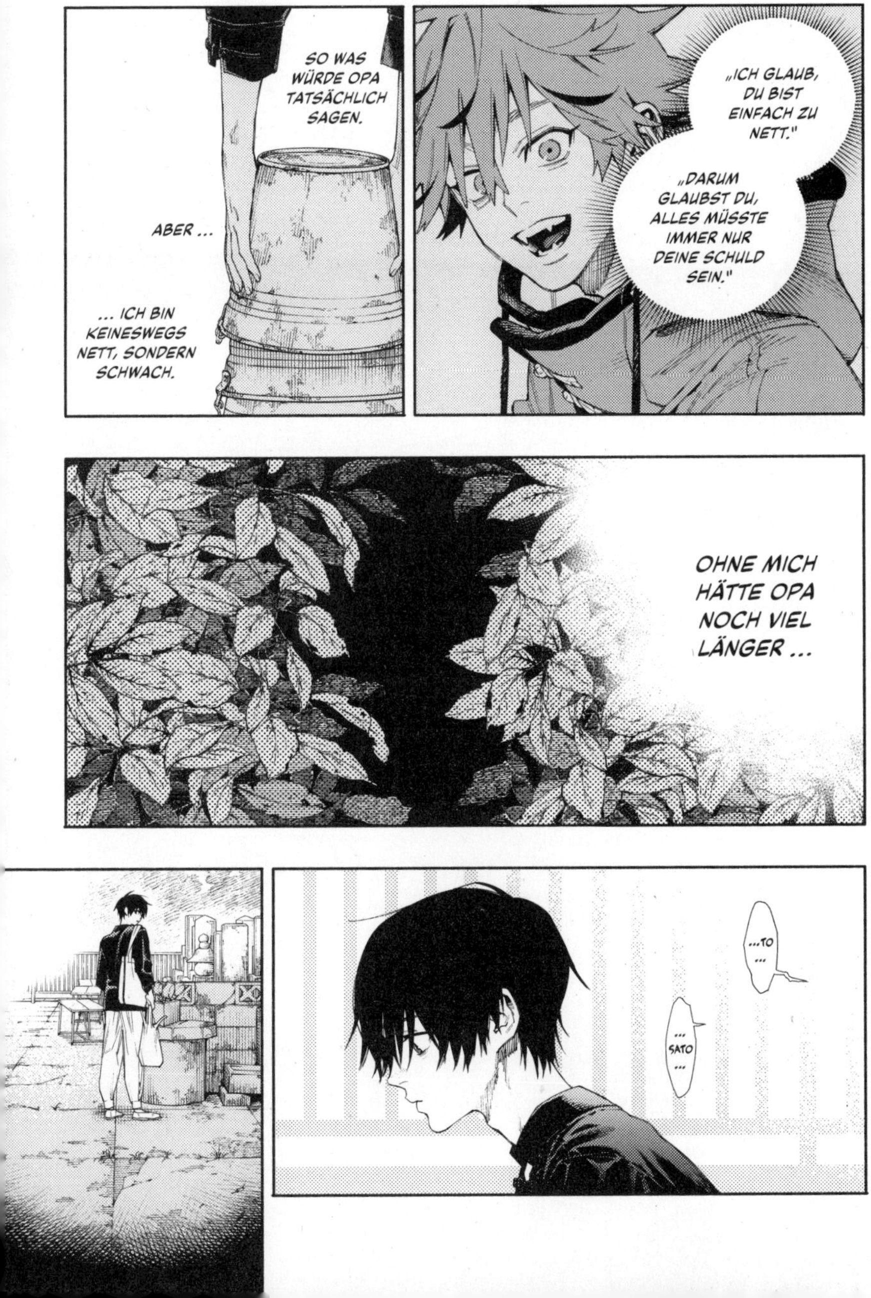
„ICH GLAUB, DU BIST EINFACH ZU NETT."
„DARUM GLAUBST DU, ALLES MÜSSTE IMMER NUR DEINE SCHULD SEIN."
SO WAS WÜRDE OPA TATSÄCHLICH SAGEN.
ABER ...
... ICH BIN KEINESWEGS NETT, SONDERN SCHWACH.
OHNE MICH HÄTTE OPA NOCH VIEL LÄNGER ...
...TO ...
... SATO ...

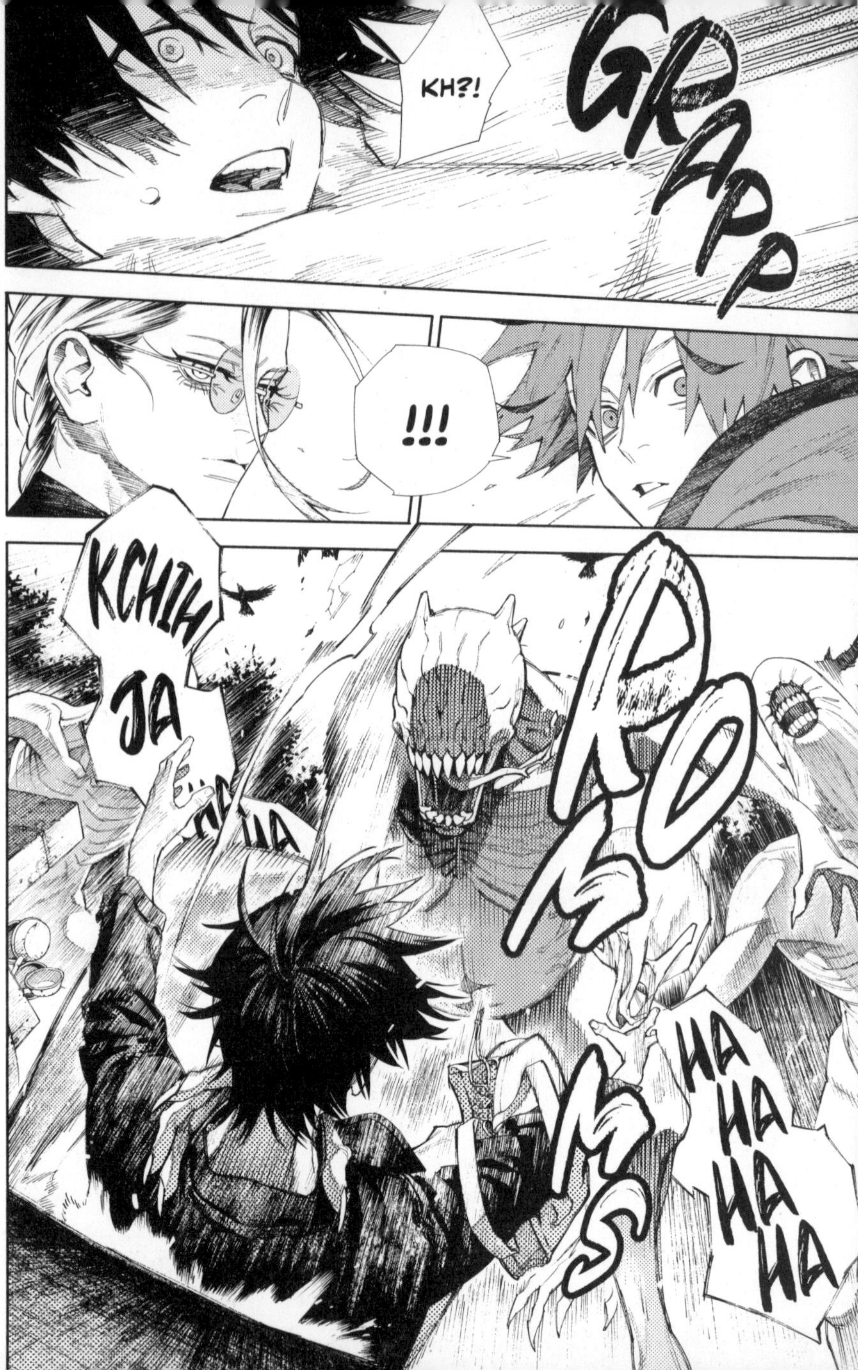
GRAPP
KH?!
!!!
ROMMS
HA HA HA HA HA HA
KCHIH
JA

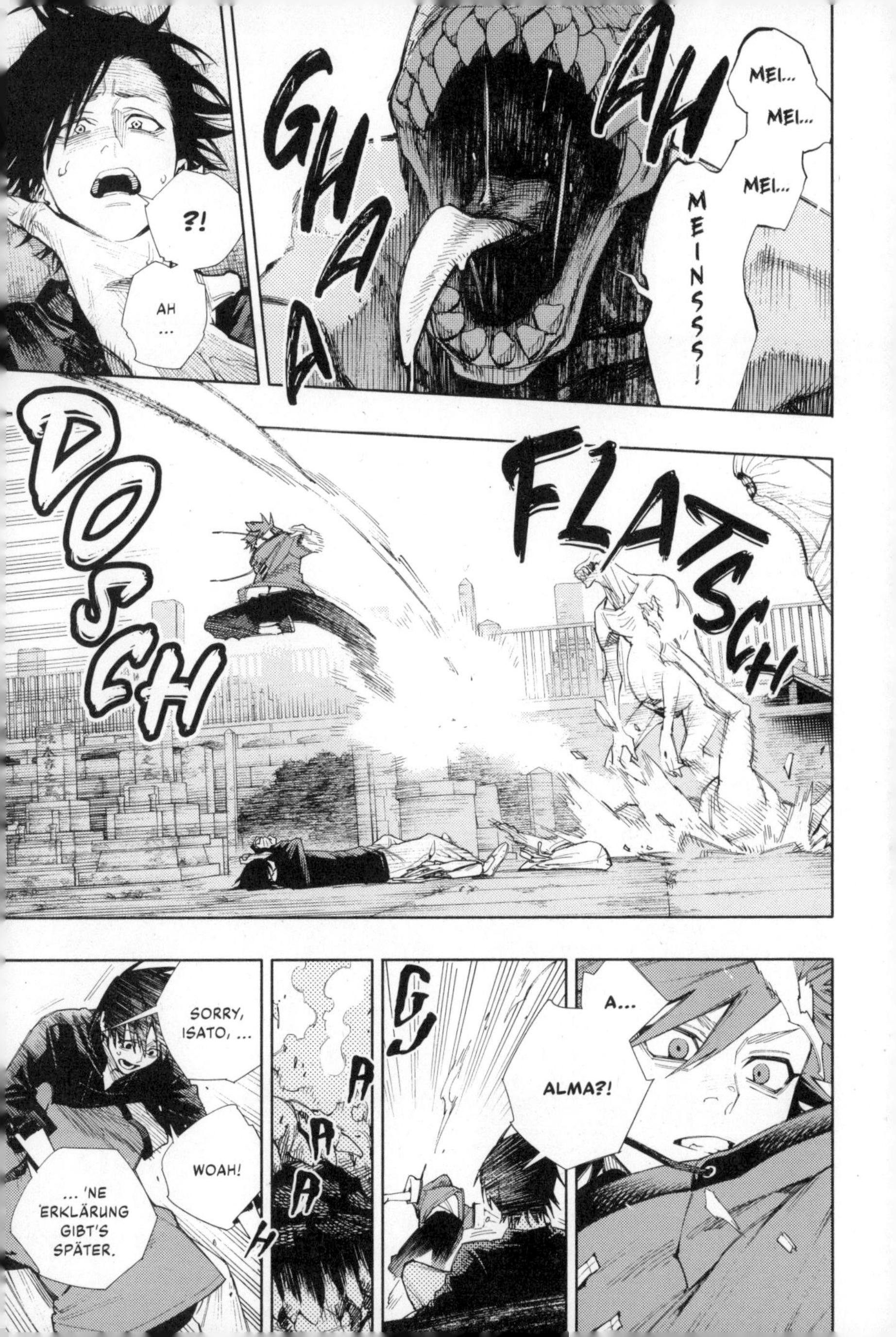

MEI...
MEI...
MEI...
MEINSSS!
AH
GHAAA
?!
AH ...
FLATSCH
DOSCH
A...
ALMA?!
GJ
AAAH
SORRY, ISATO, ...
WOAH!
... 'NE ERKLÄRUNG GIBT'S SPÄTER.

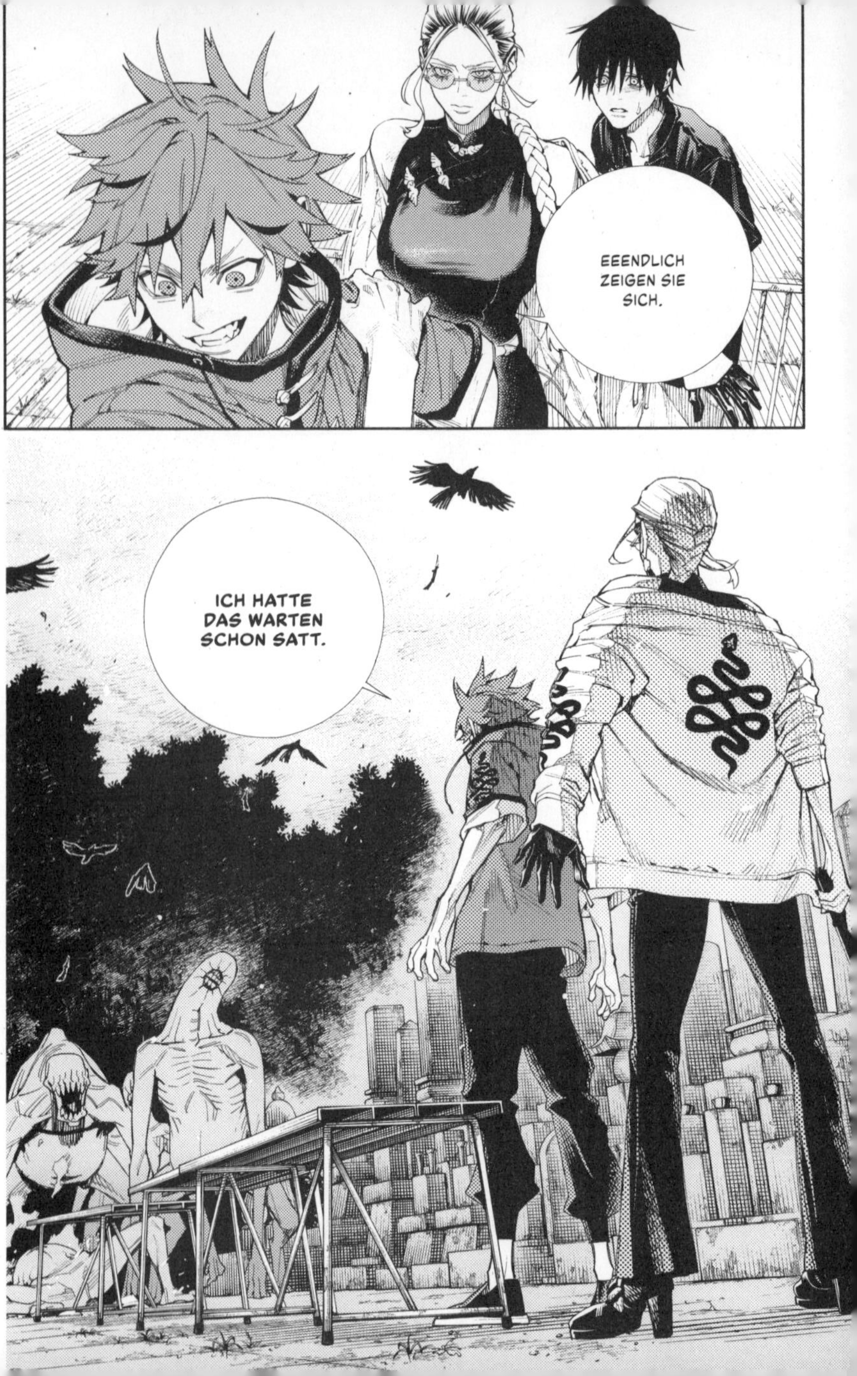
EEENDLICH ZEIGEN SIE SICH.
ICH HATTE DAS WARTEN SCHON SATT.

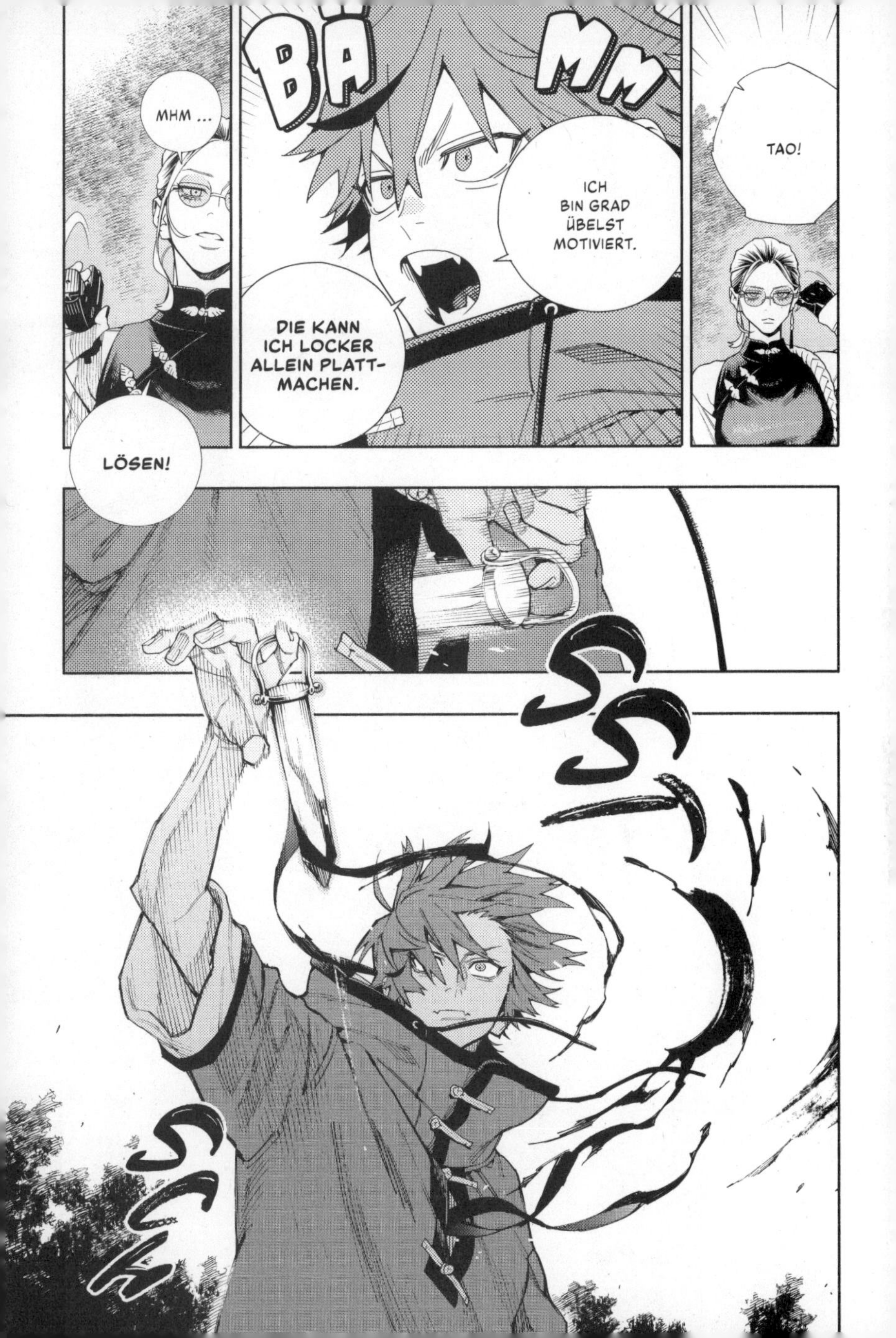
TAO!
BÄMM
ICH BIN GRAD ÜBELST MOTIVIERT.
DIE KANN ICH LOCKER ALLEIN PLATT-MACHEN.
MHM ...
LÖSEN!

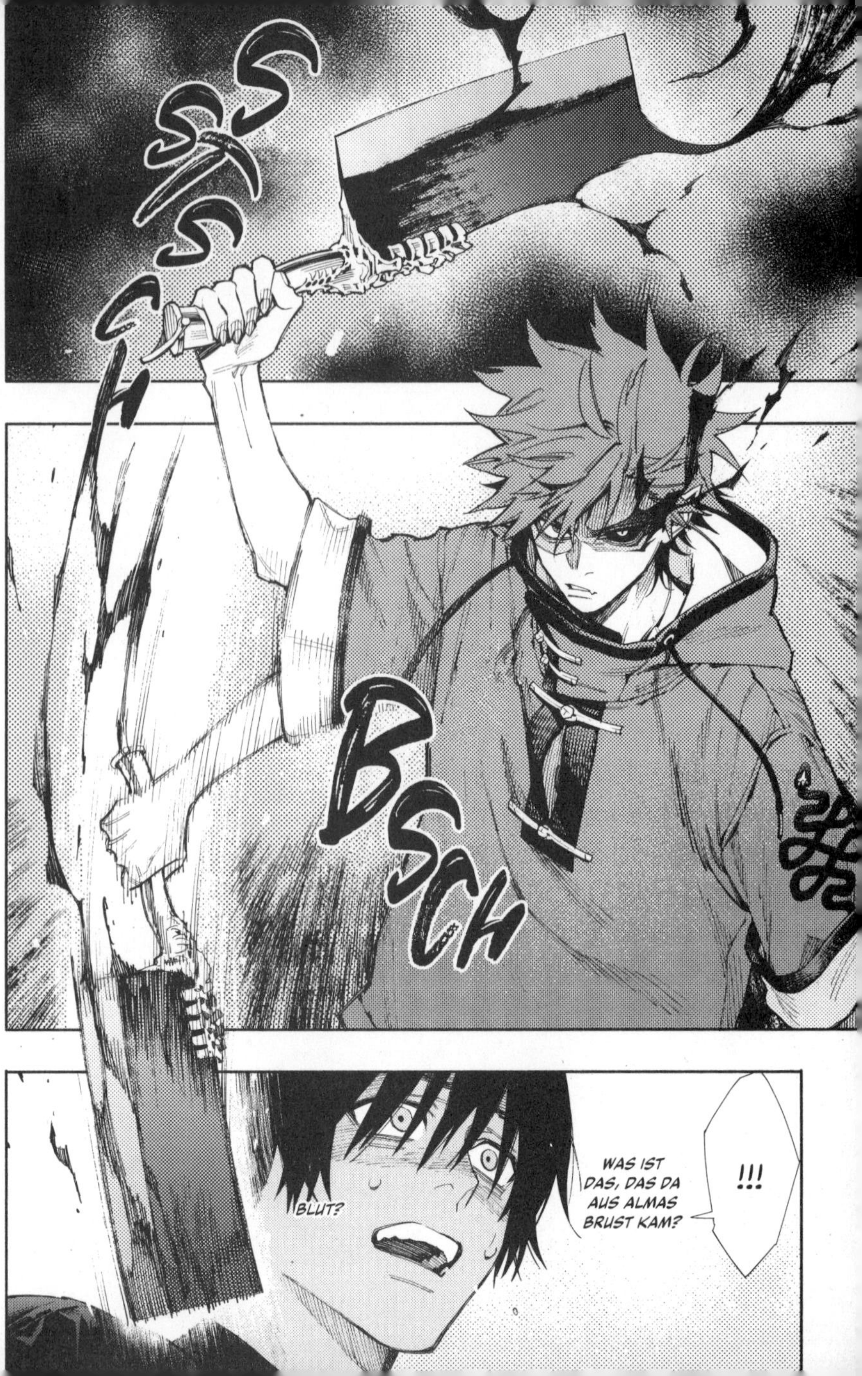
SSS
BSCH
!!!
WAS IST DAS, DAS DA AUS ALMAS BRUST KAM?
BLUT?

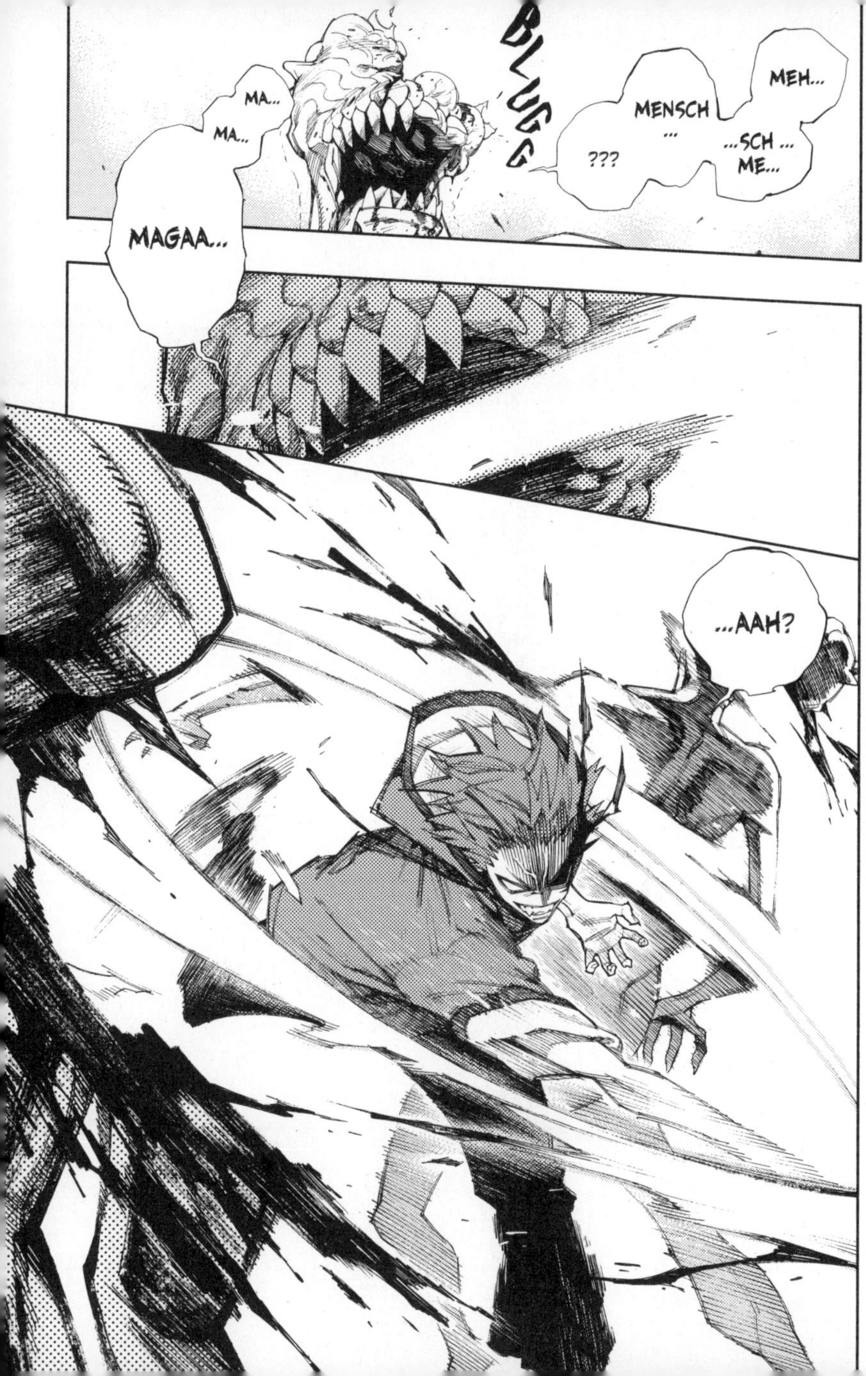
MEH...
...SCH ... ME...
MENSCH ...
???
BLUGG
MA... MA...
MAGAA...
...AAH?

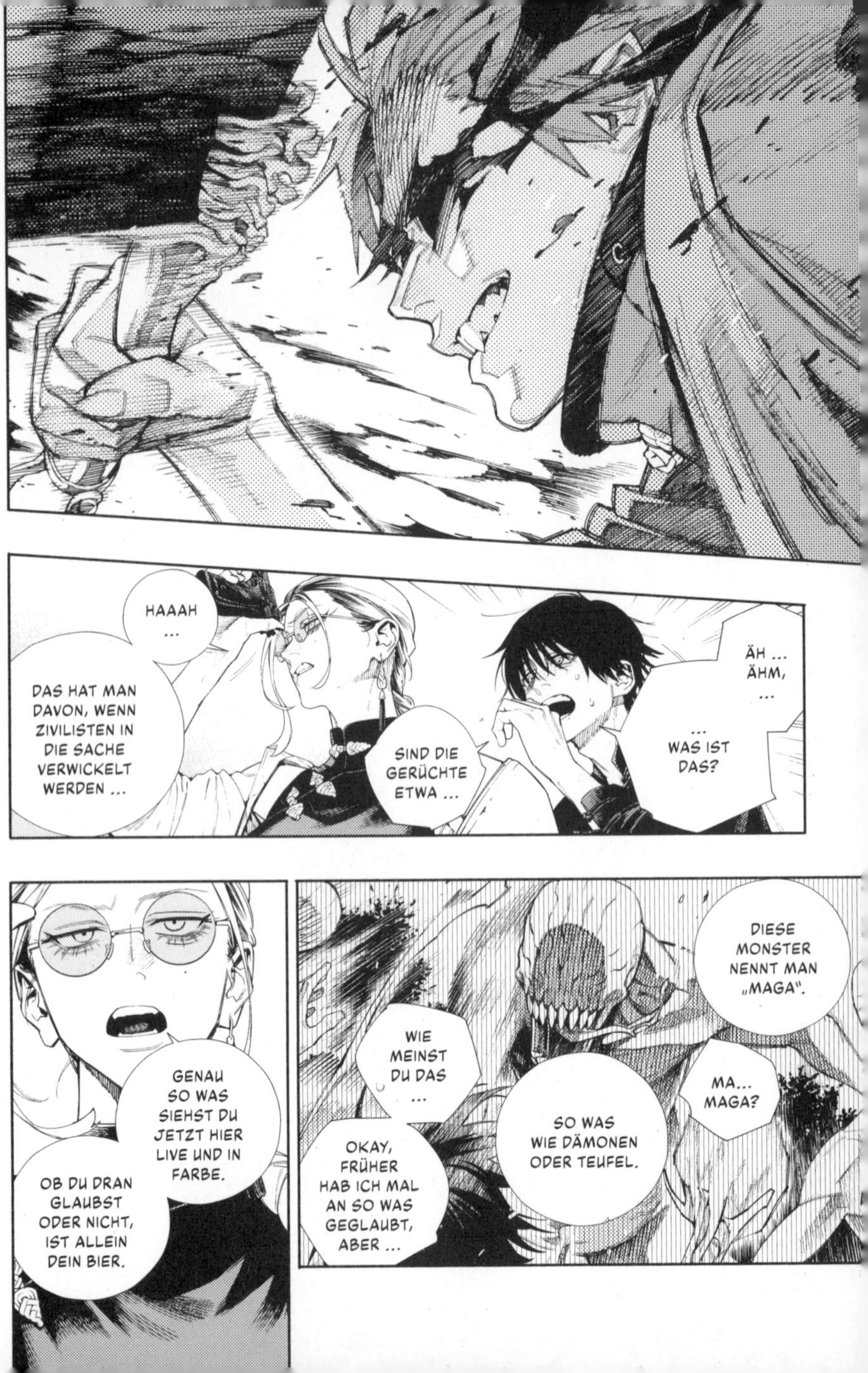
ÄH … ÄHM, …
… WAS IST DAS?
SIND DIE GERÜCHTE ETWA …
HAAAH …
DAS HAT MAN DAVON, WENN ZIVILISTEN IN DIE SACHE VERWICKELT WERDEN …
DIESE MONSTER NENNT MAN „MAGA“.
MA… MAGA?
SO WAS WIE DÄMONEN ODER TEUFEL.
WIE MEINST DU DAS …
OKAY, FRÜHER HAB ICH MAL AN SO WAS GEGLAUBT, ABER …
GENAU SO WAS SIEHST DU JETZT HIER LIVE UND IN FARBE.
OB DU DRAN GLAUBST ODER NICHT, IST ALLEIN DEIN BIER.

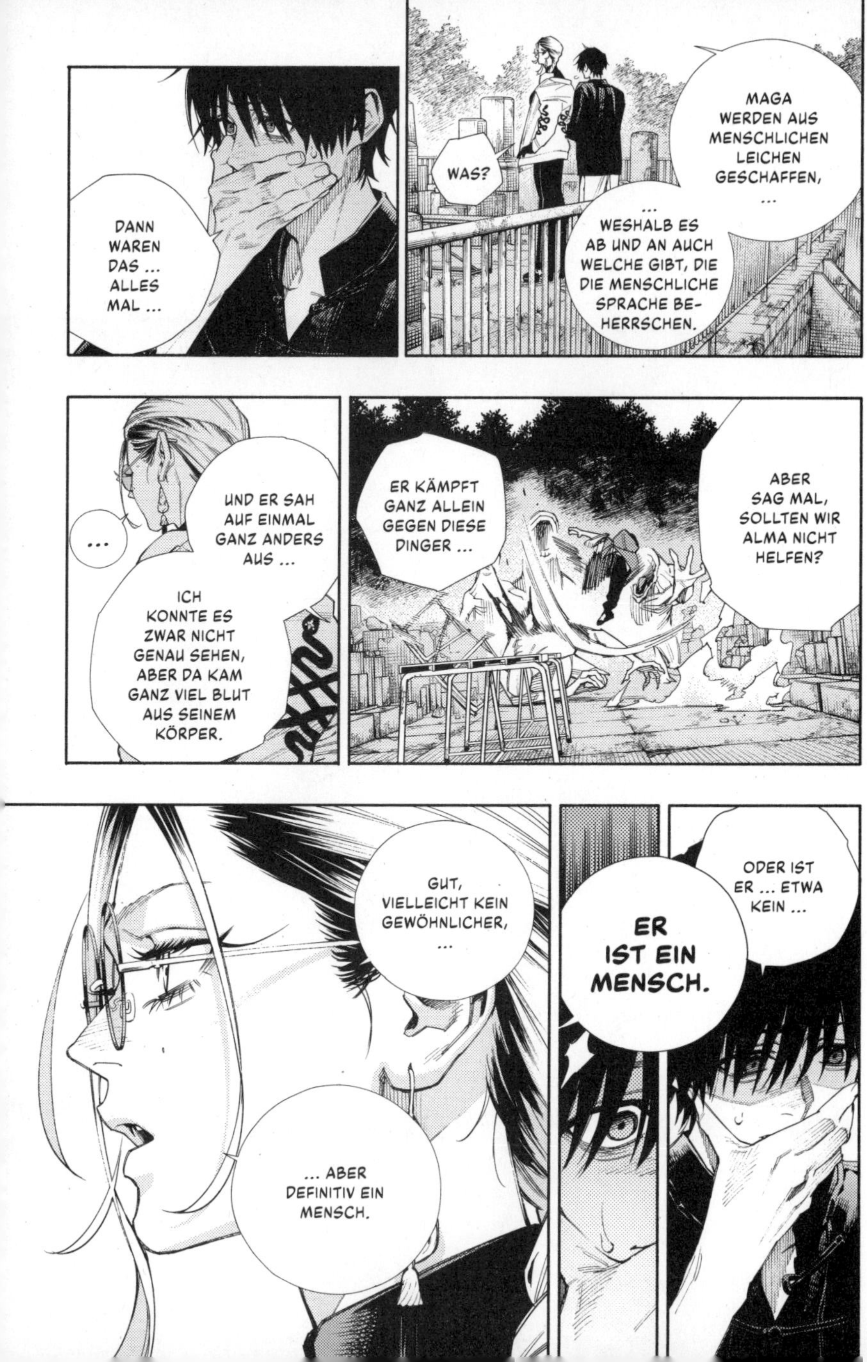
MAGA WERDEN AUS MENSCHLICHEN LEICHEN GESCHAFFEN, ...
WAS?
... WESHALB ES AB UND AN AUCH WELCHE GIBT, DIE DIE MENSCHLICHE SPRACHE BE-HERRSCHEN.
DANN WAREN DAS ... ALLES MAL ...
ABER SAG MAL, SOLLTEN WIR ALMA NICHT HELFEN?
ER KÄMPFT GANZ ALLEIN GEGEN DIESE DINGER ...
UND ER SAH AUF EINMAL GANZ ANDERS AUS ...
...
ICH KONNTE ES ZWAR NICHT GENAU SEHEN, ABER DA KAM GANZ VIEL BLUT AUS SEINEM KÖRPER.
ODER IST ER ... ETWA KEIN ...
ER IST EIN MENSCH.
GUT, VIELLEICHT KEIN GEWÖHNLICHER, ...
... ABER DEFINITIV EIN MENSCH.

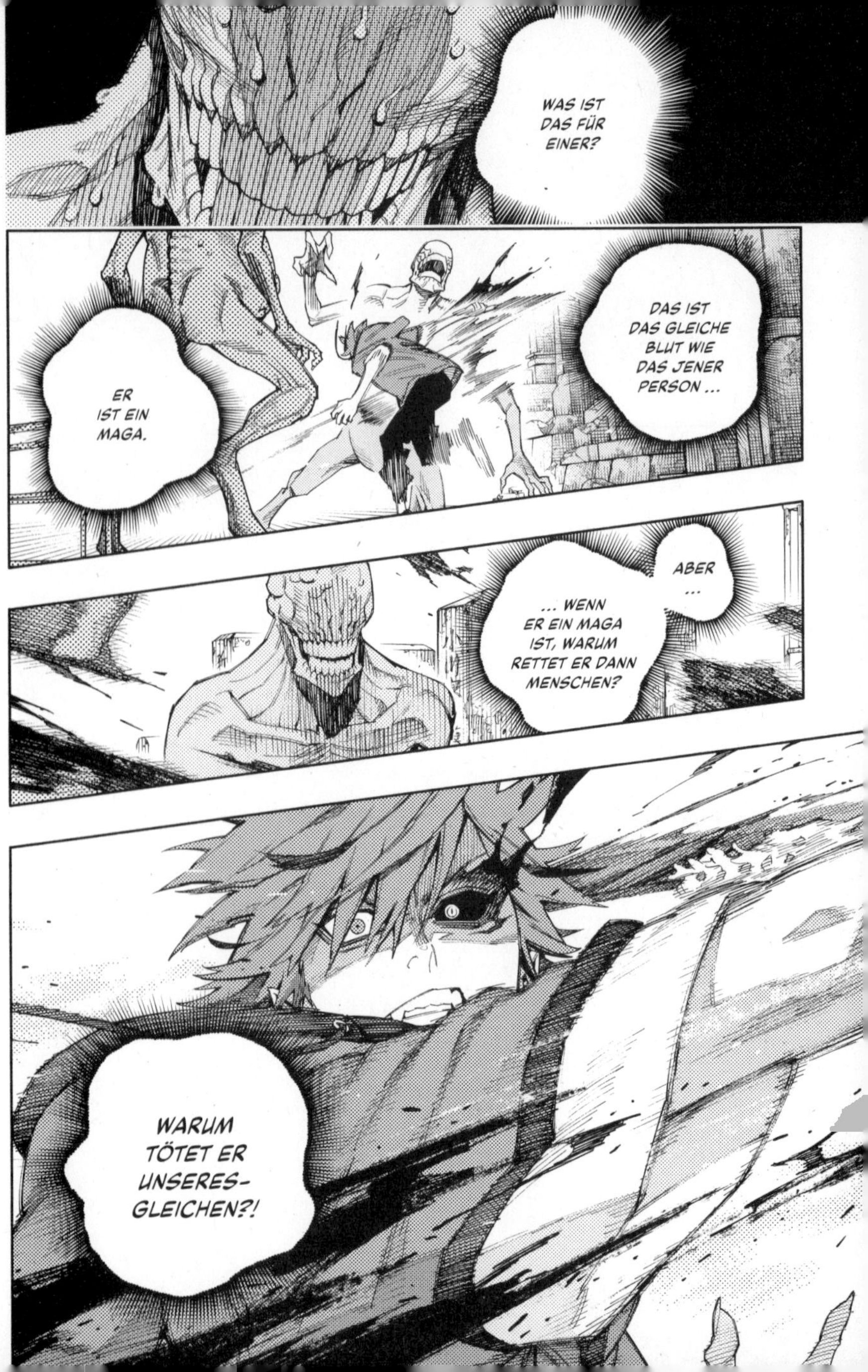
WAS IST DAS FÜR EINER?
DAS IST DAS GLEICHE BLUT WIE DAS JENER PERSON ...
ER IST EIN MAGA.
ABER ...
... WENN ER EIN MAGA IST, WARUM RETTET ER DANN MENSCHEN?
WARUM TÖTET ER UNSERES-GLEICHEN?!

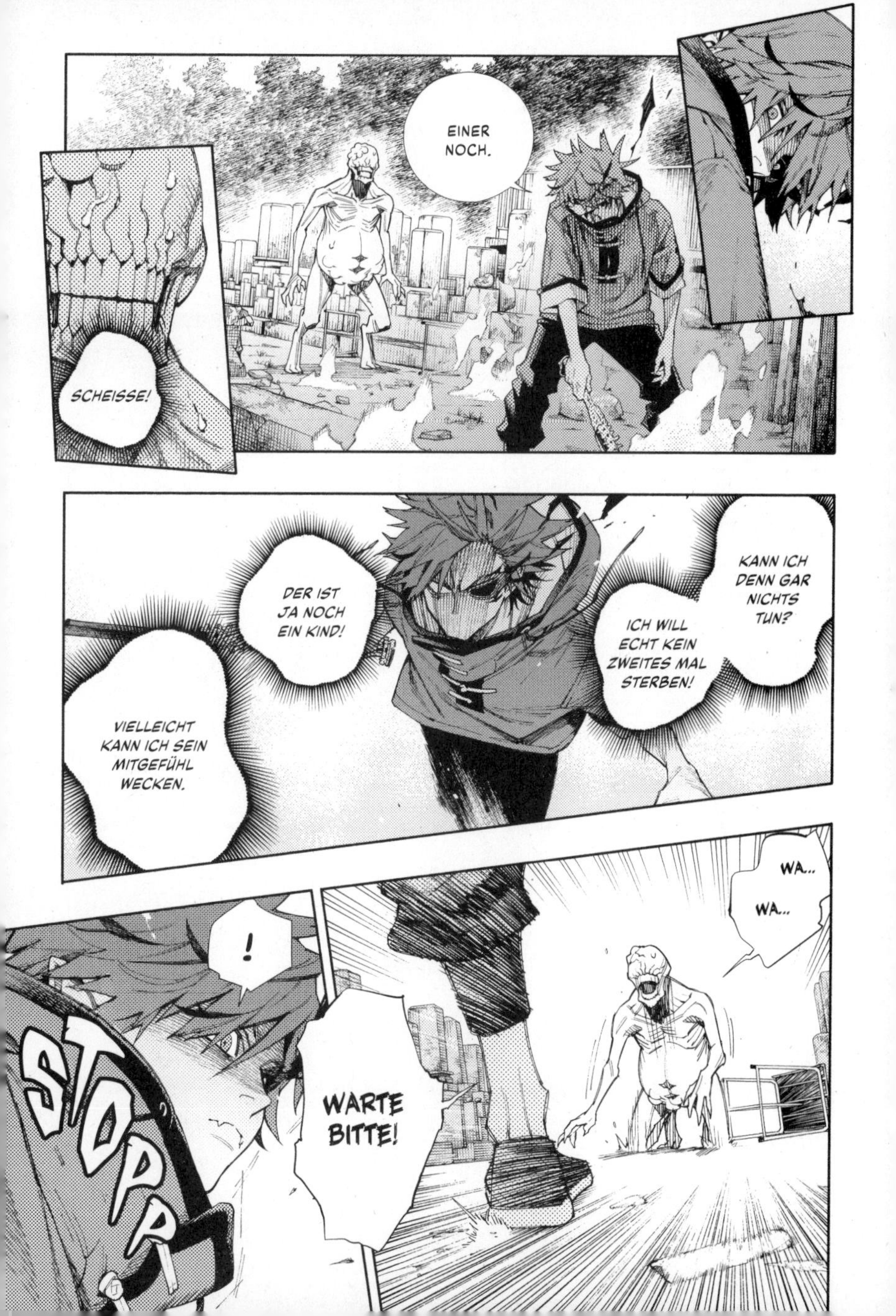
EINER NOCH.
SCHEISSE!
KANN ICH DENN GAR NICHTS TUN?
ICH WILL ECHT KEIN ZWEITES MAL STERBEN!
DER IST JA NOCH EIN KIND!
VIELLEICHT KANN ICH SEIN MITGEFÜHL WECKEN.
WA...
WA...
!
WARTE BITTE!
STOPP

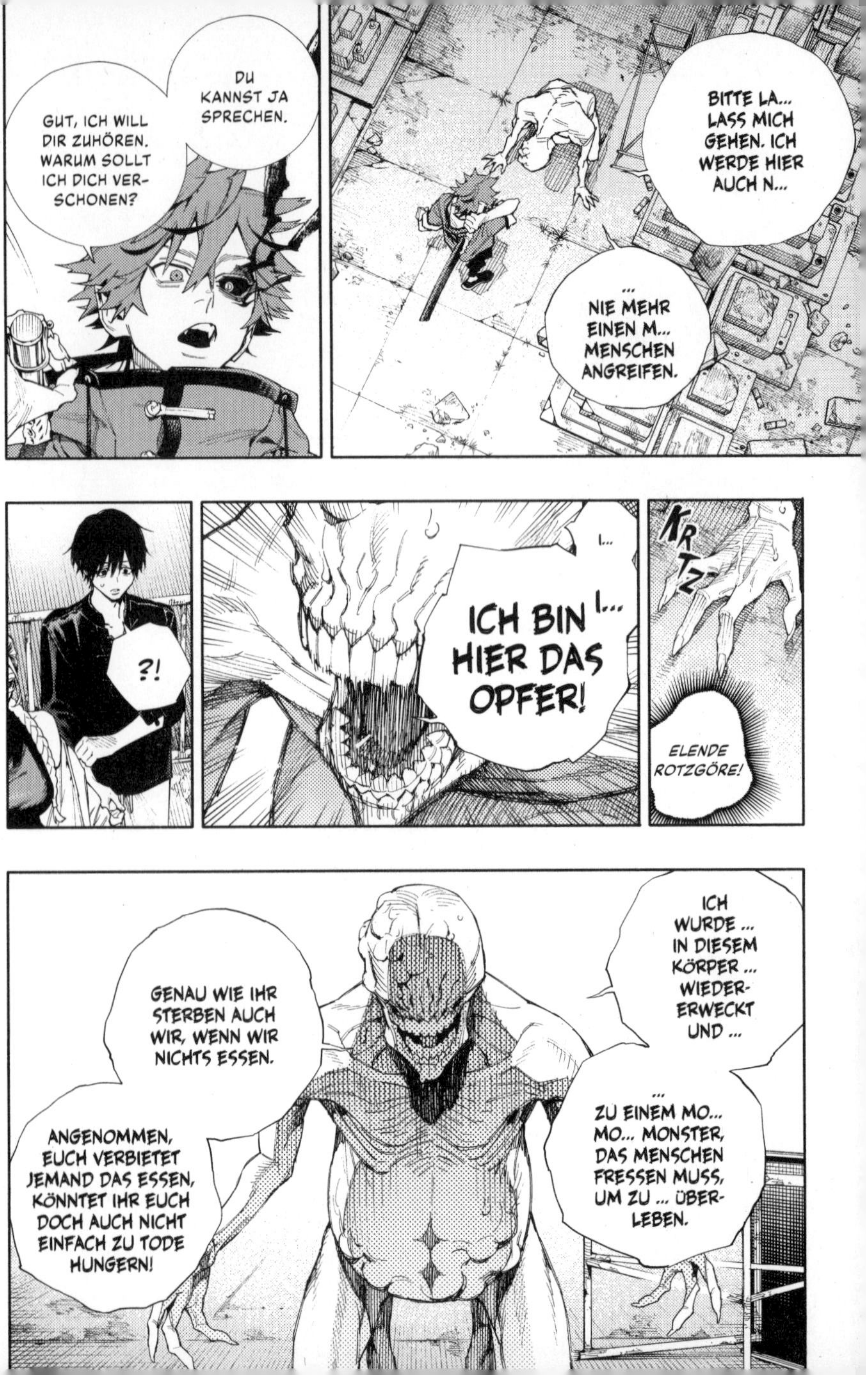
BITTE LA... LASS MICH GEHEN. ICH WERDE HIER AUCH N...
... NIE MEHR EINEN M... MENSCHEN ANGREIFEN.
DU KANNST JA SPRECHEN.
GUT, ICH WILL DIR ZUHÖREN. WARUM SOLLT ICH DICH VERSCHONEN?
KRTZ
ELENDE ROTZGÖRE!
I...
I...
ICH BIN HIER DAS OPFER!
?!
ICH WURDE ... IN DIESEM KÖRPER ... WIEDERERWECKT UND ...
... ZU EINEM MO... MO... MONSTER, DAS MENSCHEN FRESSEN MUSS, UM ZU ... ÜBERLEBEN.
GENAU WIE IHR STERBEN AUCH WIR, WENN WIR NICHTS ESSEN.
ANGENOMMEN, EUCH VERBIETET JEMAND DAS ESSEN, KÖNNTET IHR EUCH DOCH AUCH NICHT EINFACH ZU TODE HUNGERN!

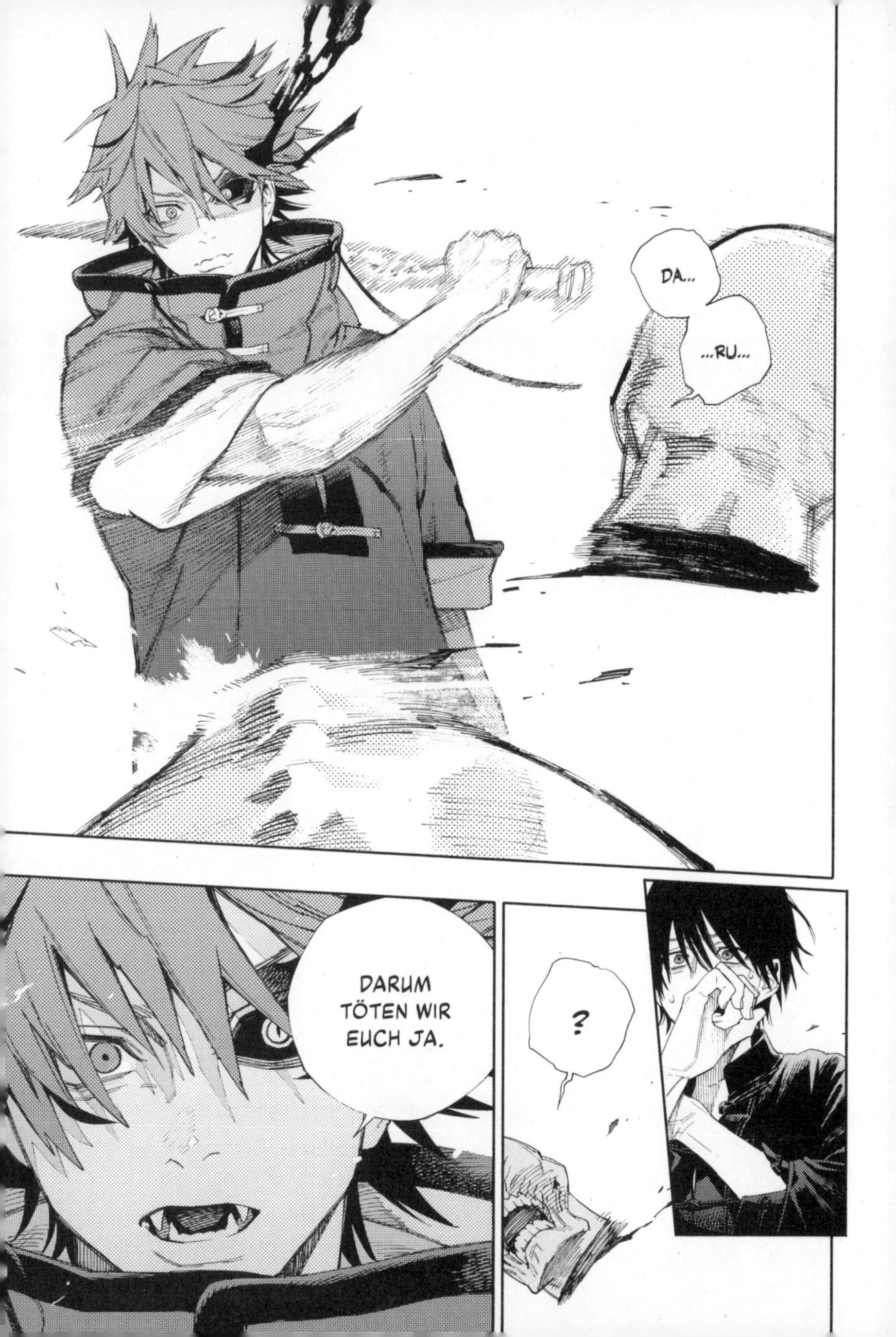
DA…
…RU…
?
DARUM TÖTEN WIR EUCH JA.

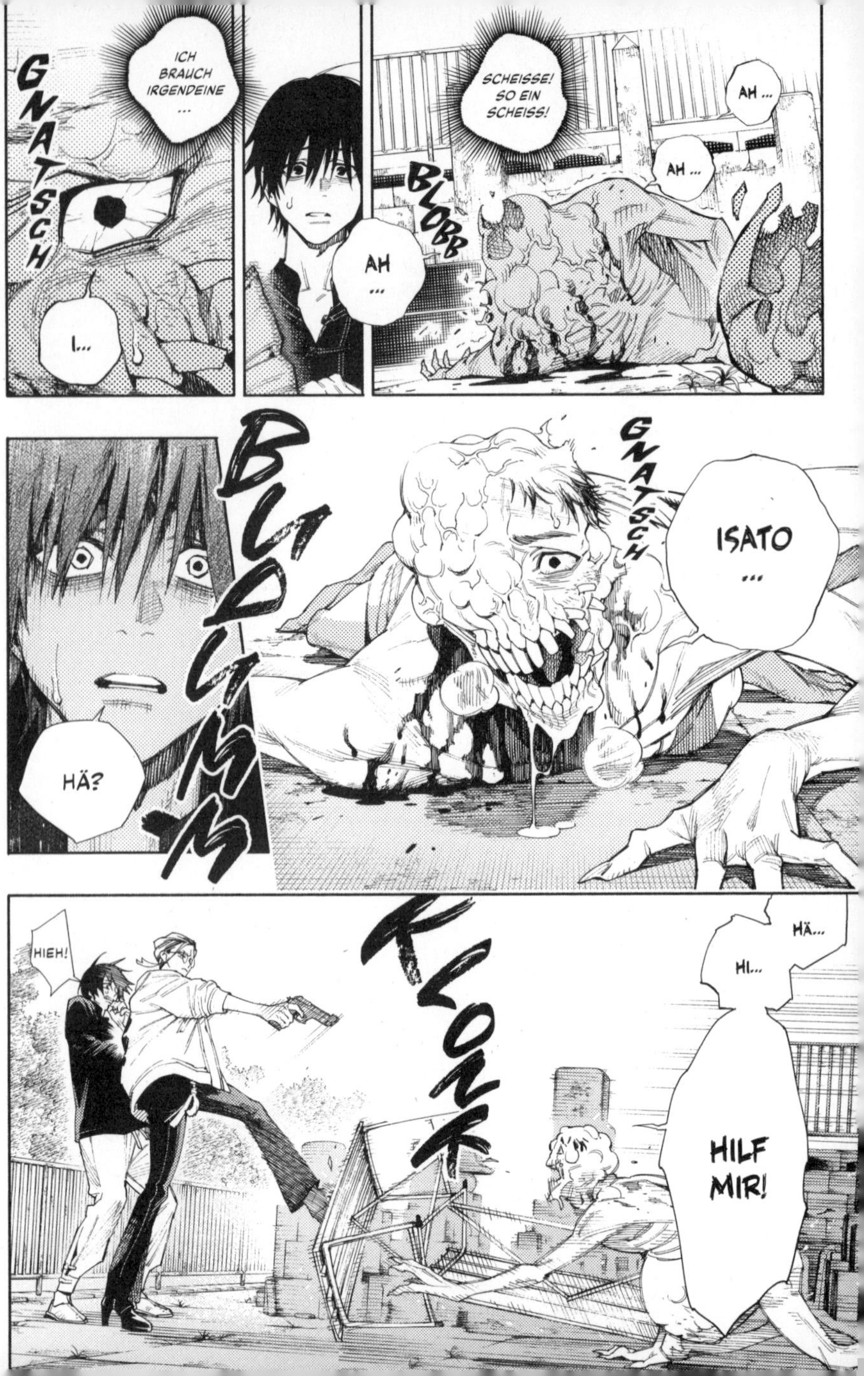
AH ...
AH ...
SCHEISSE! SO EIN SCHEISS!
BLOBB
AH ...
ICH BRAUCH IRGENDEINE ...
GNATSCH
I...
ISATO ...
GNATSCH
BUDUMM
HÄ?
HÄ...
HI...
HILF MIR!
KLONK
HIEH!

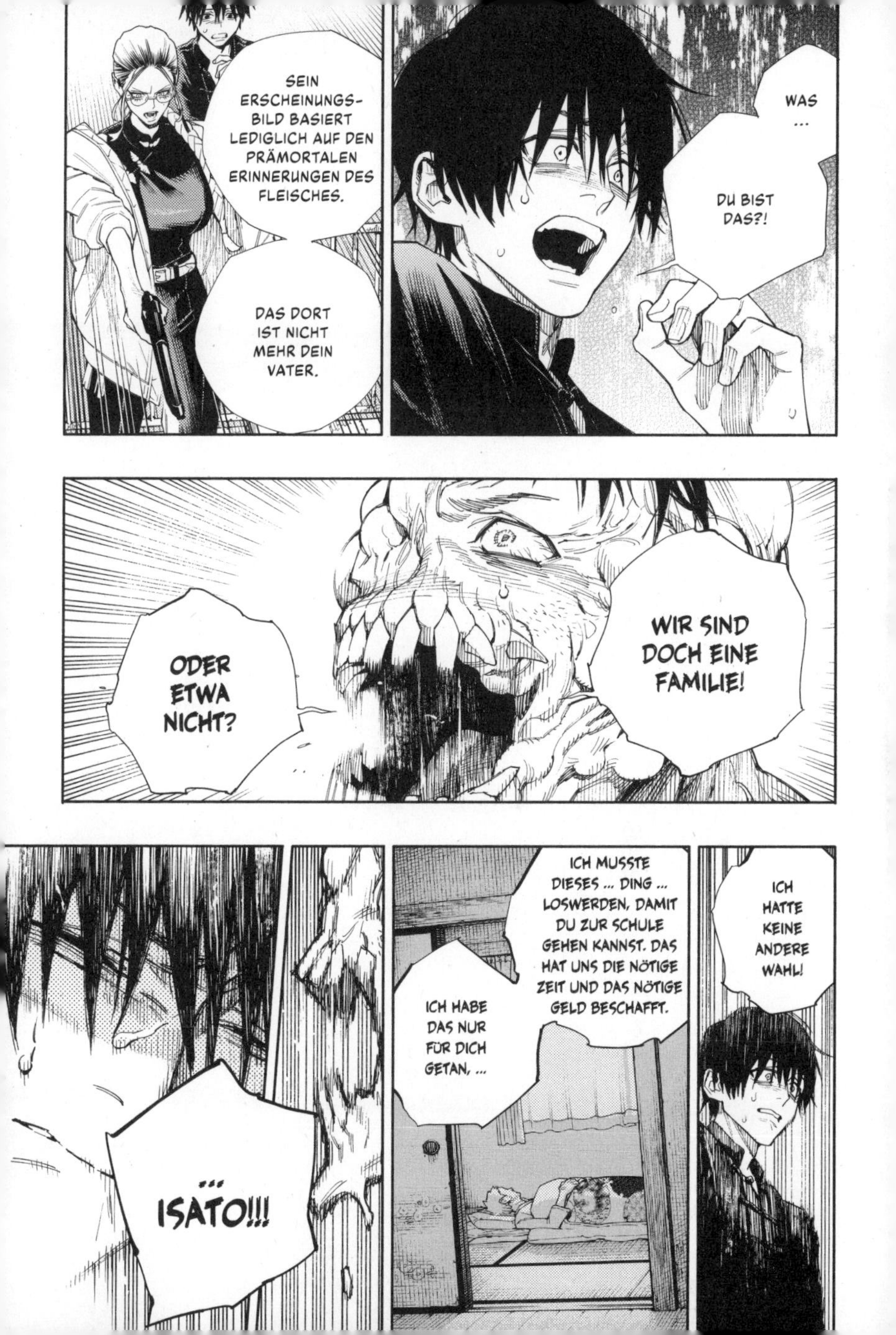
WAS ...
DU BIST DAS?!
SEIN ERSCHEINUNGS-BILD BASIERT LEDIGLICH AUF DEN PRÄMORTALEN ERINNERUNGEN DES FLEISCHES.
DAS DORT IST NICHT MEHR DEIN VATER.
WIR SIND DOCH EINE FAMILIE!
ODER ETWA NICHT?
ICH HATTE KEINE ANDERE WAHL!
ICH MUSSTE DIESES ... DING ... LOSWERDEN, DAMIT DU ZUR SCHULE GEHEN KANNST. DAS HAT UNS DIE NÖTIGE ZEIT UND DAS NÖTIGE GELD BESCHAFFT.
ICH HABE DAS NUR FÜR DICH GETAN, ...
... ISATO!!!

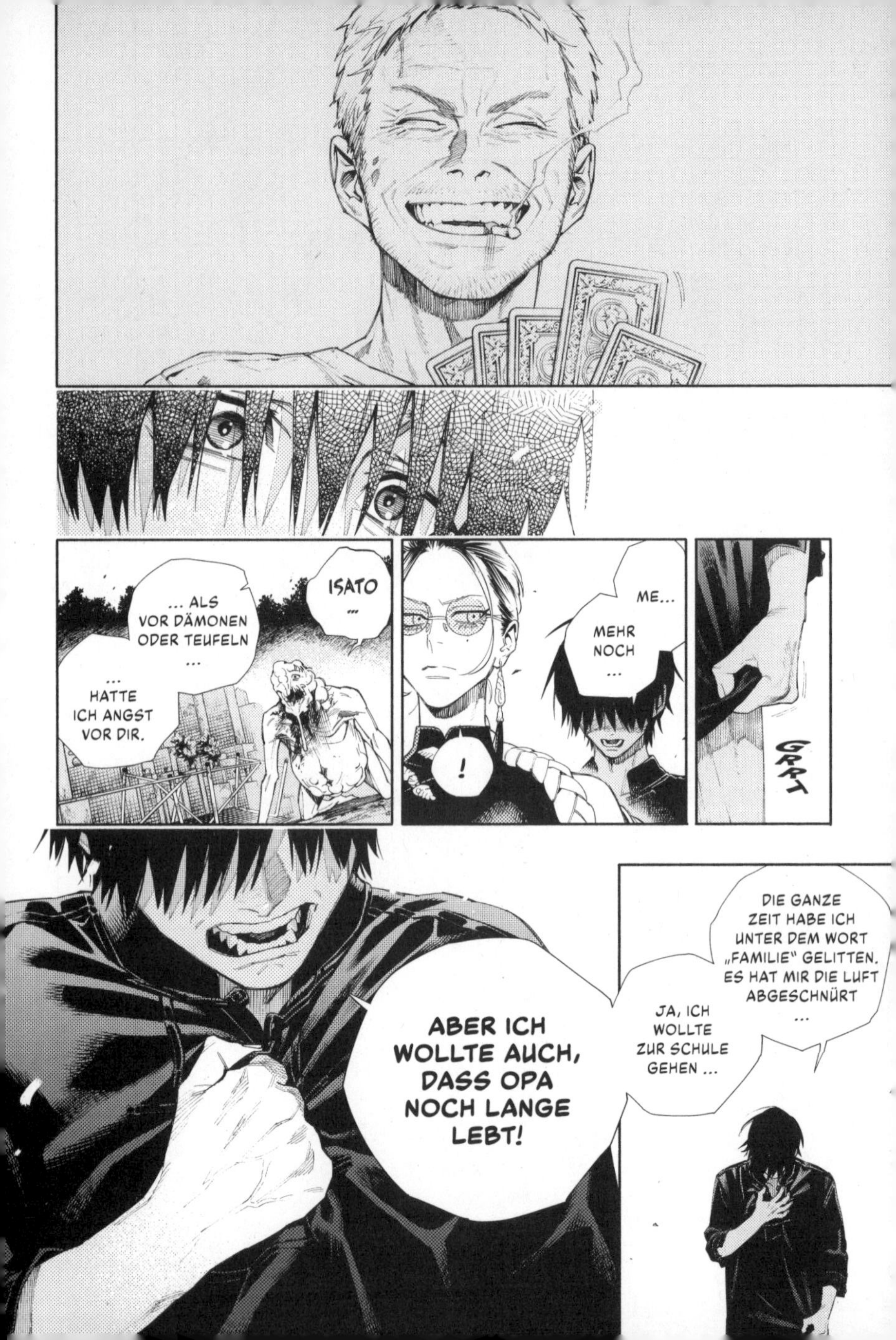
GRRT
ME…
MEHR NOCH …
ISATO …
!
… ALS VOR DÄMONEN ODER TEUFELN …
… HATTE ICH ANGST VOR DIR.
DIE GANZE ZEIT HABE ICH UNTER DEM WORT „FAMILIE“ GELITTEN. ES HAT MIR DIE LUFT ABGESCHNÜRT …
JA, ICH WOLLTE ZUR SCHULE GEHEN …
ABER ICH WOLLTE AUCH, DASS OPA NOCH LANGE LEBT!

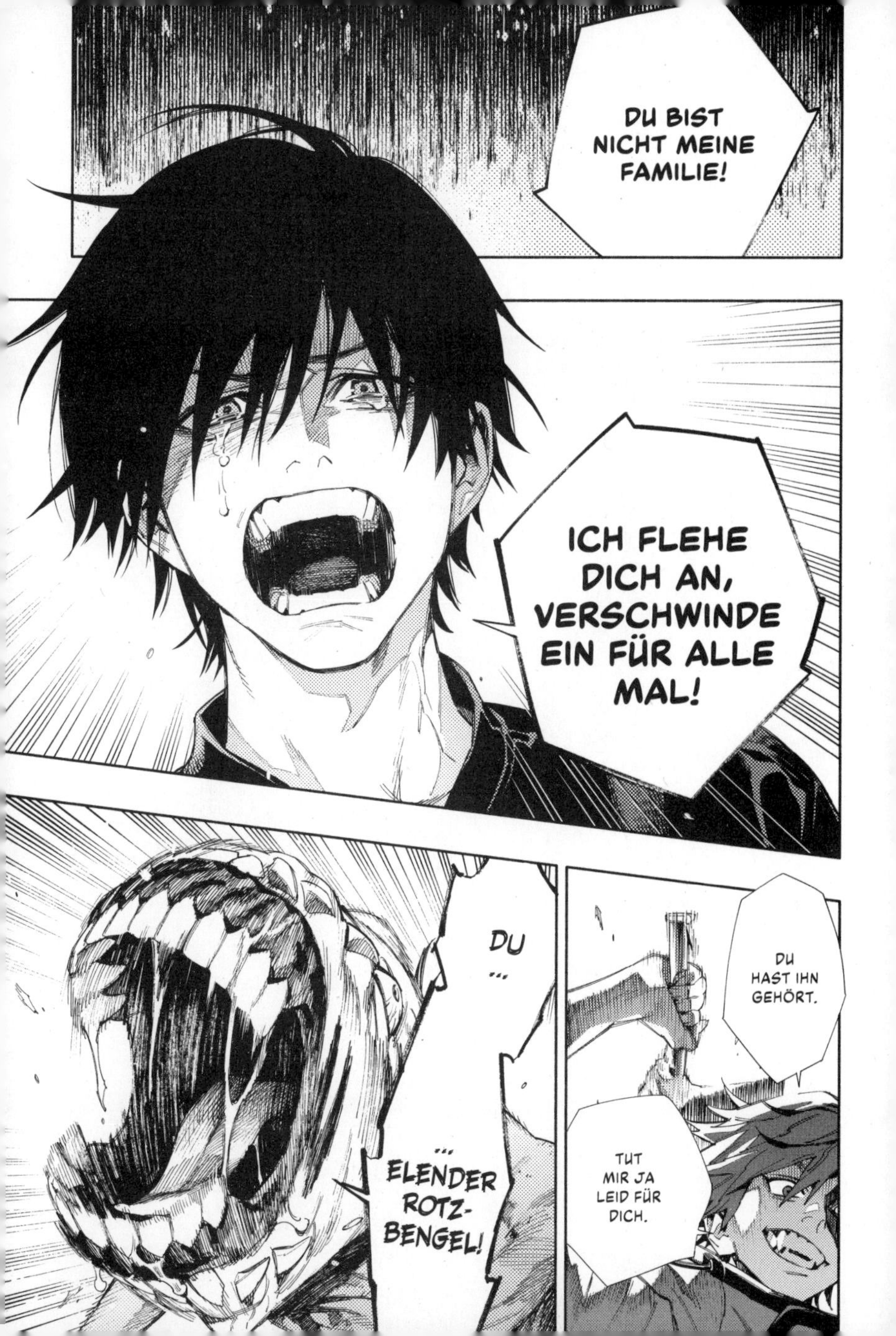
DU BIST NICHT MEINE FAMILIE!
ICH FLEHE DICH AN, VERSCHWINDE EIN FÜR ALLE MAL!
DU HAST IHN GEHÖRT.
TUT MIR JA LEID FÜR DICH.
DU ...
... ELENDER ROTZ-BENGEL!

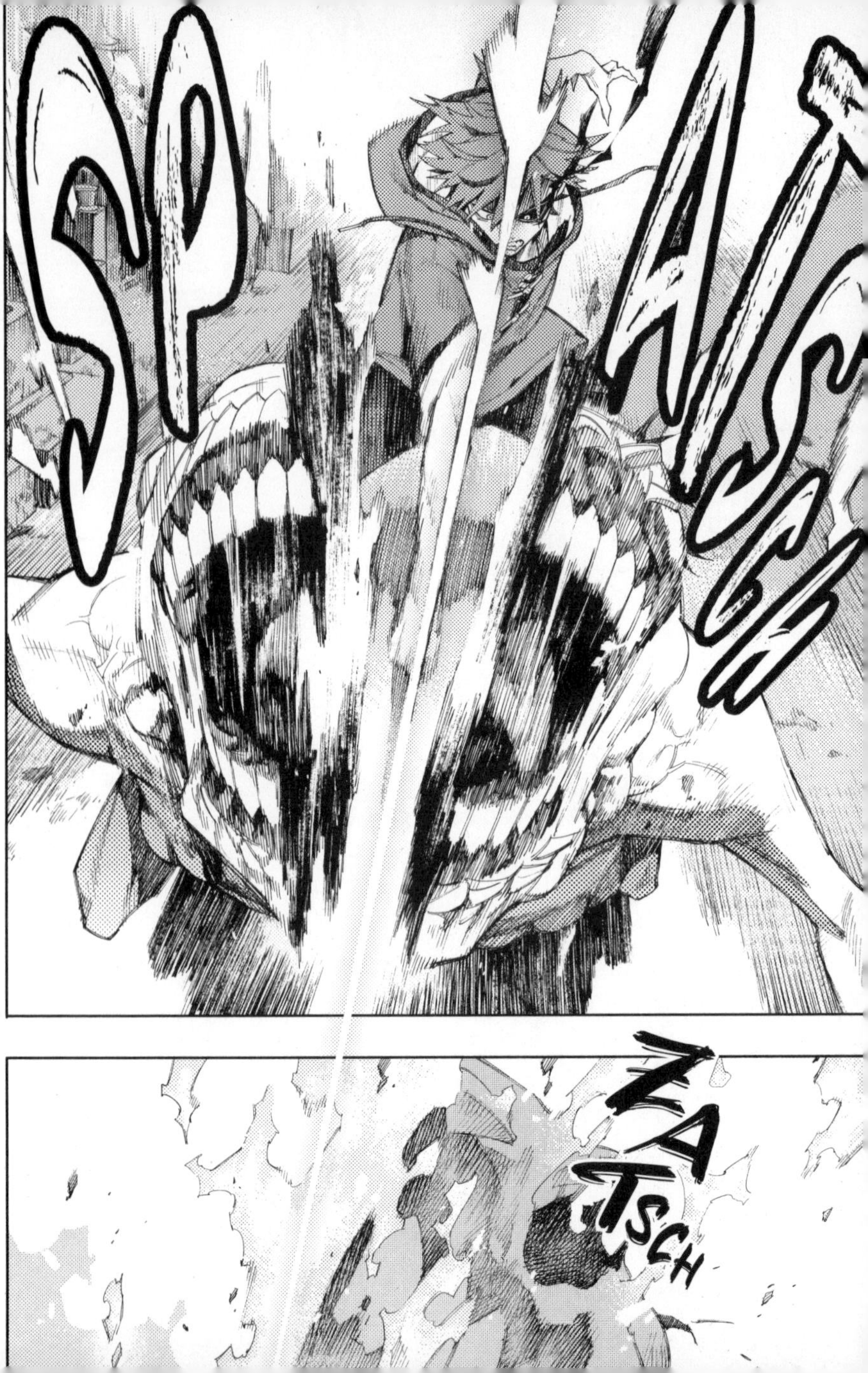
SPATSCH
ZATSCH

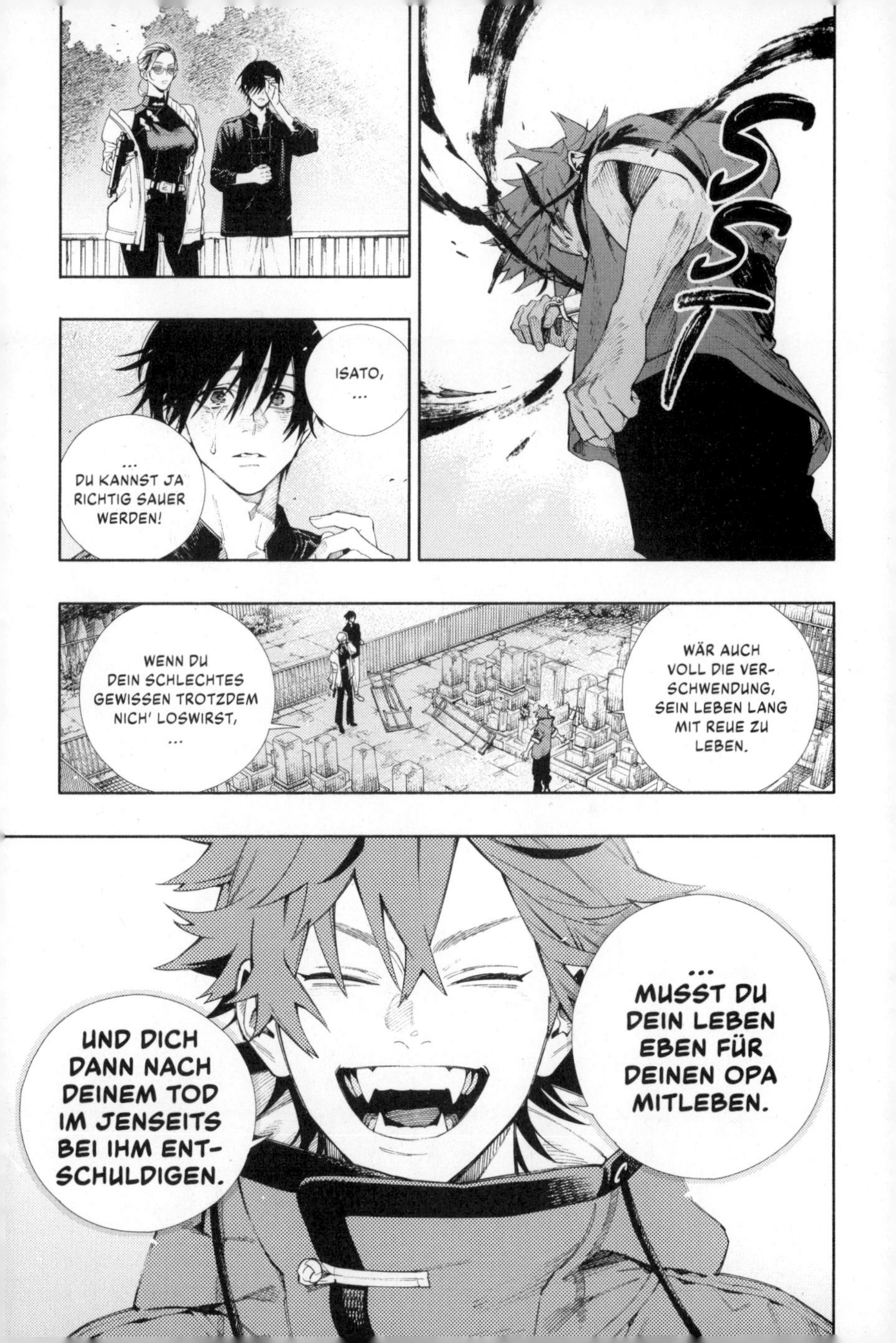
SSST
ISATO, ...
... DU KANNST JA RICHTIG SAUER WERDEN!
WÄR AUCH VOLL DIE VER-SCHWENDUNG, SEIN LEBEN LANG MIT REUE ZU LEBEN.
WENN DU DEIN SCHLECHTES GEWISSEN TROTZDEM NICH' LOSWIRST, ...
... MUSST DU DEIN LEBEN EBEN FÜR DEINEN OPA MITLEBEN.
UND DICH DANN NACH DEINEM TOD IM JENSEITS BEI IHM ENT-SCHULDIGEN.

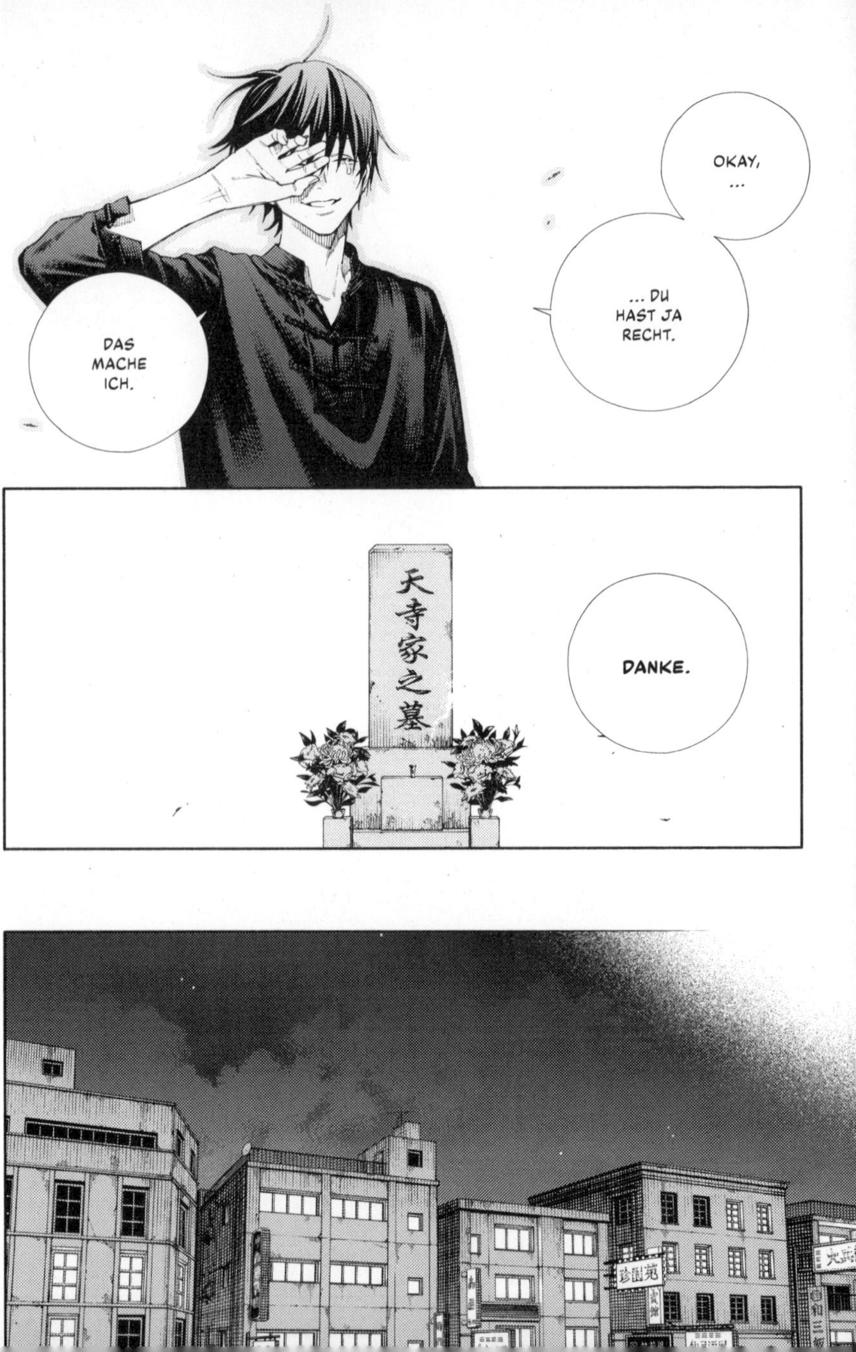
OKAY, ...
... DU HAST JA RECHT.
DAS MACHE ICH.
天寺家之墓
DANKE.

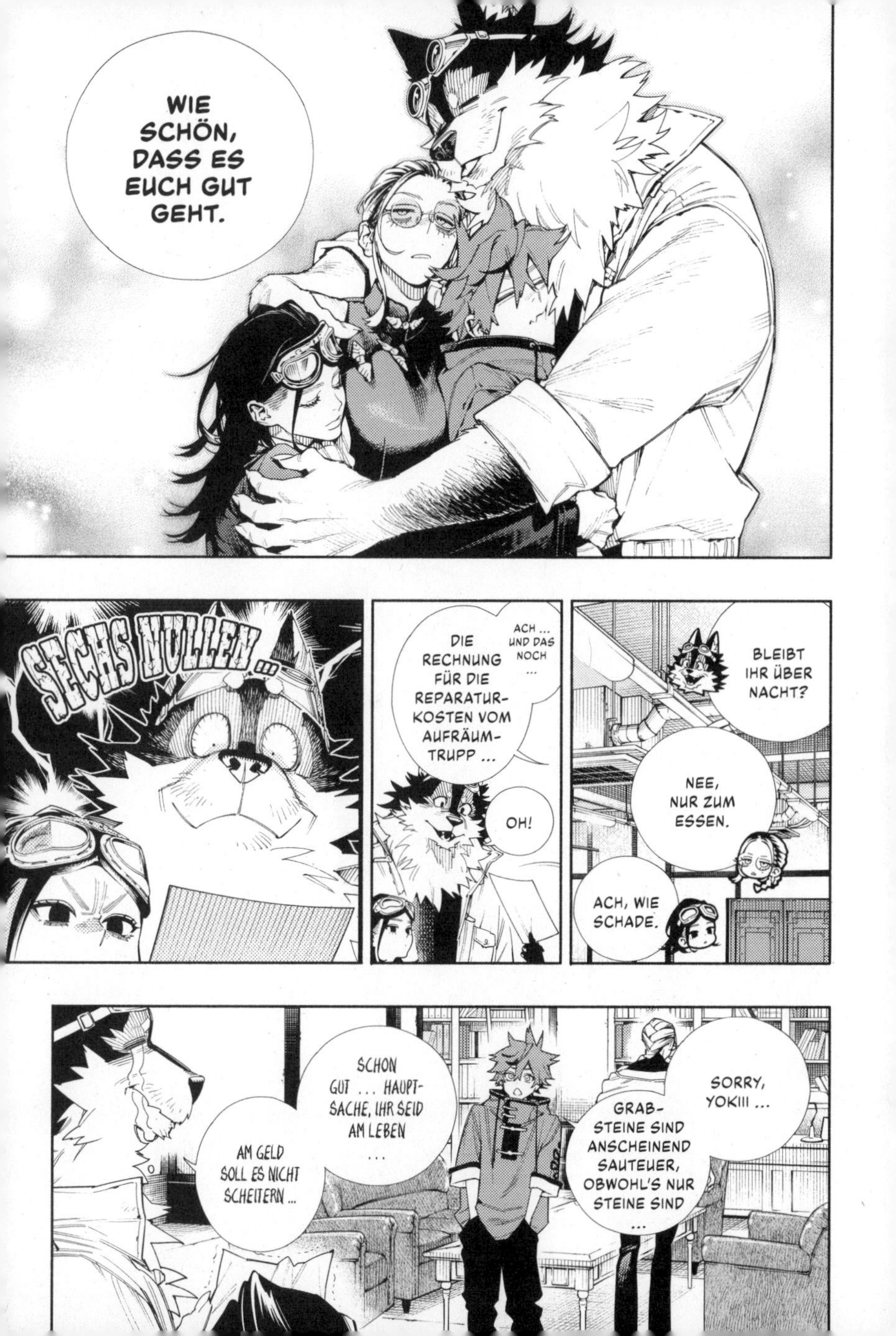
WIE SCHÖN, DASS ES EUCH GUT GEHT.
BLEIBT IHR ÜBER NACHT?
NEE, NUR ZUM ESSEN.
ACH, WIE SCHADE.
ACH … UND DAS NOCH …
DIE RECHNUNG FÜR DIE REPARATURKOSTEN VOM AUFRÄUMTRUPP …
OH!
SECHS NULLEN …
SORRY, YOKIII …
GRABSTEINE SIND ANSCHEINEND SAUTEUER, OBWOHL'S NUR STEINE SIND …
SCHON GUT … HAUPTSACHE, IHR SEID AM LEBEN …
AM GELD SOLL ES NICHT SCHEITERN …

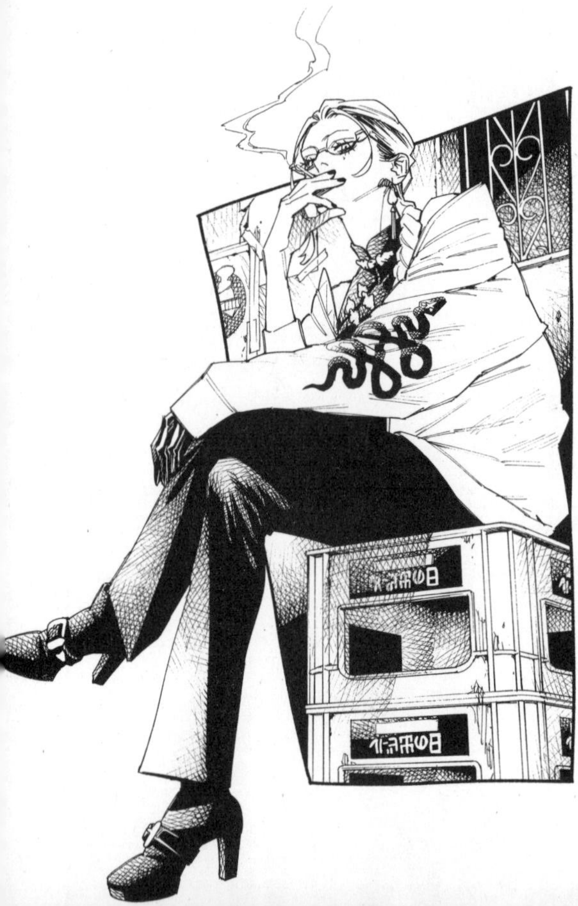

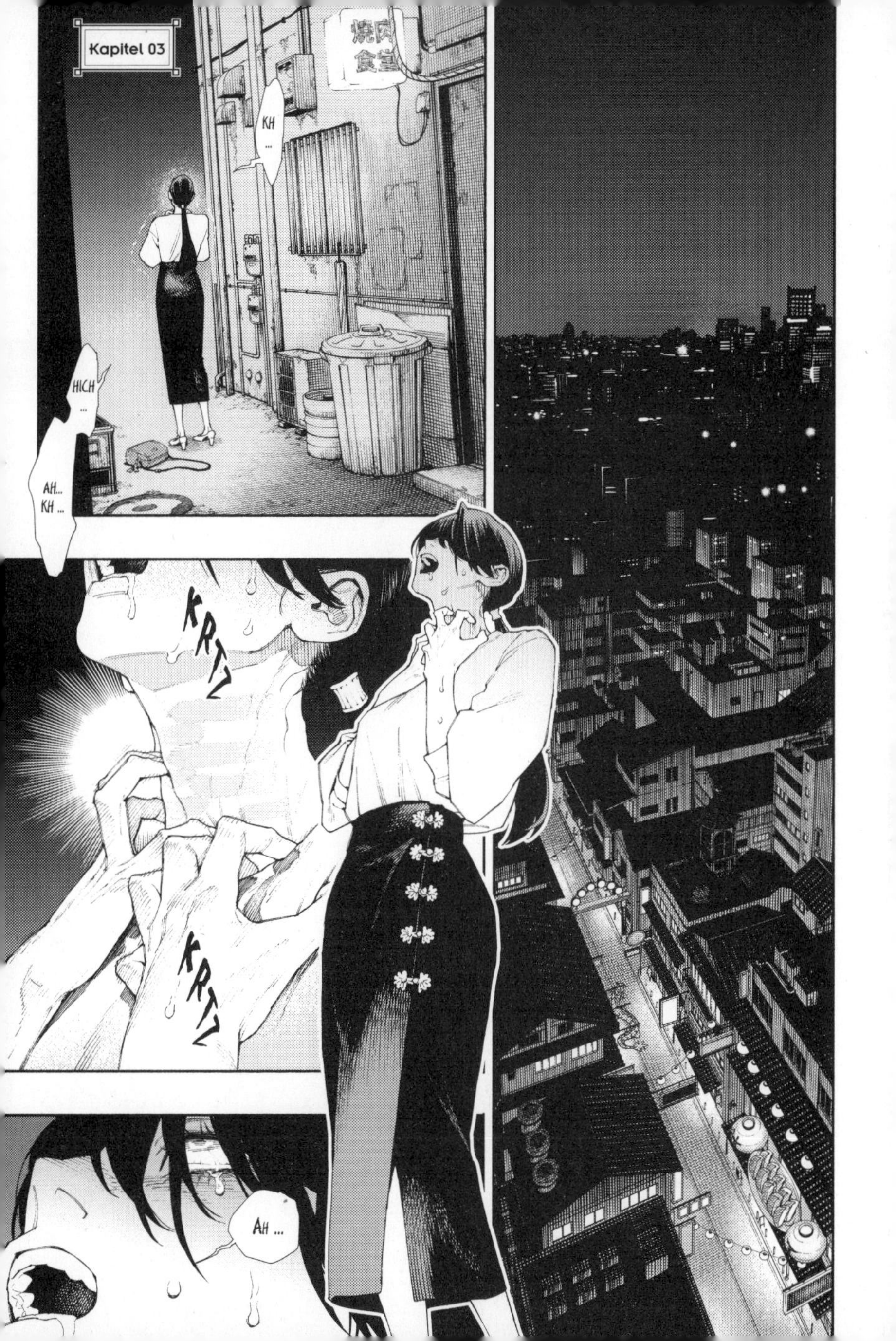
Kapitel 03
KH …
HICH …
AH… KH …
KRTZ
KRTZ
AH …

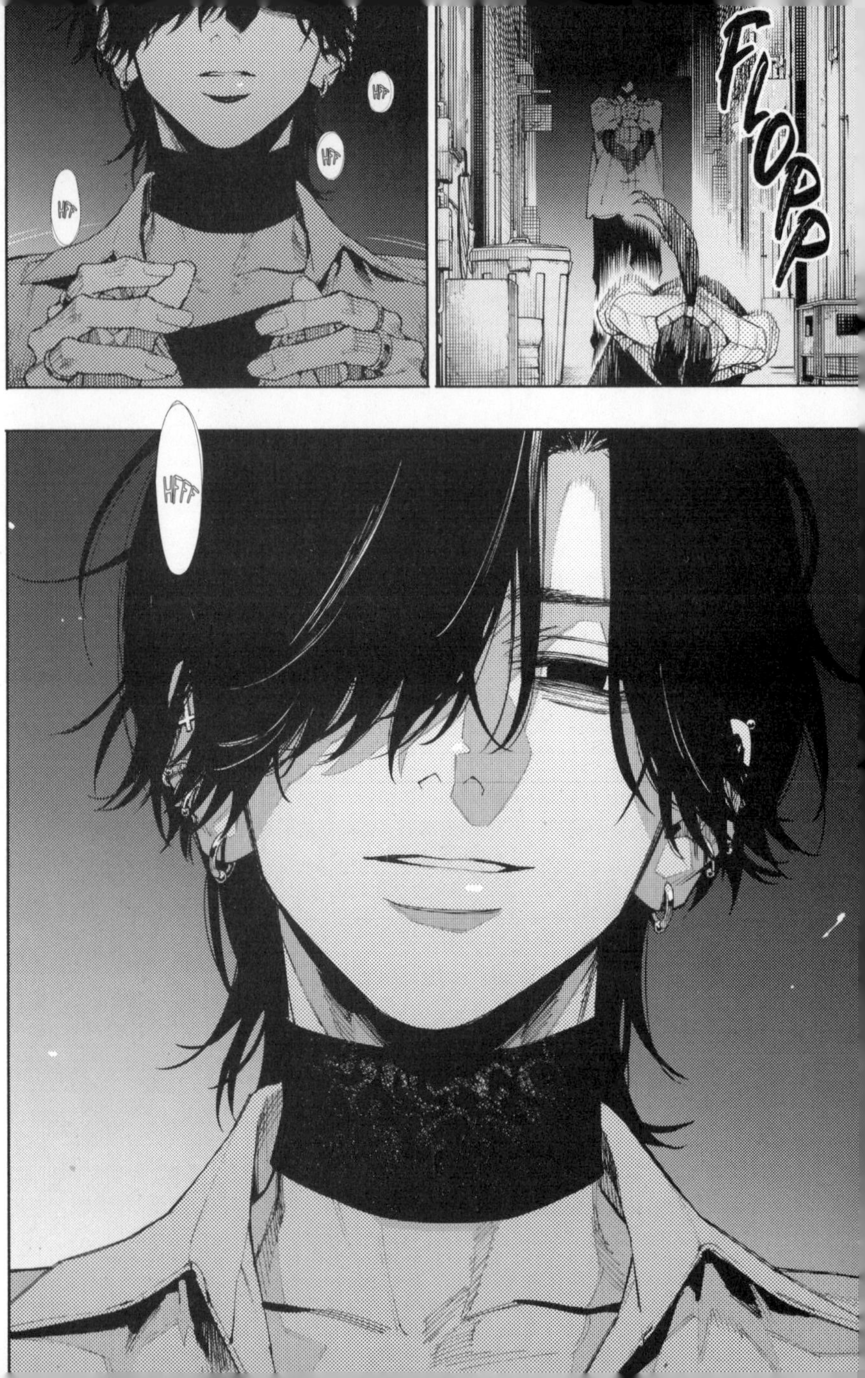
FLOPP
HFF
HFF
HFF
HFFF

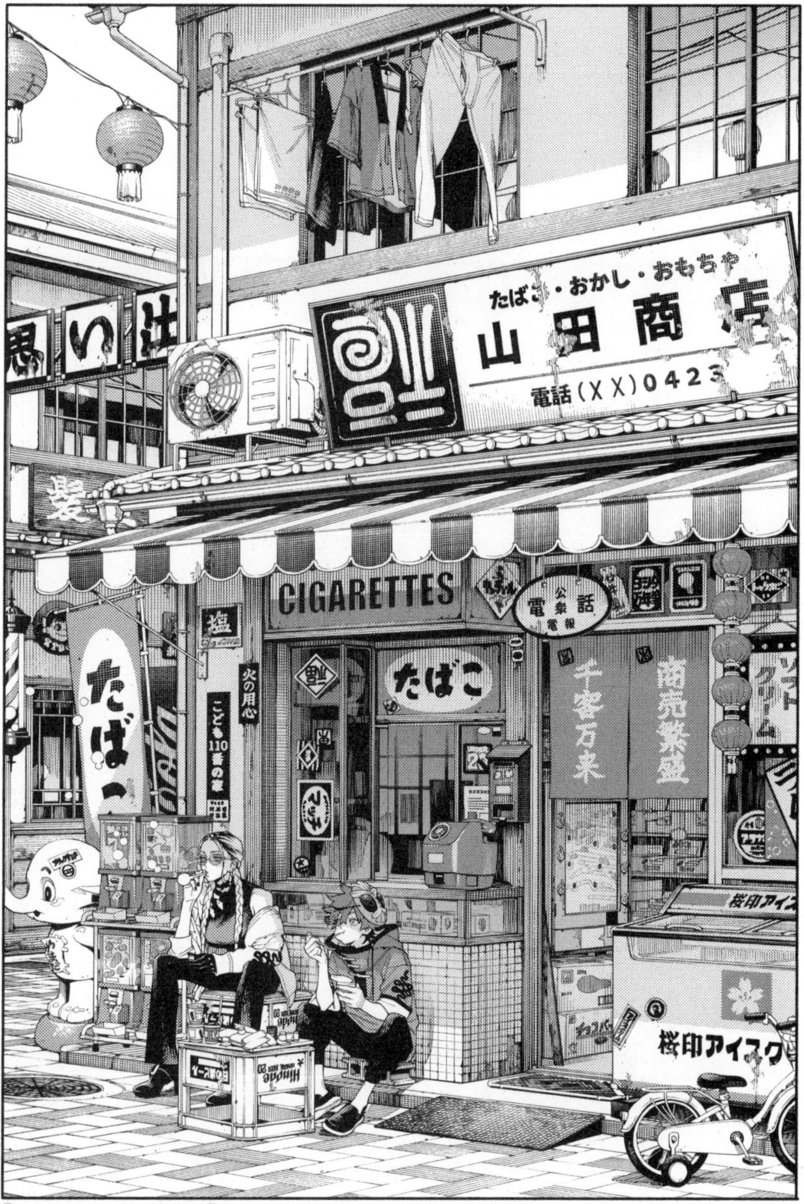

Kapitel 03: Niete

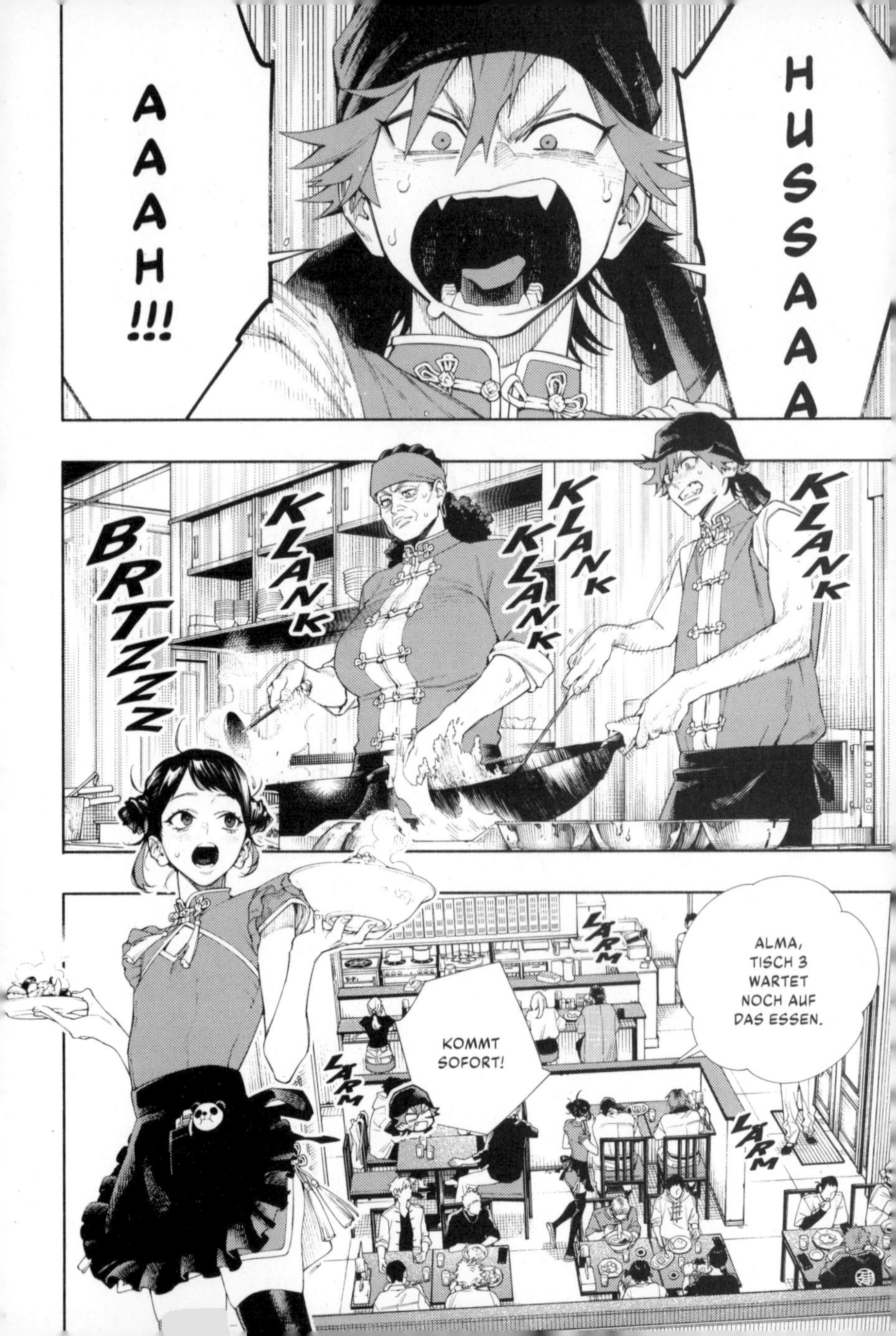
HUSSAAAA
AAAAH!!!
KLANK
KLANK KLANK
KLANK
BRTZZZ
ALMA, TISCH 3 WARTET NOCH AUF DAS ESSEN.
LÄRM
LÄRM
KOMMT SOFORT!
LÄRM

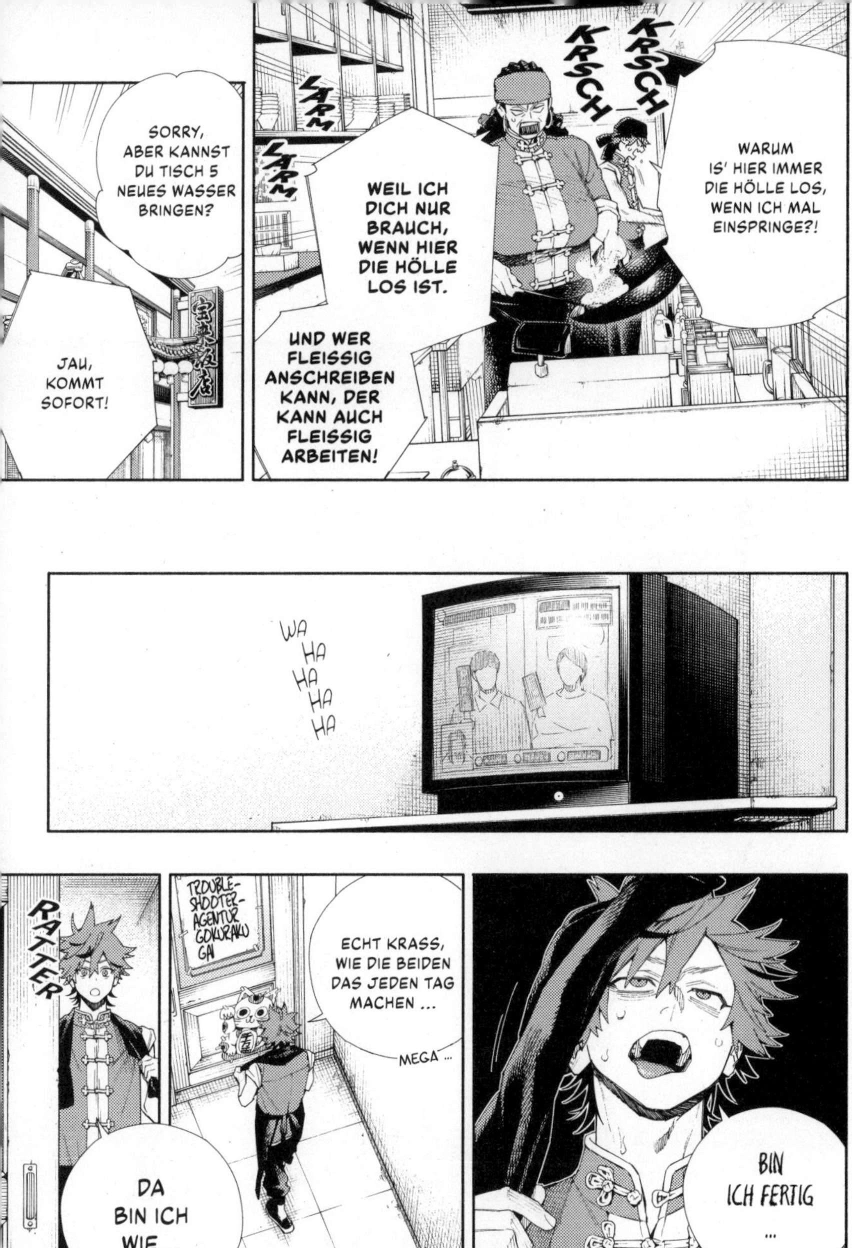
KRSCH
KRSCH
WARUM IS' HIER IMMER DIE HÖLLE LOS, WENN ICH MAL EINSPRINGE?!
WEIL ICH DICH NUR BRAUCH, WENN HIER DIE HÖLLE LOS IST.
UND WER FLEISSIG ANSCHREIBEN KANN, DER KANN AUCH FLEISSIG ARBEITEN!
LÄRM
LÄRM
SORRY, ABER KANNST DU TISCH 5 NEUES WASSER BRINGEN?
JAU, KOMMT SOFORT!
WA HA HA HA HA HA
TROUBLE-SHOOTER-AGENTUR GOKURAKU GAI
RATTER
ECHT KRASS, WIE DIE BEIDEN DAS JEDEN TAG MACHEN ...
MEGA ...
DA BIN ICH WIE...
BIN ICH FERTIG ...

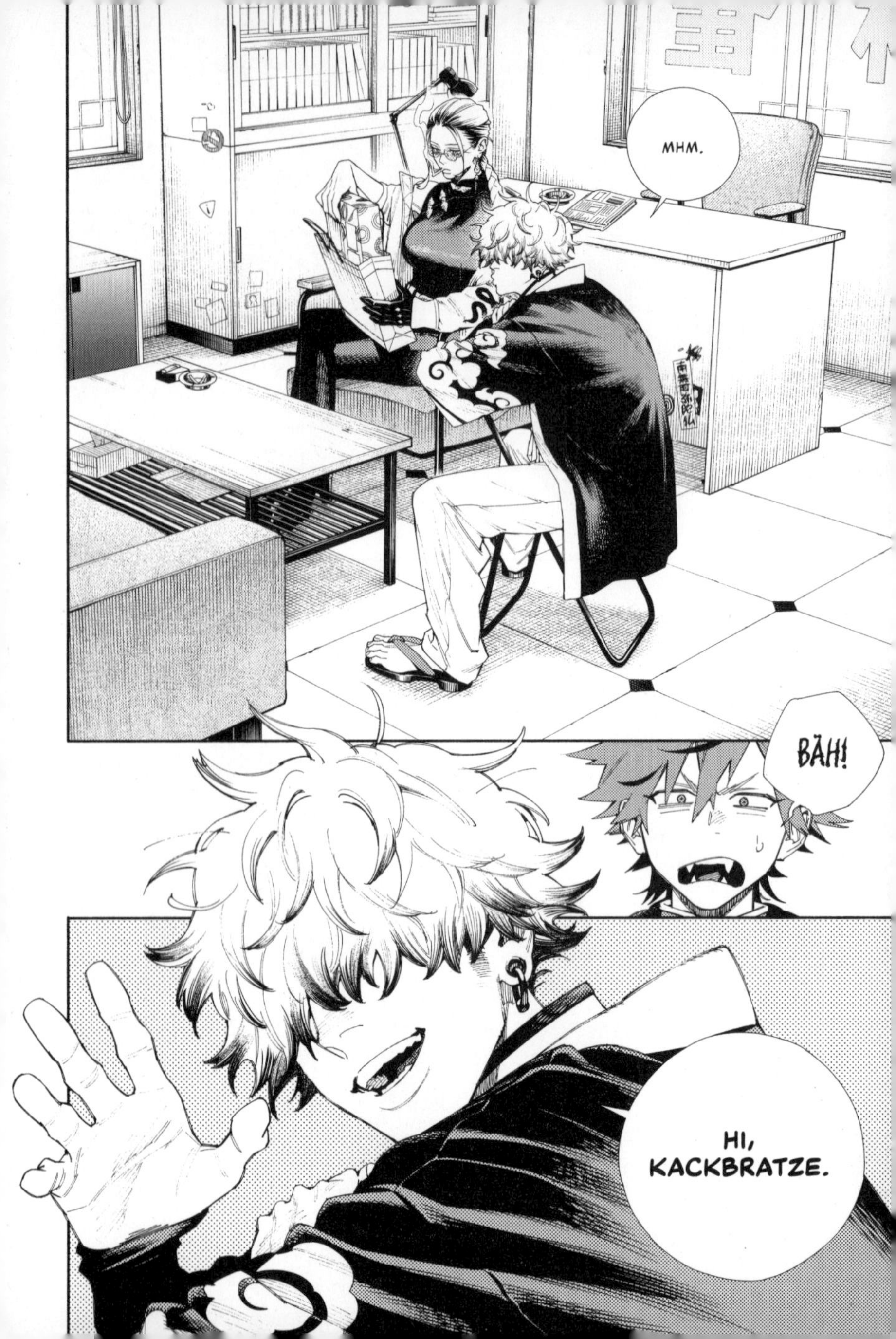
MHM.
BÄH!
HI, KACKBRATZE.

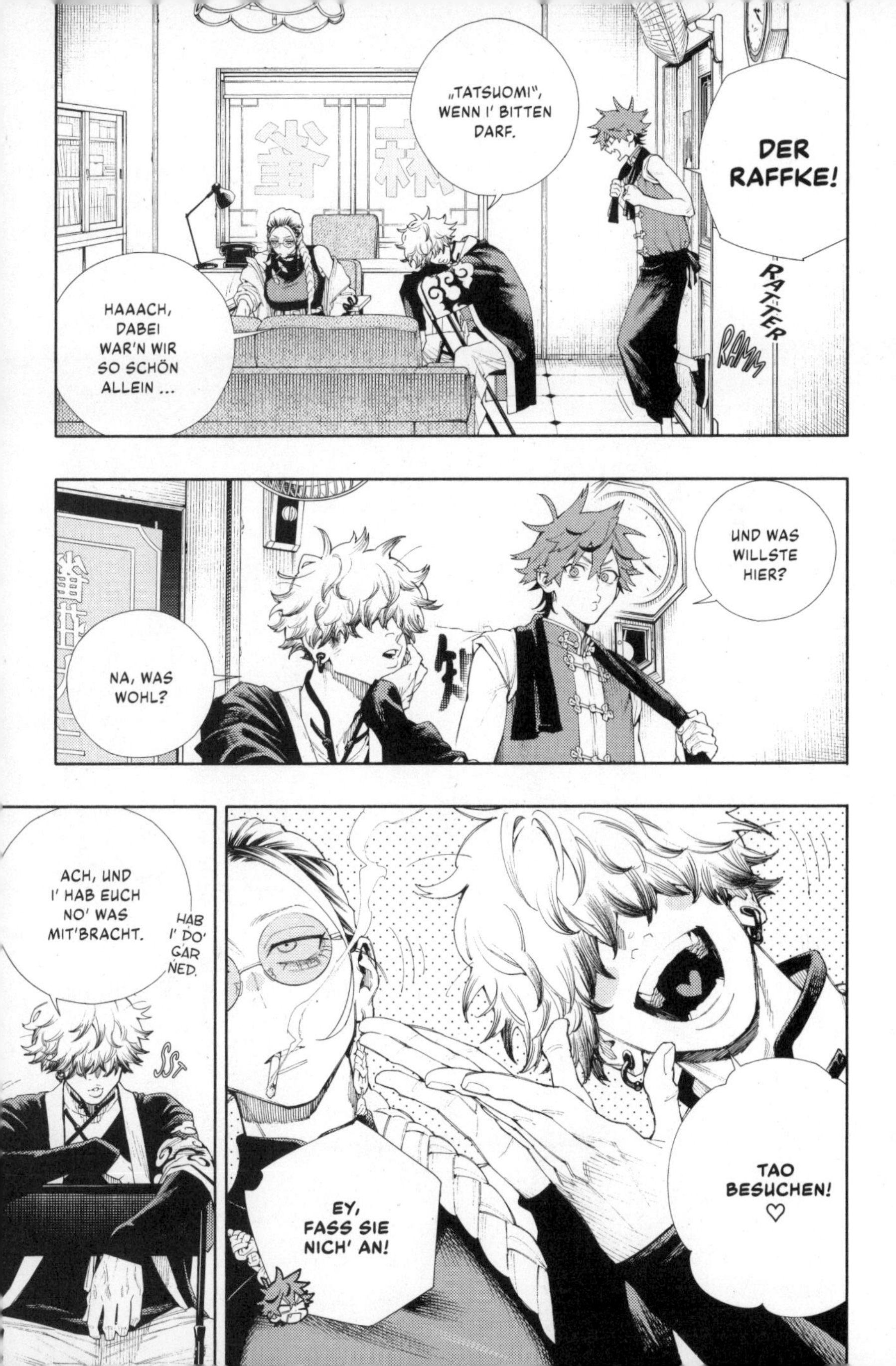
DER RAFFKE!
RATTER
RAMM
„TATSUOMI", WENN I' BITTEN DARF.
HAAACH, DABEI WAR'N WIR SO SCHÖN ALLEIN ...
UND WAS WILLSTE HIER?
NA, WAS WOHL?
TAO BESUCHEN! ♡
EY, FASS SIE NICH' AN!
ACH, UND I' HAB EUCH NO' WAS MIT'BRACHT.
HAB I' DO' GAR NED.
SST

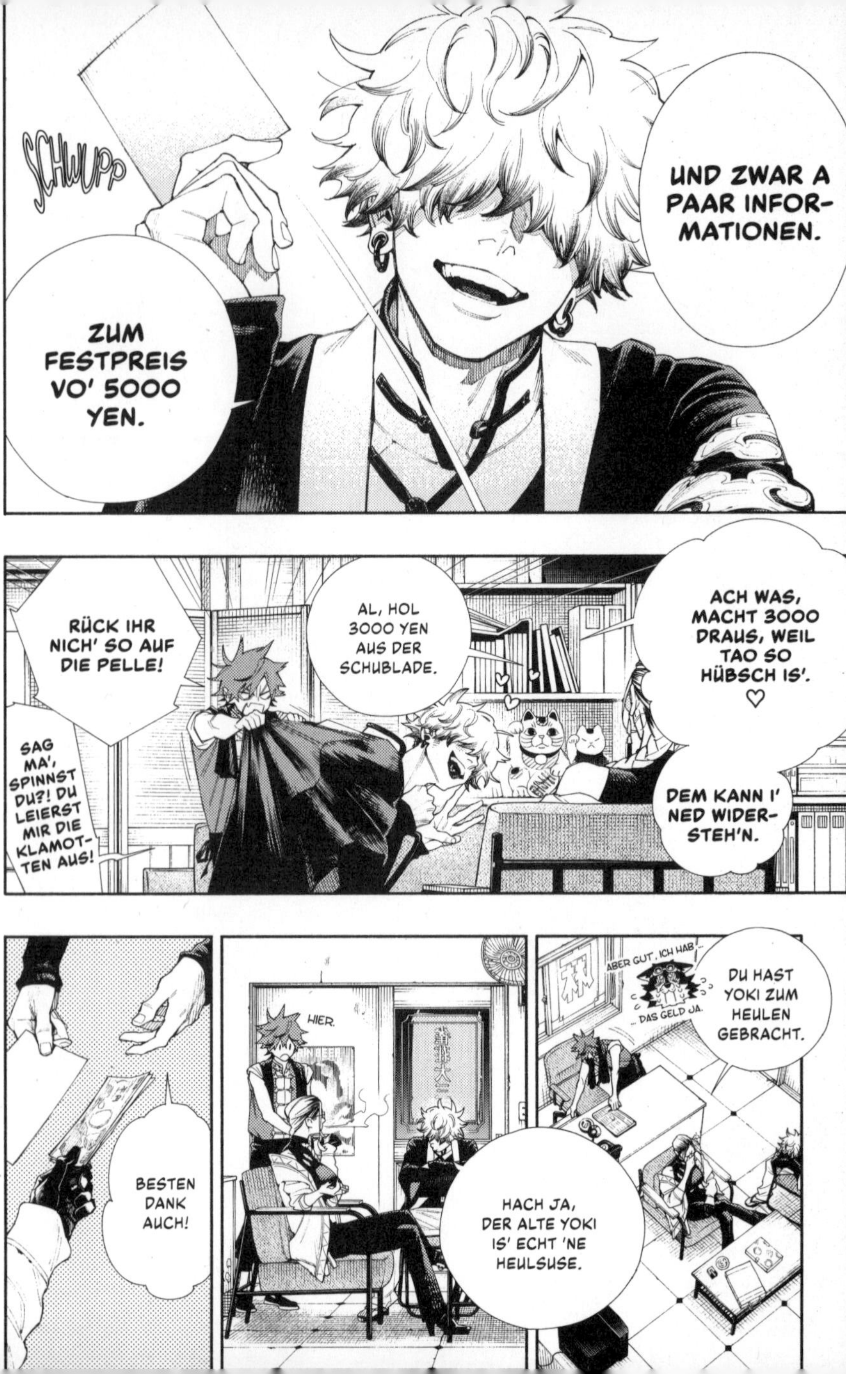
UND ZWAR A PAAR INFORMATIONEN.
SCHWUPP
ZUM FESTPREIS VO' 5000 YEN.
ACH WAS, MACHT 3000 DRAUS, WEIL TAO SO HÜBSCH IS'. ♡
DEM KANN I' NED WIDERSTEH'N.
AL, HOL 3000 YEN AUS DER SCHUBLADE.
RÜCK IHR NICH' SO AUF DIE PELLE!
SAG MA', SPINNST DU?! DU LEIERST MIR DIE KLAMOTTEN AUS!
DU HAST YOKI ZUM HEULEN GEBRACHT.
ABER GUT, ICH HAB ...
... DAS GELD JA.
HACH JA, DER ALTE YOKI IS' ECHT 'NE HEULSUSE.
HIER.
BESTEN DANK AUCH!

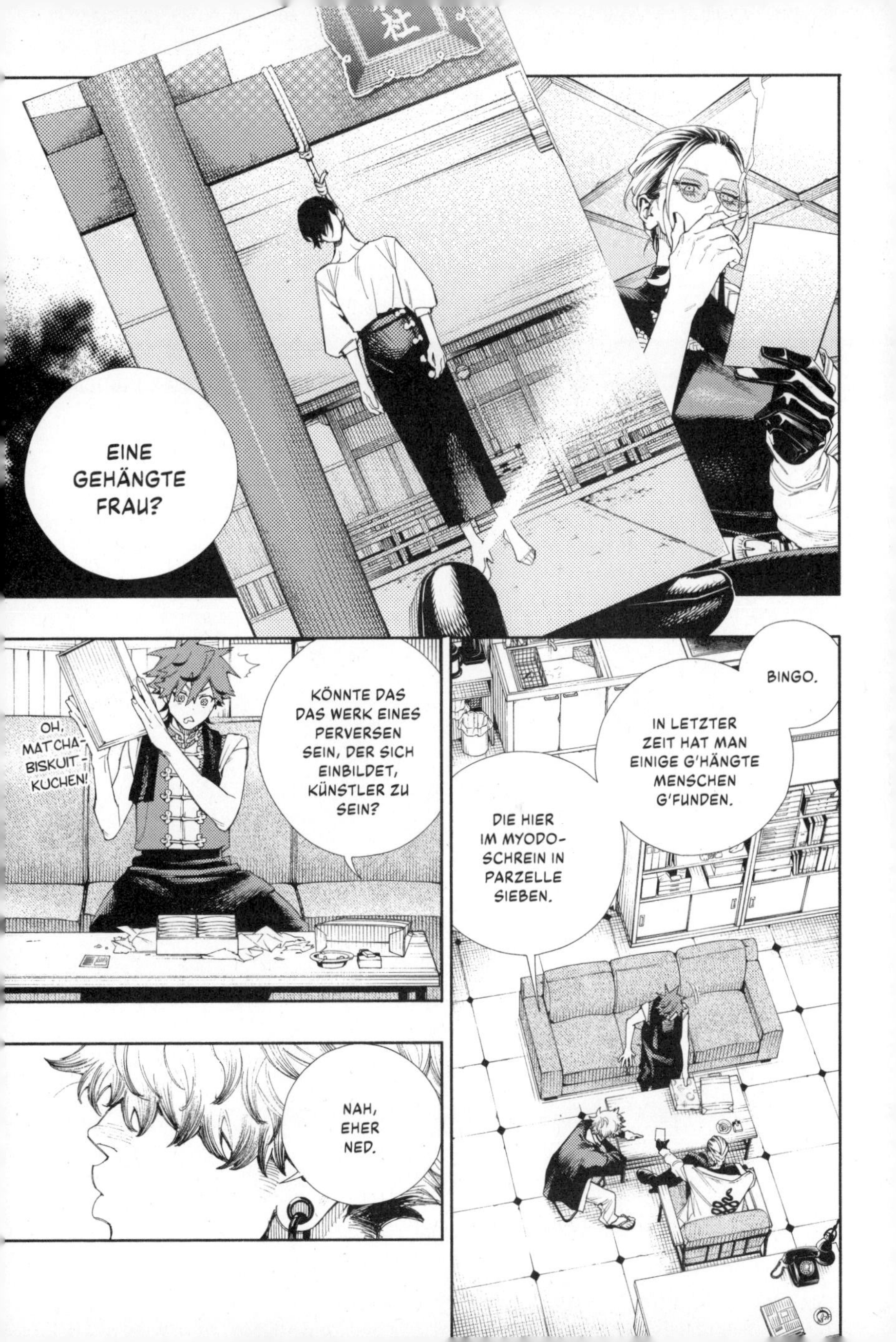

EINE GEHÄNGTE FRAU?
KÖNNTE DAS DAS WERK EINES PERVERSEN SEIN, DER SICH EINBILDET, KÜNSTLER ZU SEIN?
OH, MATCHA-BISKUIT-KUCHEN!
BINGO.
IN LETZTER ZEIT HAT MAN EINIGE G'HÄNGTE MENSCHEN G'FUNDEN.
DIE HIER IM MYODO-SCHREIN IN PARZELLE SIEBEN.
NAH, EHER NED.

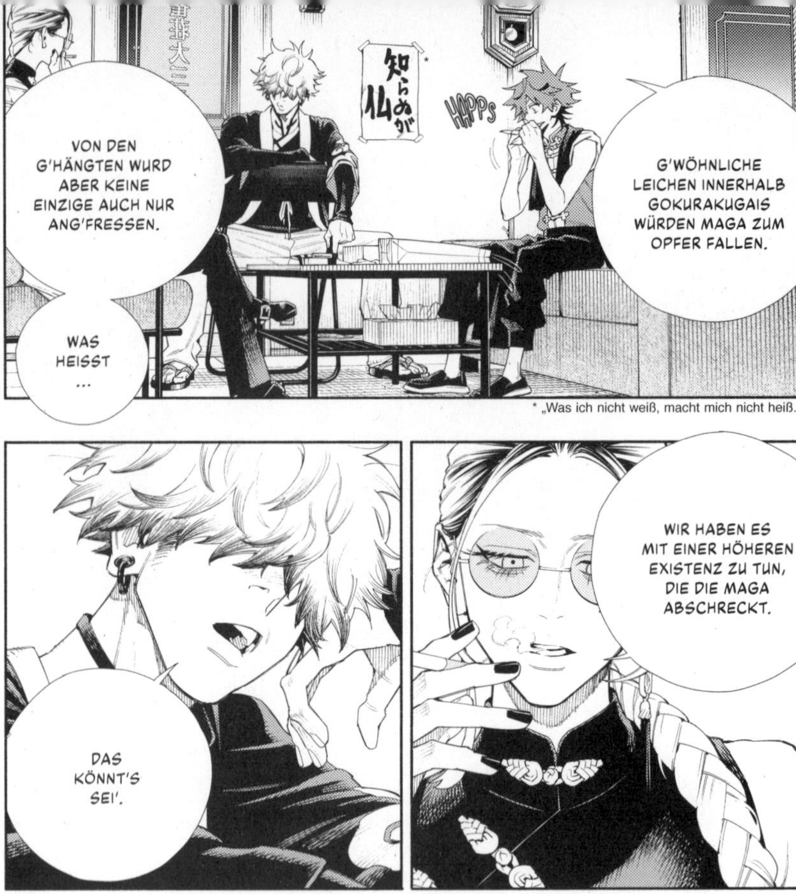

* „Was ich nicht weiß, macht mich nicht heiß.“

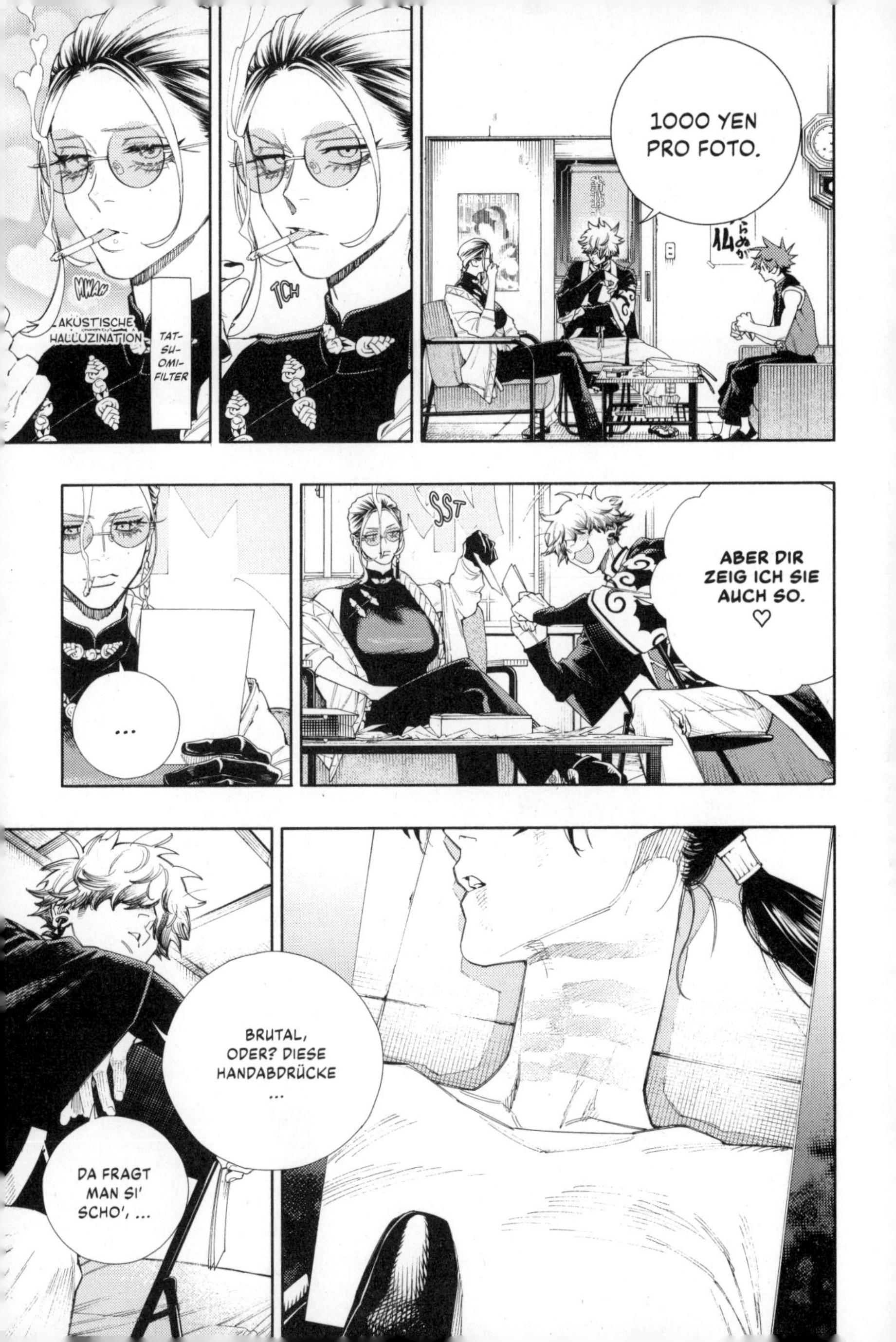
1000 YEN
PRO FOTO.
TCH
TATSUMI-FILTER
MWAH
AKUSTISCHE HALLUZINATION
ABER DIR ZEIG ICH SIE AUCH SO. ♡
SST
...
BRUTAL, ODER? DIESE HANDABDRÜCKE ...
DA FRAGT MAN SI' SCHO', ...

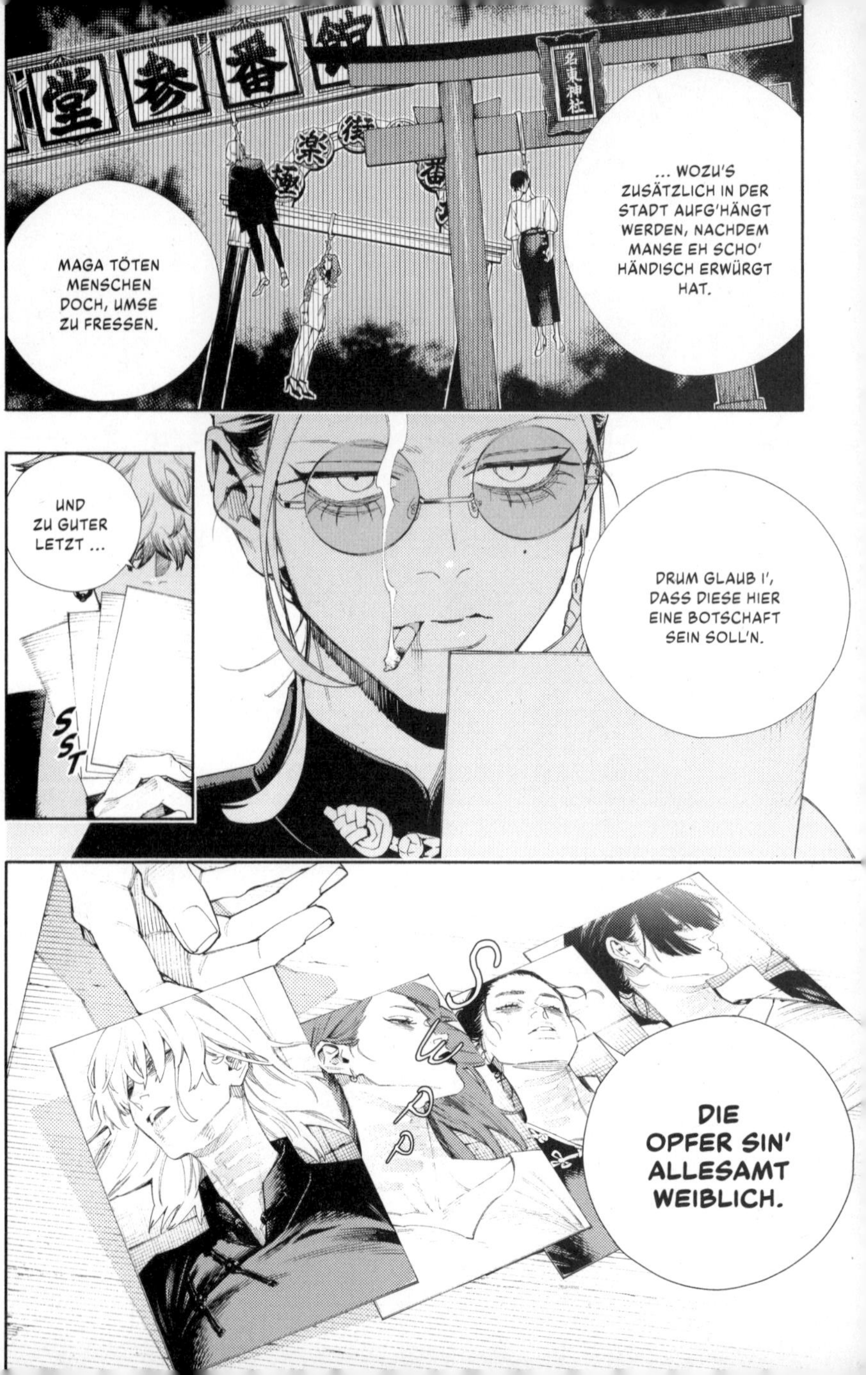
名東神社
MAGA TÖTEN MENSCHEN DOCH, UMSE ZU FRESSEN.
... WOZU'S ZUSÄTZLICH IN DER STADT AUFG'HÄNGT WERDEN, NACHDEM MANSE EH SCHO' HÄNDISCH ERWÜRGT HAT.
DRUM GLAUB I', DASS DIESE HIER EINE BOTSCHAFT SEIN SOLL'N.
UND ZU GUTER LETZT ...
SST
DIE OPFER SIN' ALLESAMT WEIBLICH.
SlupP

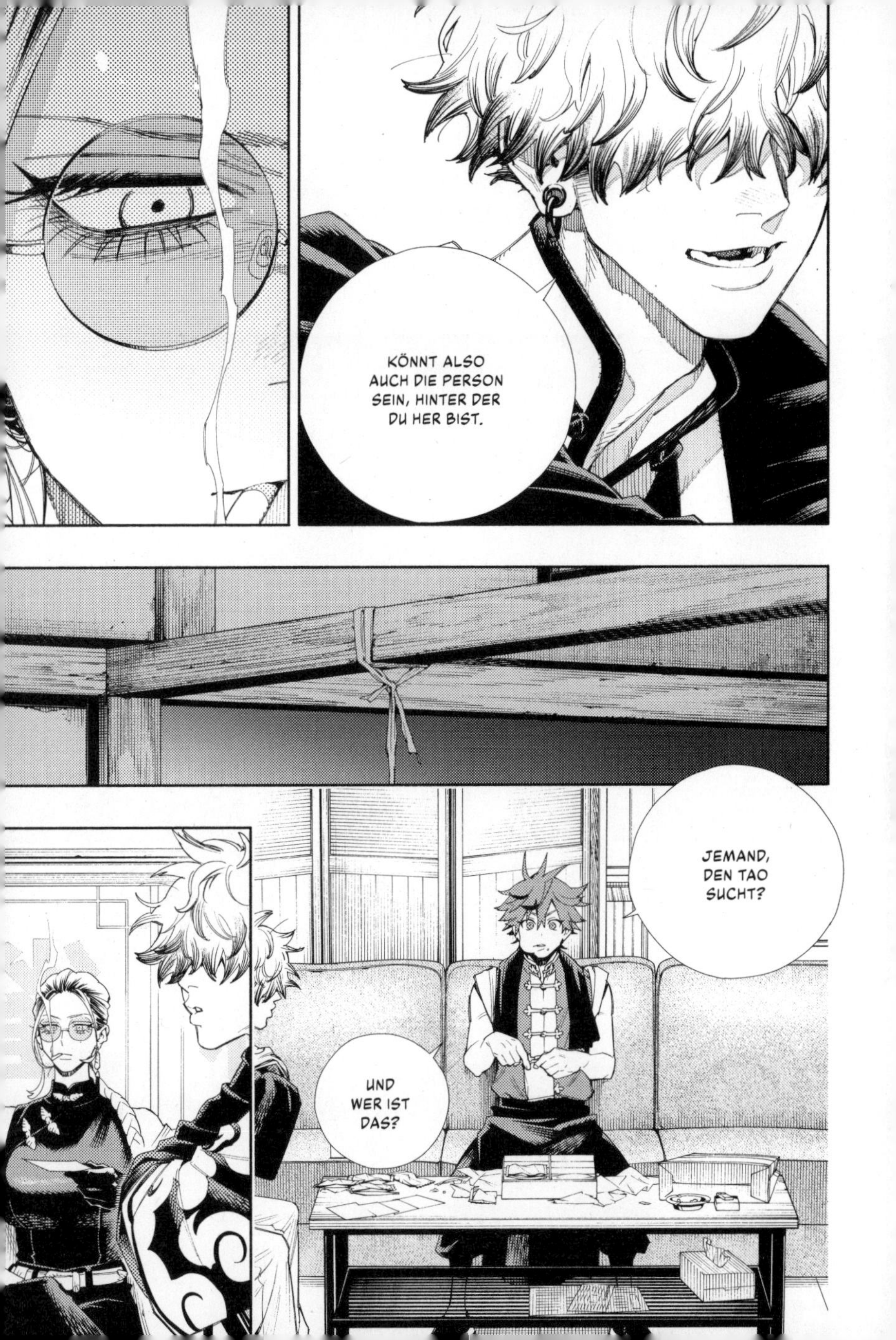
KÖNNT ALSO AUCH DIE PERSON SEIN, HINTER DER DU HER BIST.
JEMAND, DEN TAO SUCHT?
UND WER IST DAS?

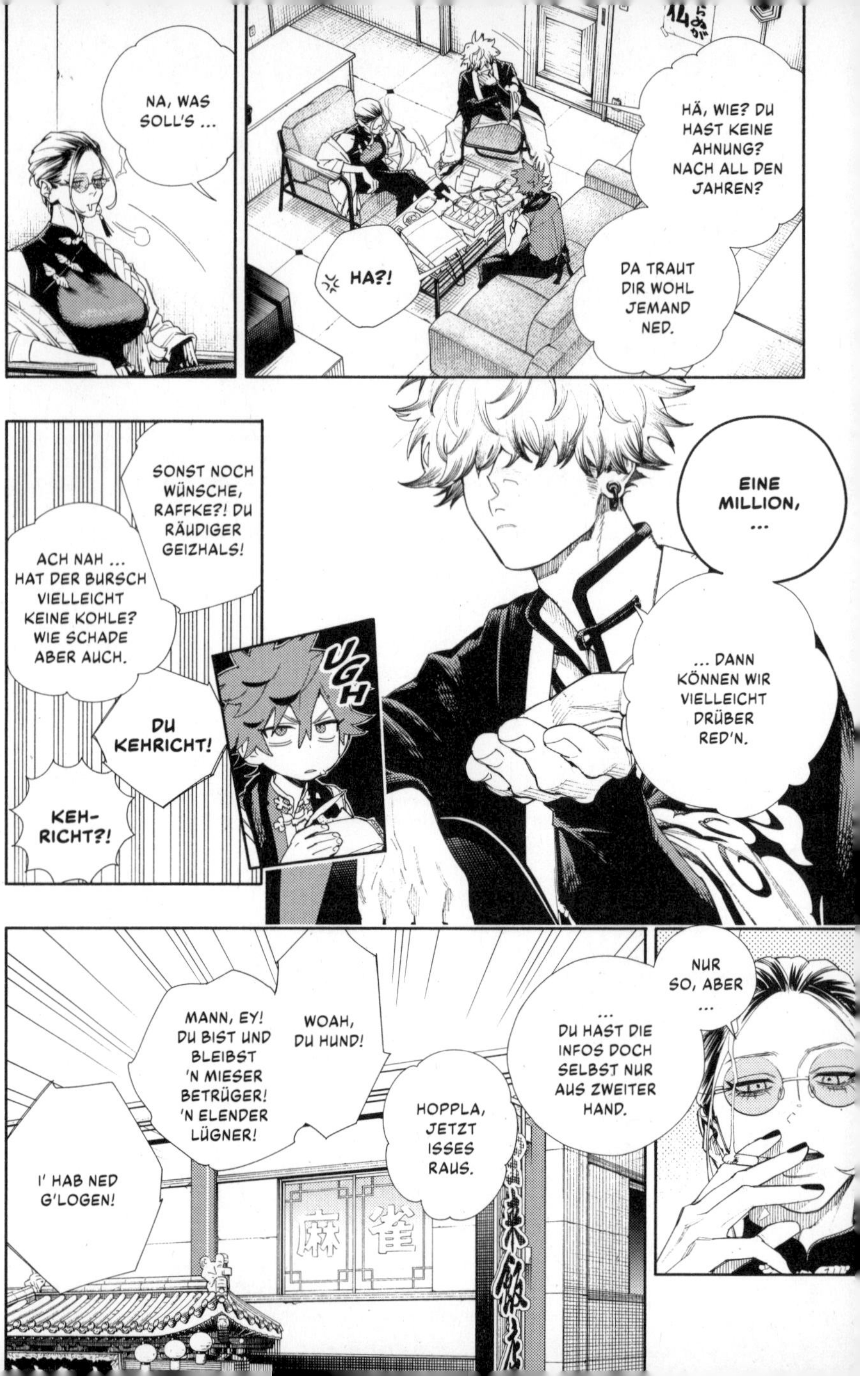
HÄ, WIE? DU HAST KEINE AHNUNG? NACH ALL DEN JAHREN?
DA TRAUT DIR WOHL JEMAND NED.
HA?!
NA, WAS SOLL'S ...
EINE MILLION, ...
... DANN KÖNNEN WIR VIELLEICHT DRÜBER RED'N.
UGH
SONST NOCH WÜNSCHE, RAFFKE?! DU RÄUDIGER GEIZHALS!
ACH NAH ... HAT DER BURSCH VIELLEICHT KEINE KOHLE? WIE SCHADE ABER AUCH.
DU KEHRICHT!
KEH-RICHT?!
NUR SO, ABER ... DU HAST DIE INFOS DOCH SELBST NUR AUS ZWEITER HAND.
HOPPLA, JETZT ISSES RAUS.
WOAH, DU HUND!
MANN, EY! DU BIST UND BLEIBST 'N MIESER BETRÜGER! 'N ELENDER LÜGNER!
I' HAB NED G'LOGEN!
麻雀

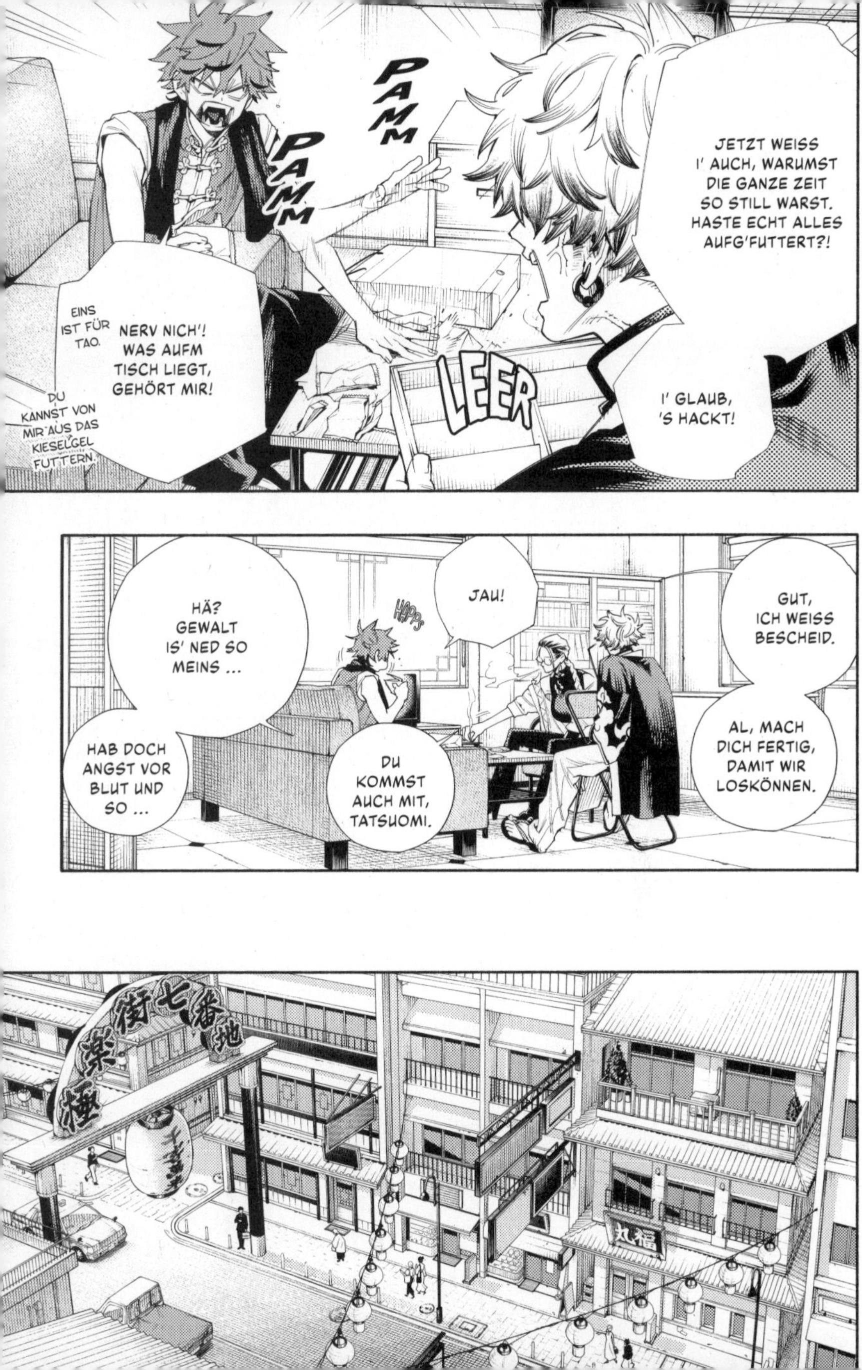
JETZT WEISS I' AUCH, WARUMST DIE GANZE ZEIT SO STILL WARST. HASTE ECHT ALLES AUFG'FUTTERT?!
PAMM
PAMM
I' GLAUB, 'S HACKT!
LEER
NERV NICH'! WAS AUFM TISCH LIEGT, GEHÖRT MIR!
EINS IST FÜR TAO.
DU KANNST VON MIR AUS DAS KIESELGEL FUTTERN.
GUT, ICH WEISS BESCHEID.
AL, MACH DICH FERTIG, DAMIT WIR LOSKÖNNEN.
JAU!
HAPPS
DU KOMMST AUCH MIT, TATSUOMI.
HÄ? GEWALT IS' NED SO MEINS ...
HAB DOCH ANGST VOR BLUT UND SO ...
極楽街七番地
丸福

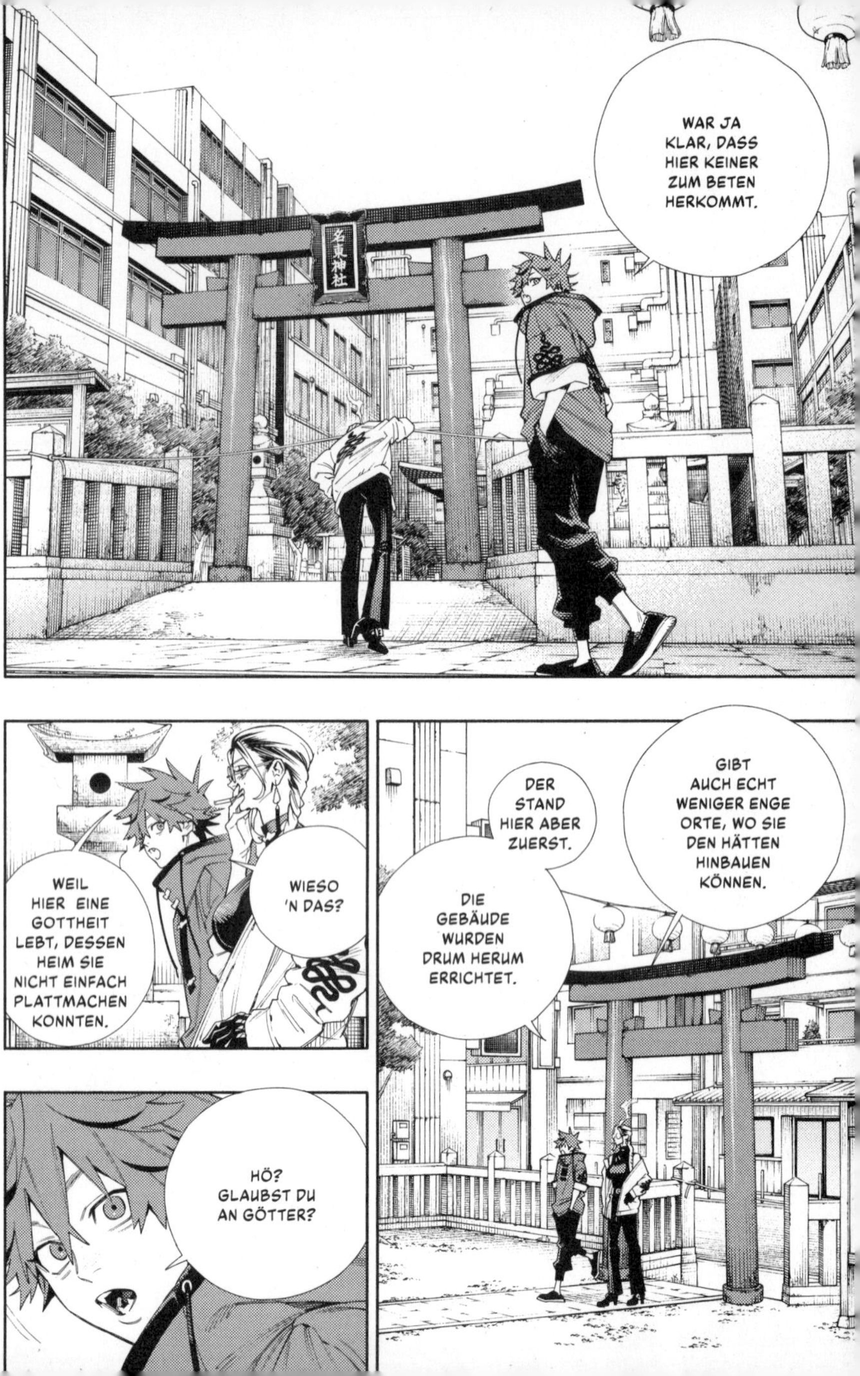
名東神社
WAR JA KLAR, DASS HIER KEINER ZUM BETEN HERKOMMT.
GIBT AUCH ECHT WENIGER ENGE ORTE, WO SIE DEN HÄTTEN HINBAUEN KÖNNEN.
DER STAND HIER ABER ZUERST.
DIE GEBÄUDE WURDEN DRUM HERUM ERRICHTET.
WIESO 'N DAS?
WEIL HIER EINE GOTTHEIT LEBT, DESSEN HEIM SIE NICHT EINFACH PLATTMACHEN KONNTEN.
HÖ? GLAUBST DU AN GÖTTER?

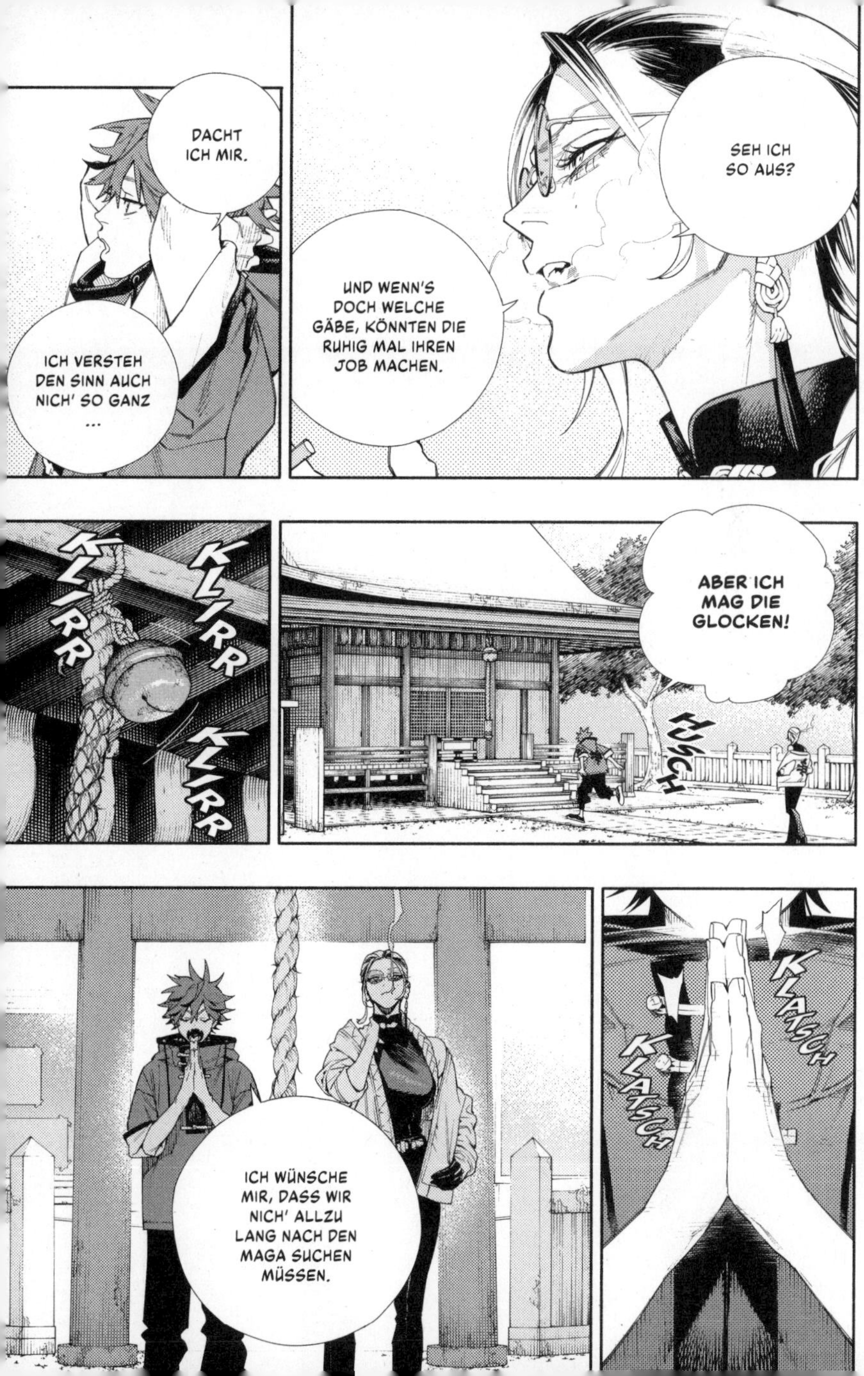
SEH ICH SO AUS?
UND WENN'S DOCH WELCHE GÄBE, KÖNNTEN DIE RUHIG MAL IHREN JOB MACHEN.
DACHT ICH MIR.
ICH VERSTEH DEN SINN AUCH NICH' SO GANZ ...
ABER ICH MAG DIE GLOCKEN!
HUSCH
KLIRR
KLIRR
KLIRR
KLATSCH
KLATSCH
ICH WÜNSCHE MIR, DASS WIR NICH' ALLZU LANG NACH DEN MAGA SUCHEN MÜSSEN.

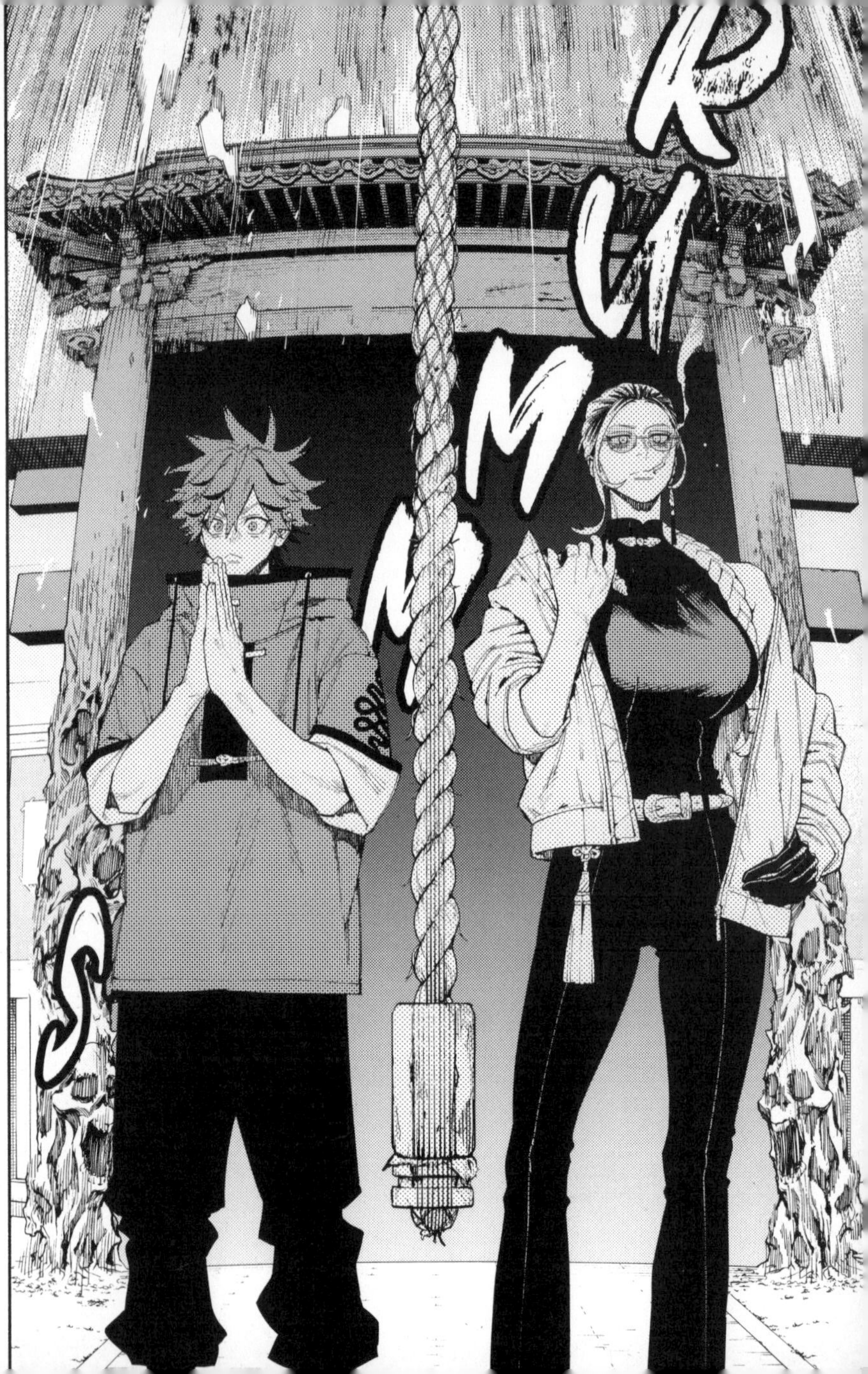
RUMMS

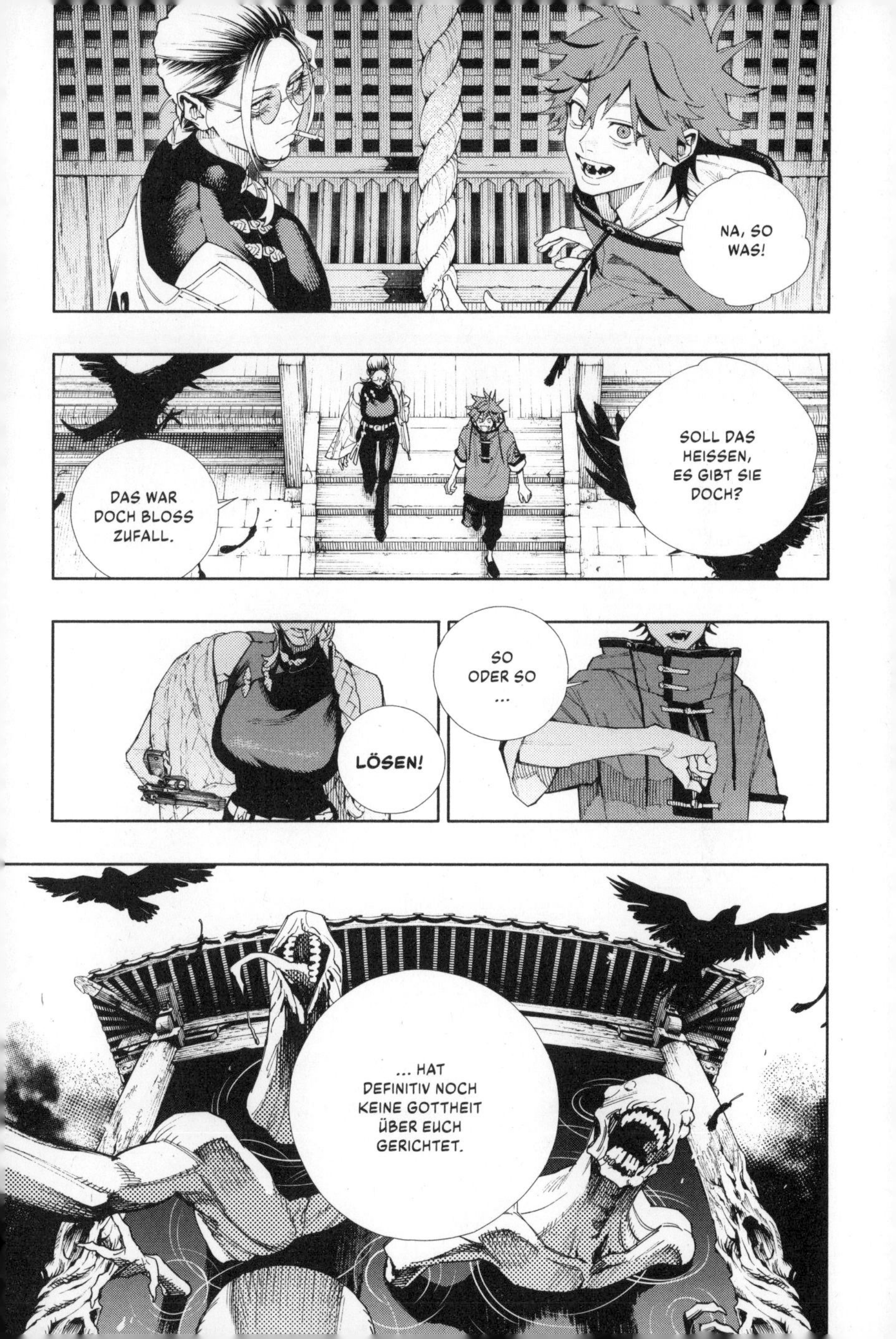
NA, SO WAS!
SOLL DAS HEISSEN, ES GIBT SIE DOCH?
DAS WAR DOCH BLOSS ZUFALL.
SO ODER SO ...
LÖSEN!
... HAT DEFINITIV NOCH KEINE GOTTHEIT ÜBER EUCH GERICHTET.

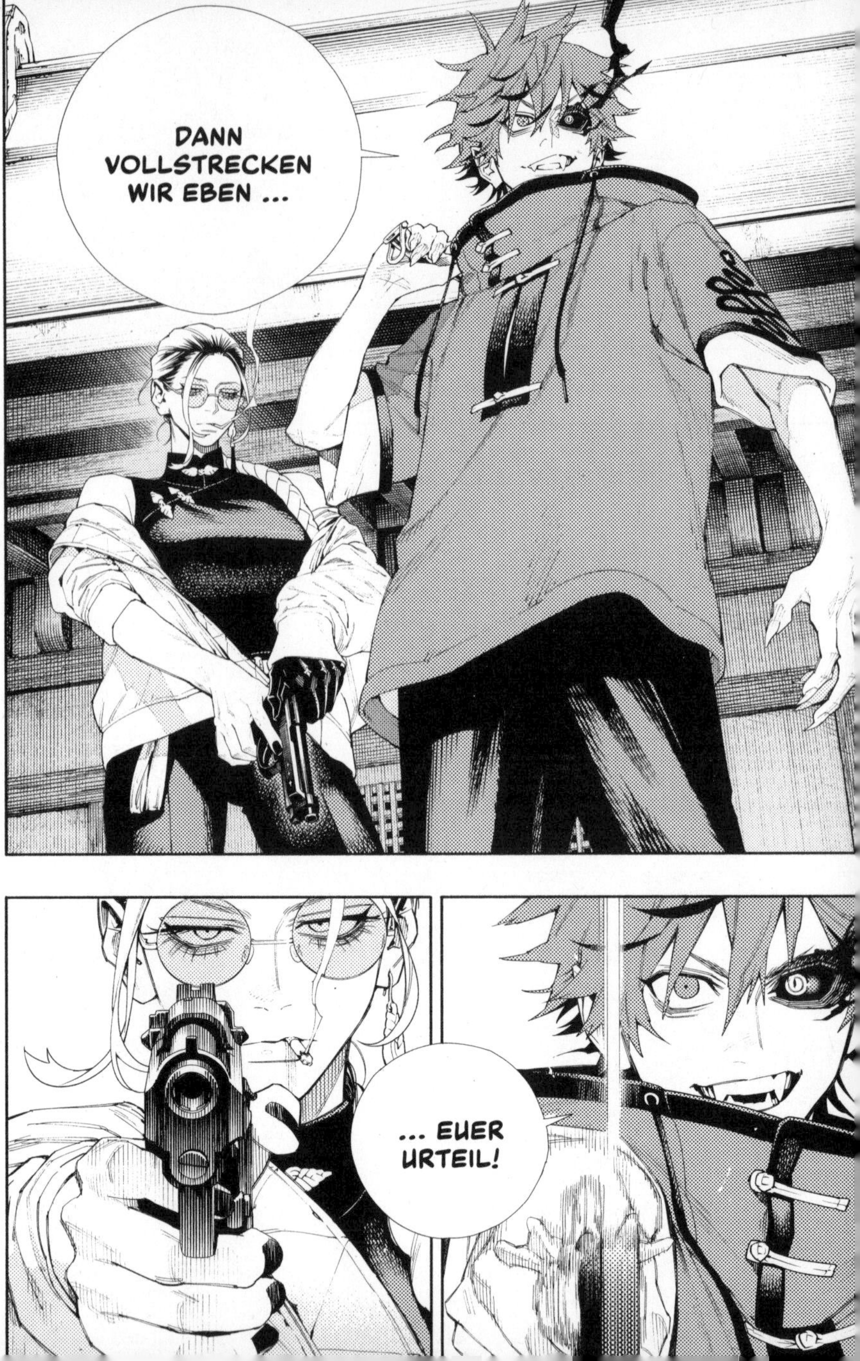
DANN VOLLSTRECKEN WIR EBEN ...
... EUER URTEIL!

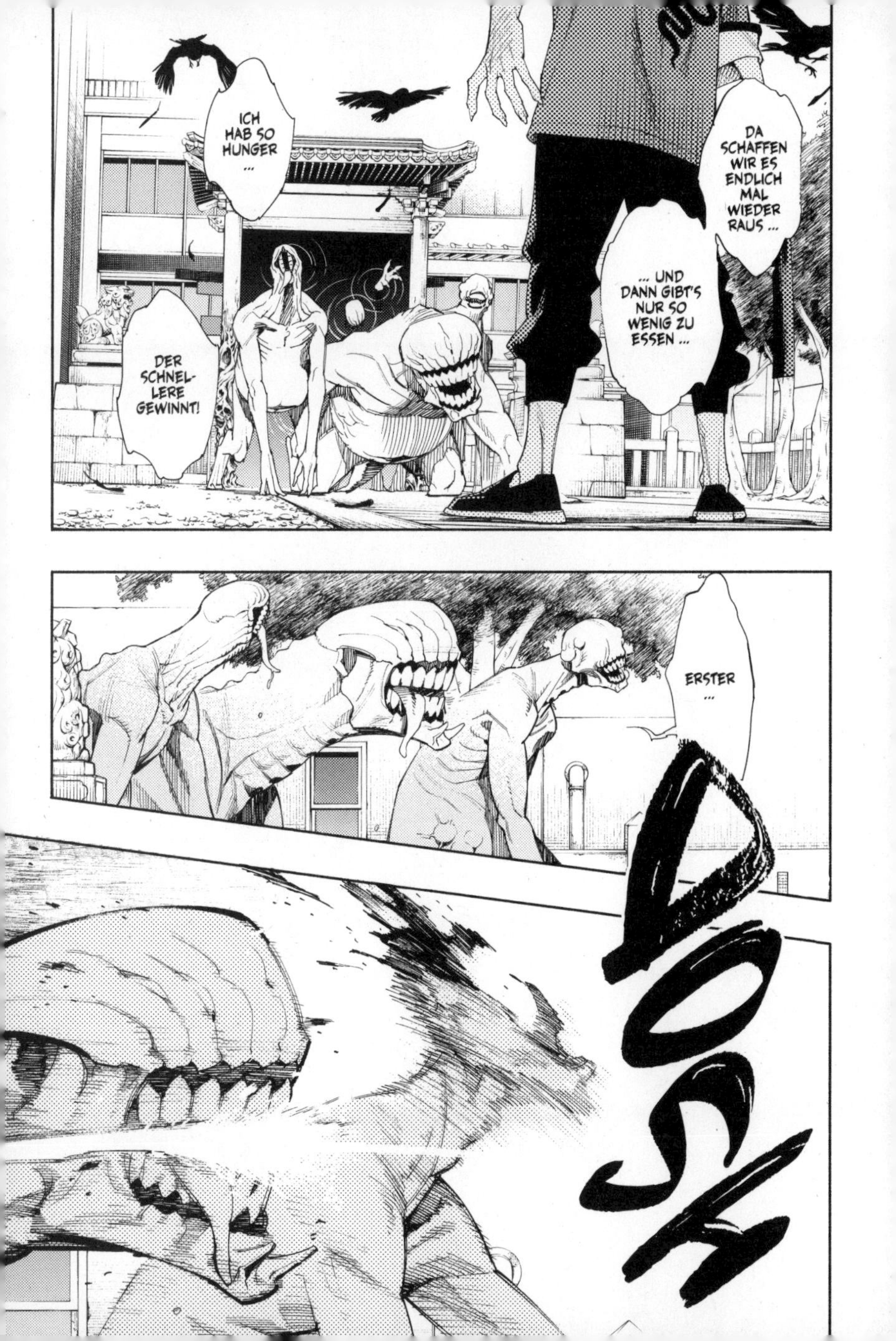
DA SCHAFFEN WIR ES ENDLICH MAL WIEDER RAUS ...
... UND DANN GIBT'S NUR SO WENIG ZU ESSEN ...
ICH HAB SO HUNGER ...
DER SCHNEL-LERE GEWINNT!
ERSTER ...
WOOSH

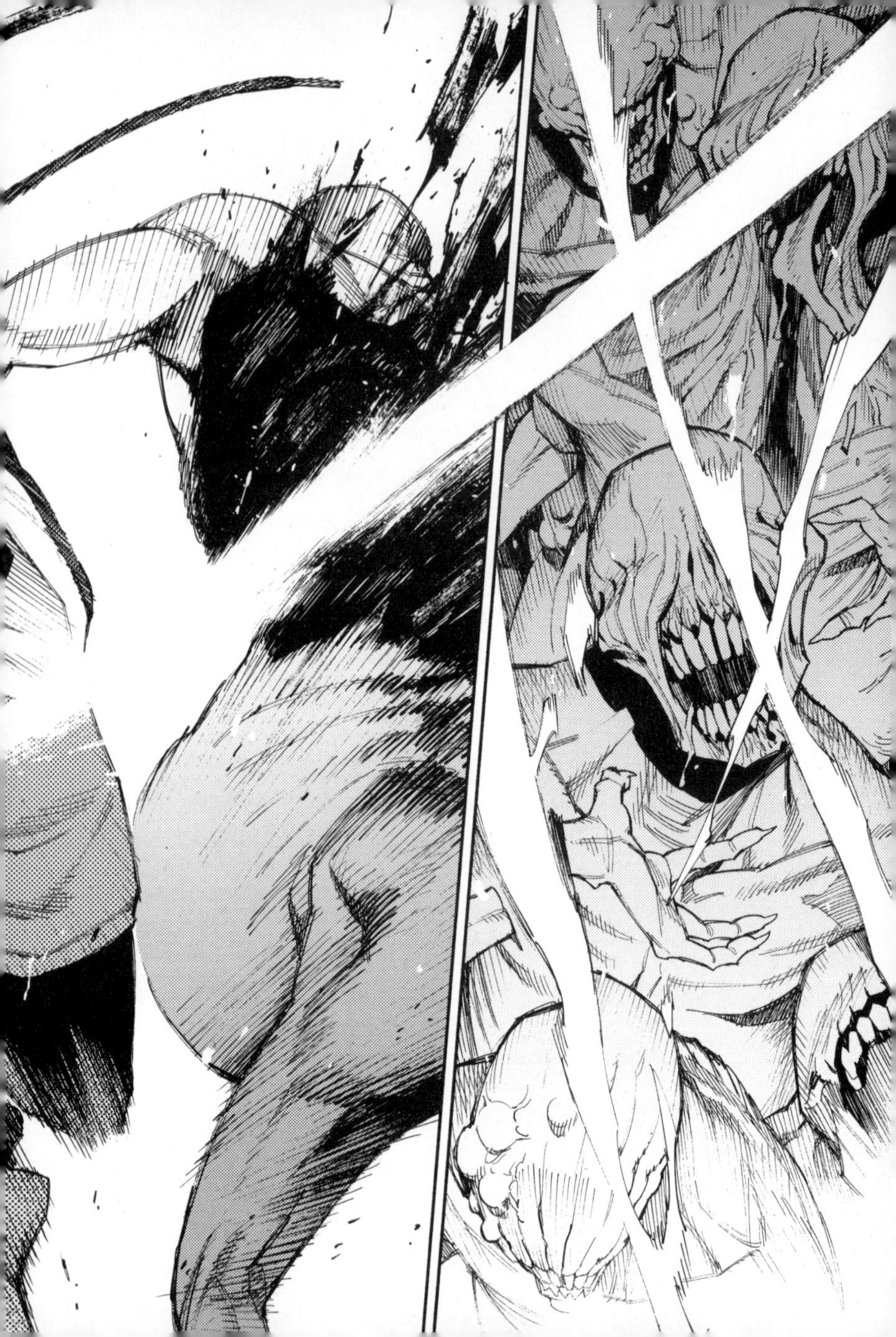

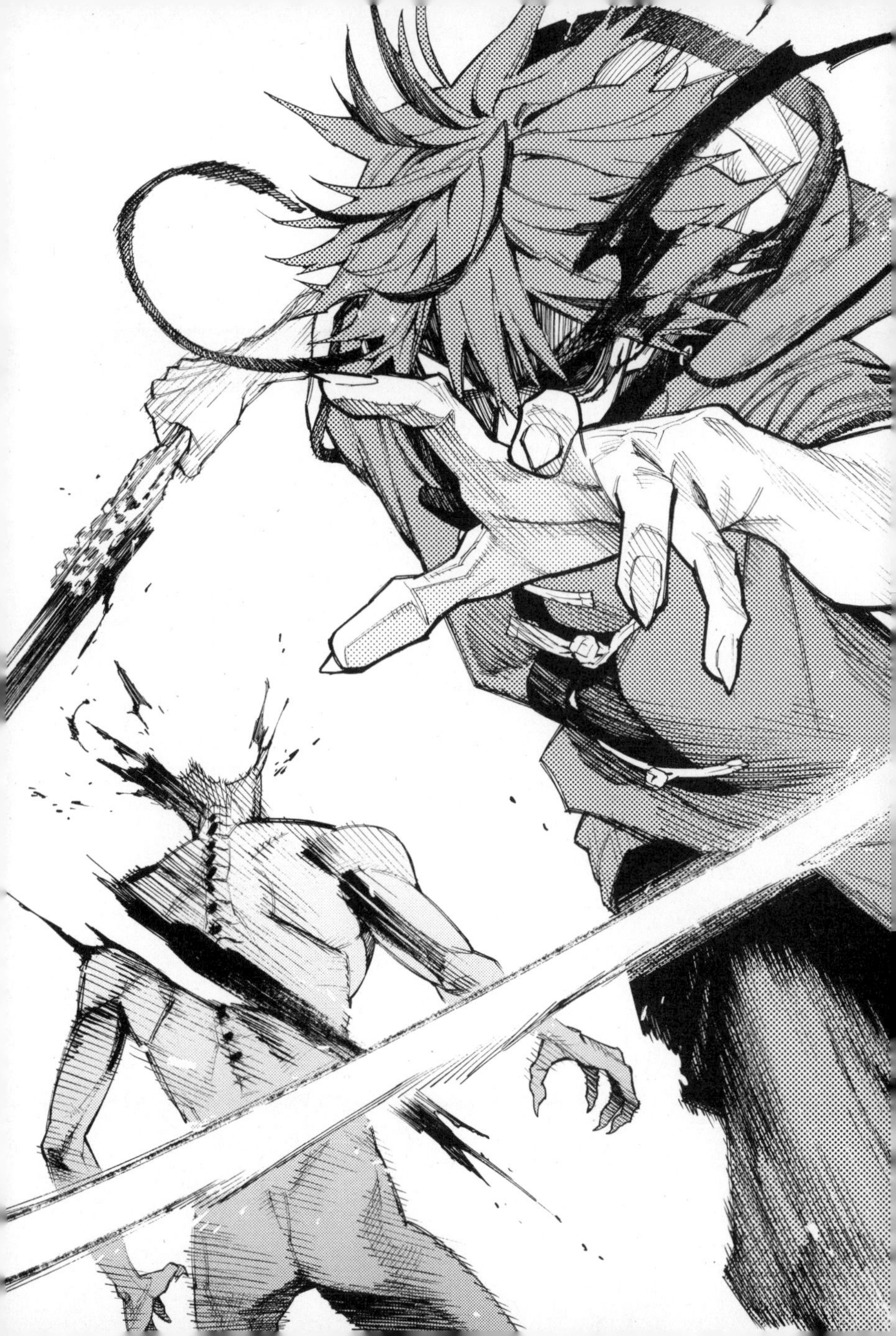

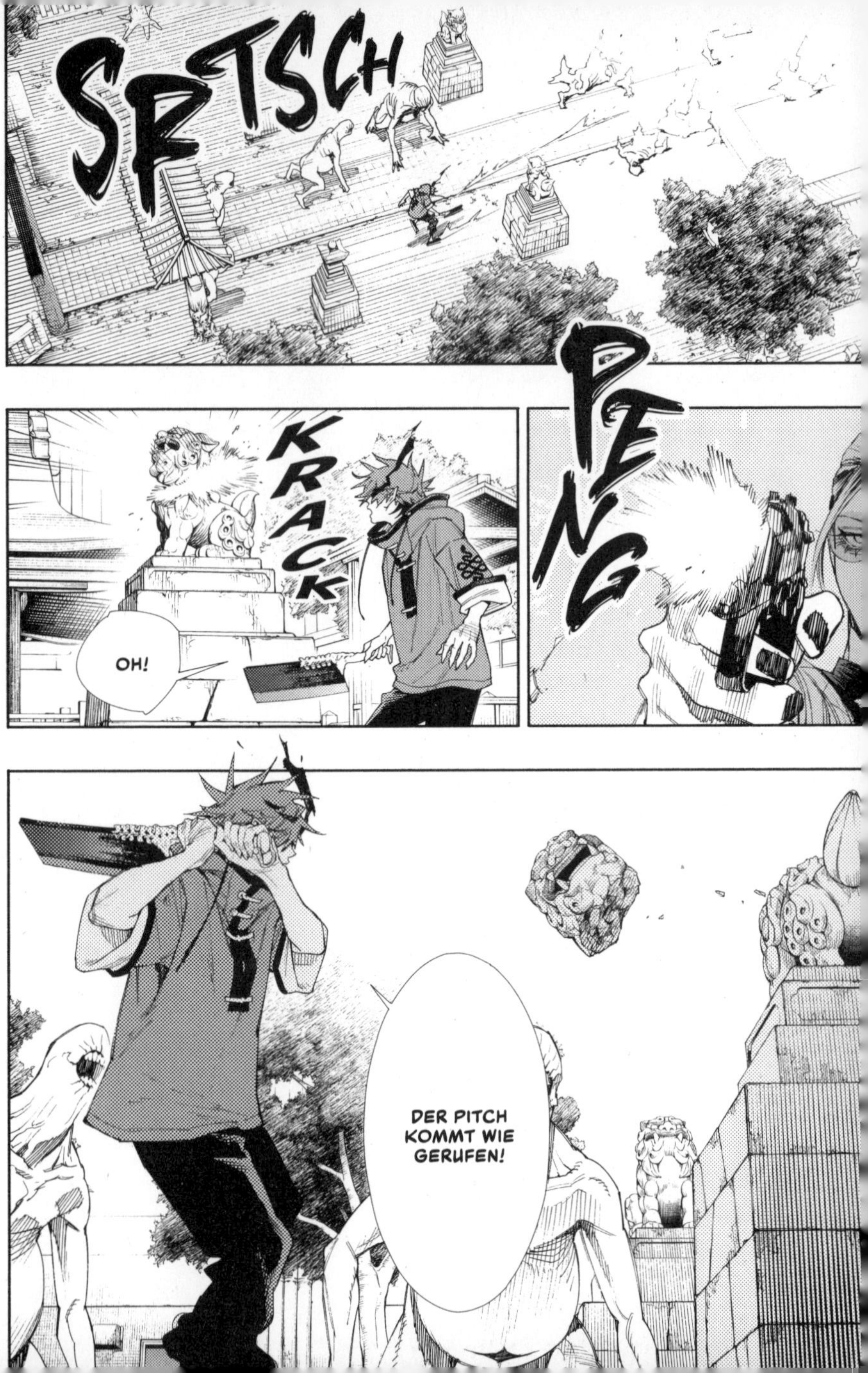
SPTSCH
PENG
KRACK
OH!
DER PITCH KOMMT WIE GERUFEN!

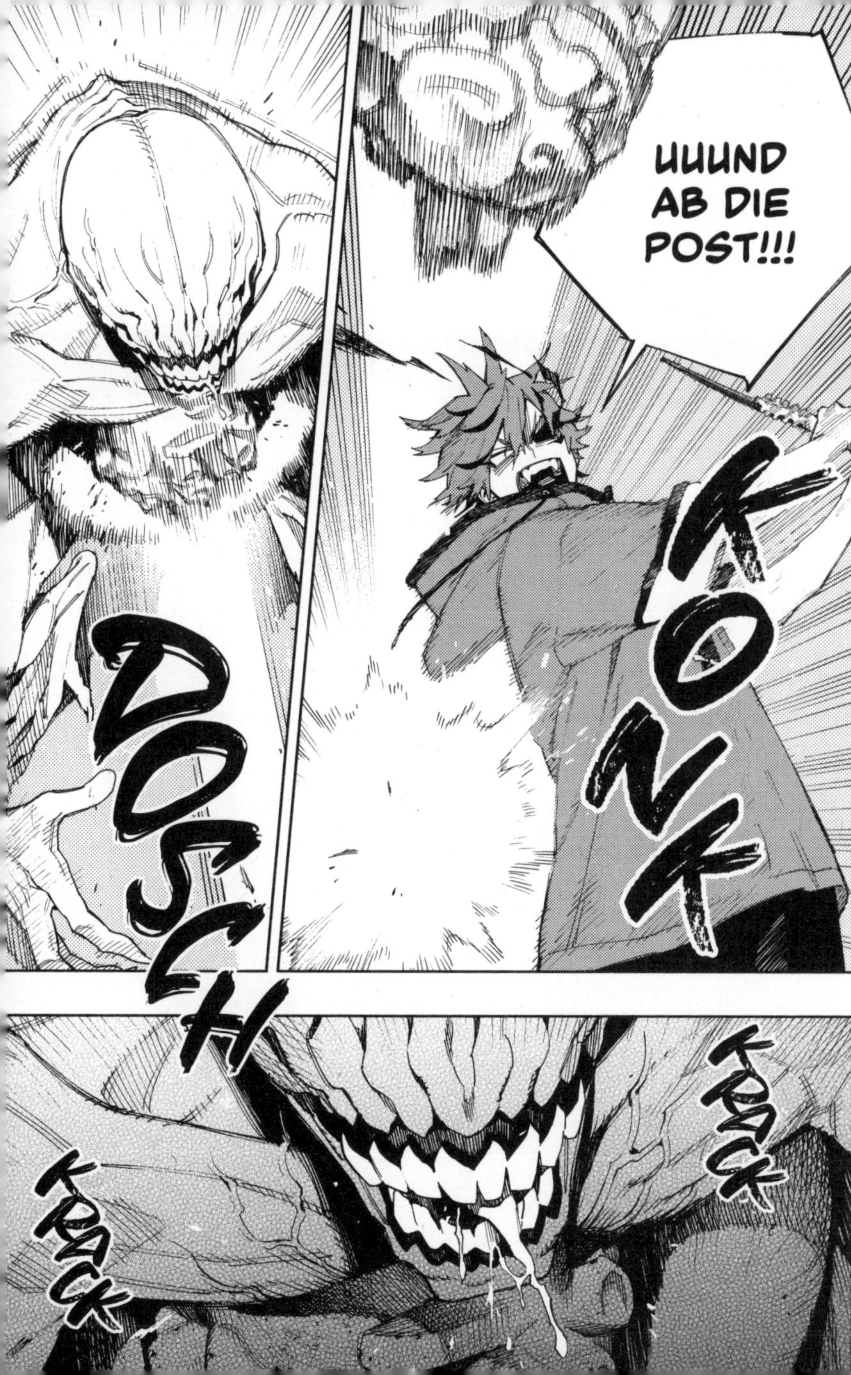
UUUND AB DIE POST!!!
KONK
DOSCH
KRACK
KRACK

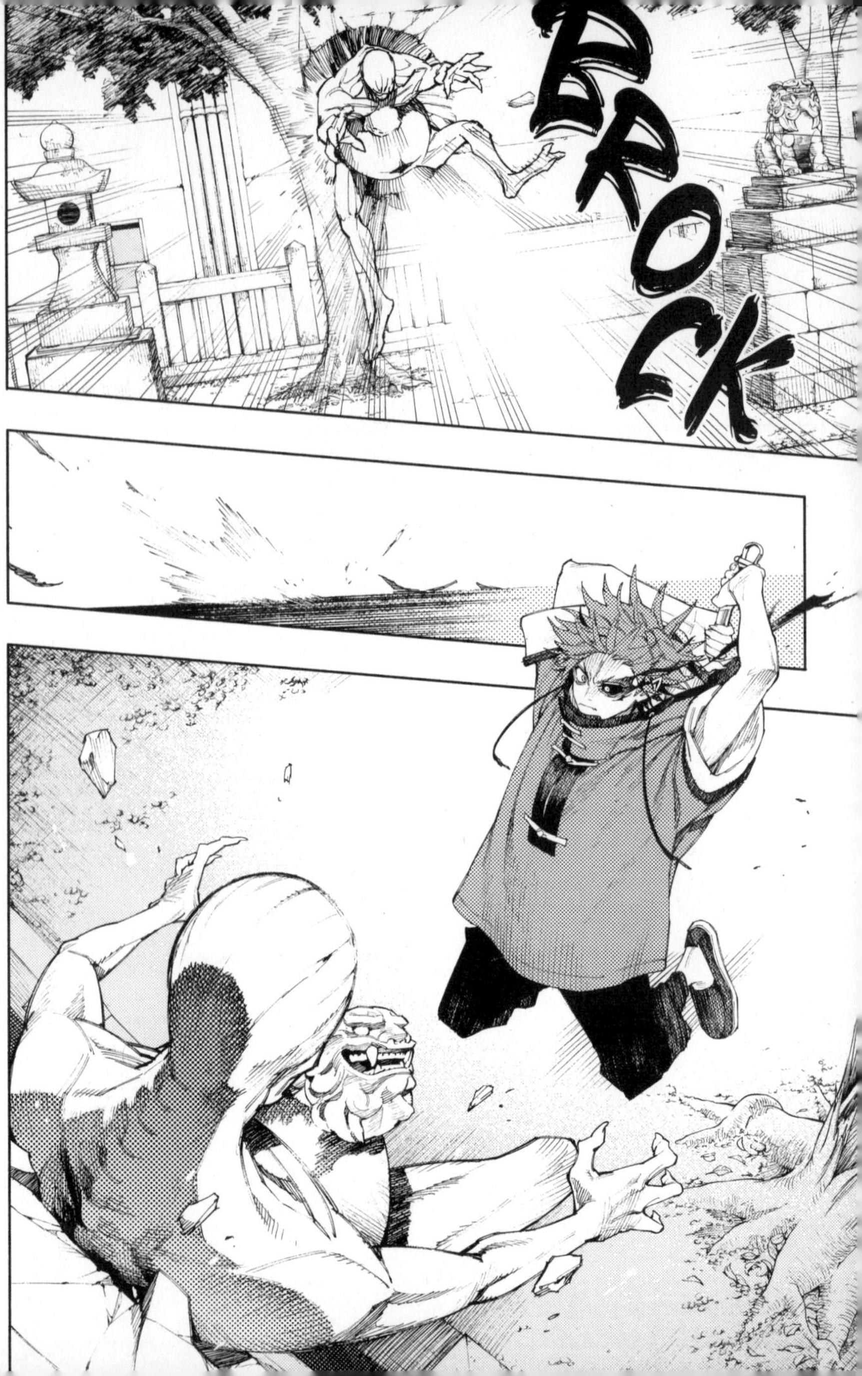
BROCK

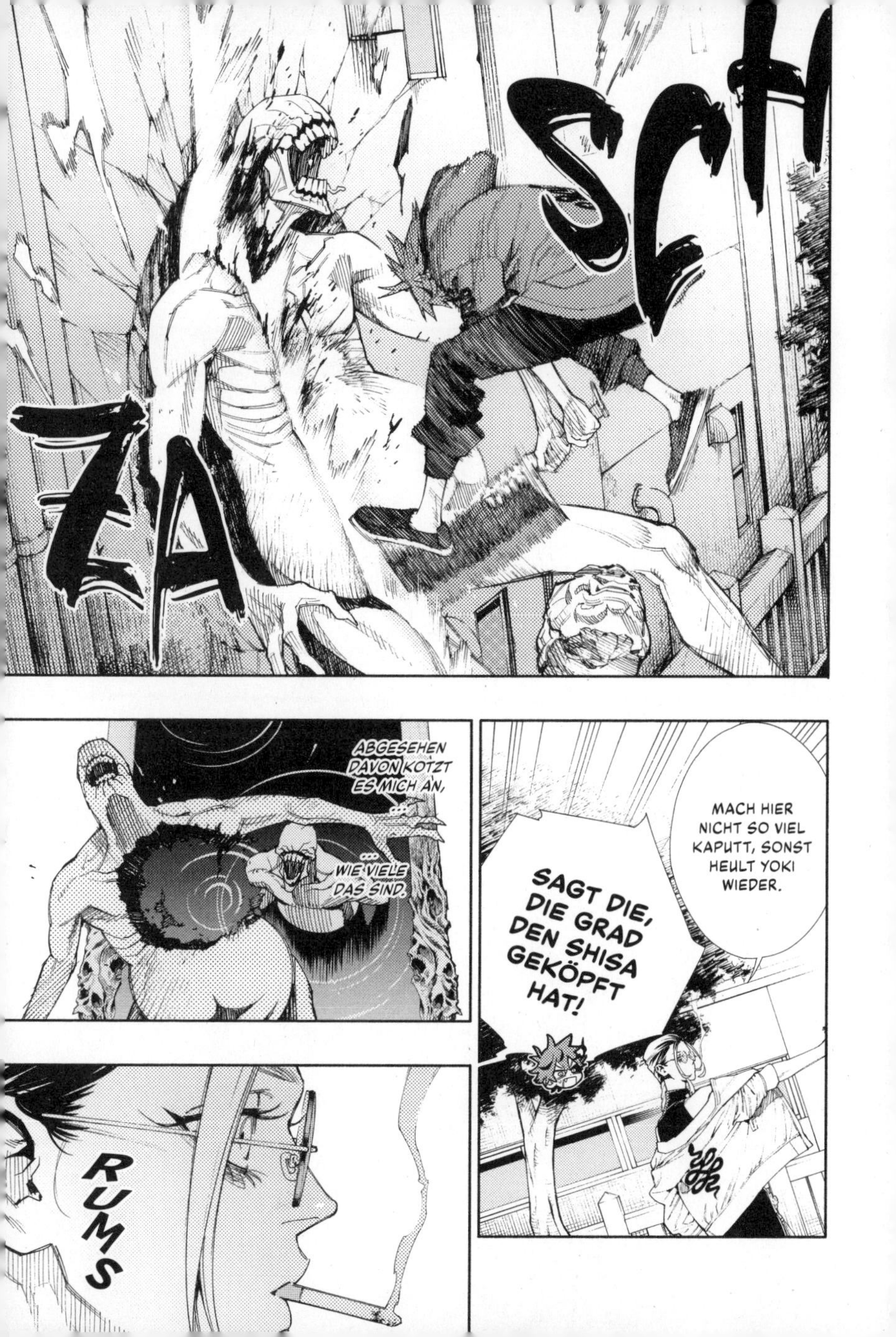
SCH
ZA
MACH HIER NICHT SO VIEL KAPUTT, SONST HEULT YOKI WIEDER.
SAGT DIE, DIE GRAD DEN SHISA GEKÖPFT HAT!
ABGESEHEN DAVON KOTZT ES MICH AN, ...
... WIE VIELE DAS SIND.
RUMS

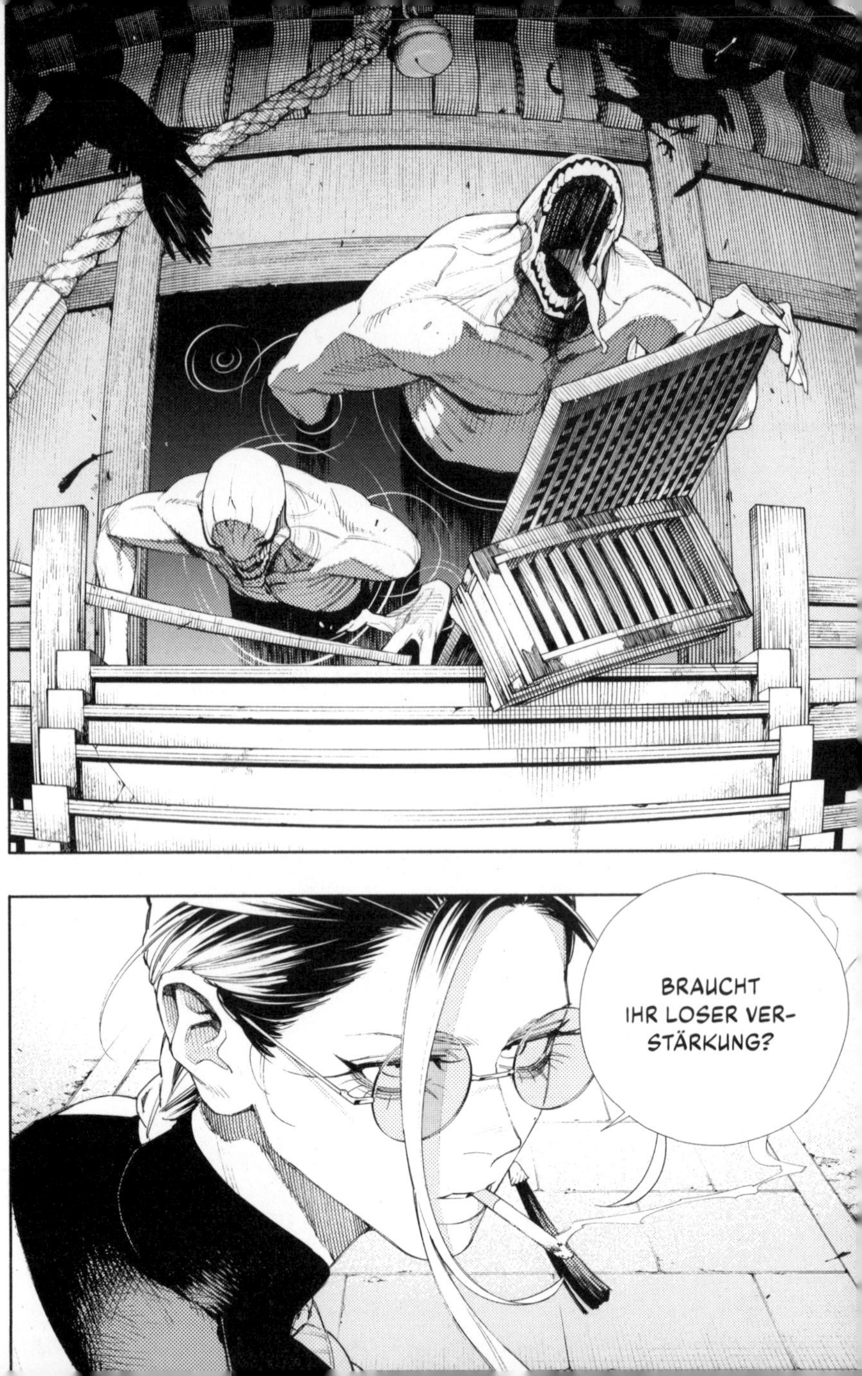
BRAUCHT IHR LOSER VERSTÄRKUNG?

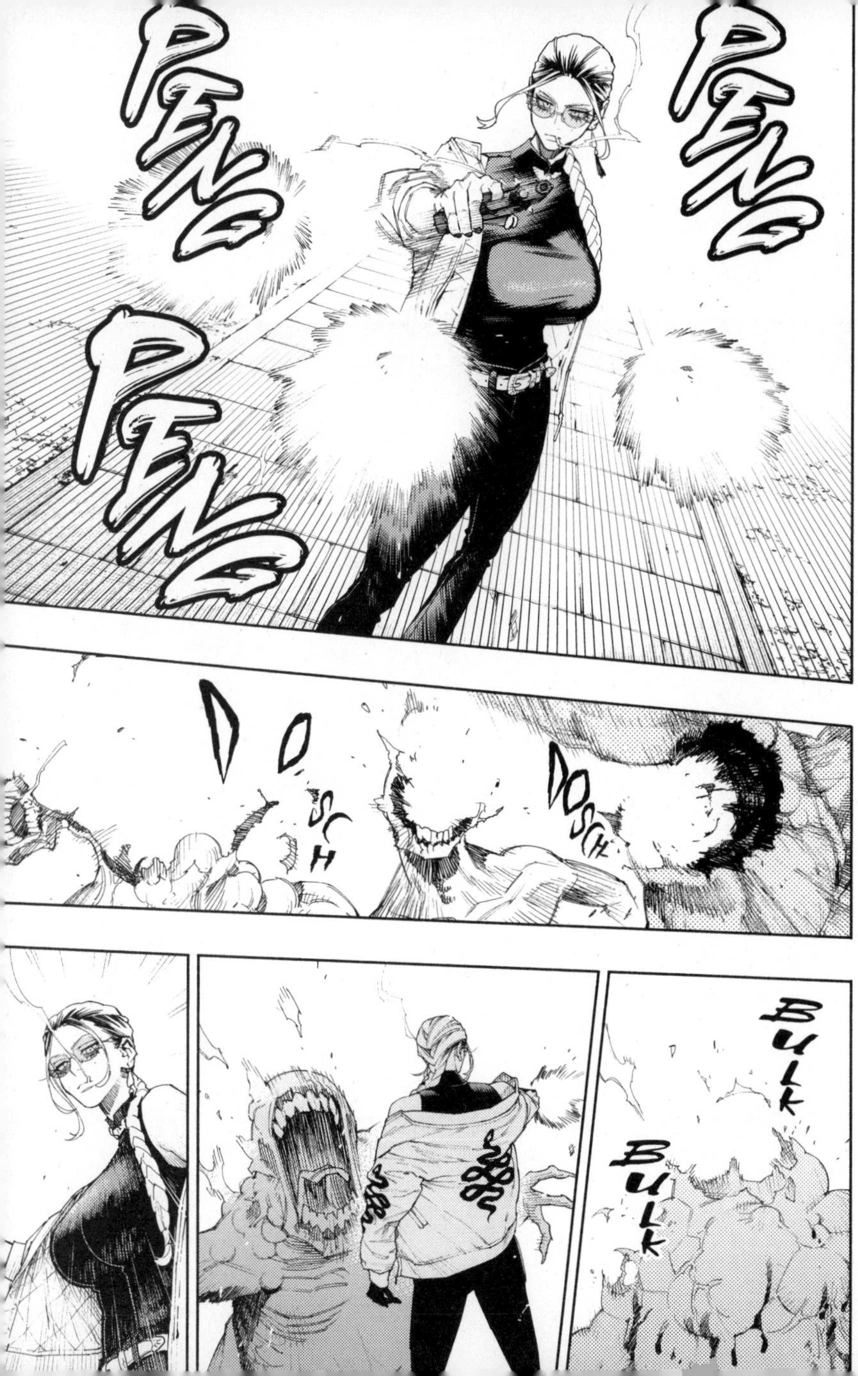
PENG
PENG
PENG
DOSCH
DOSCH
BULK
BULK

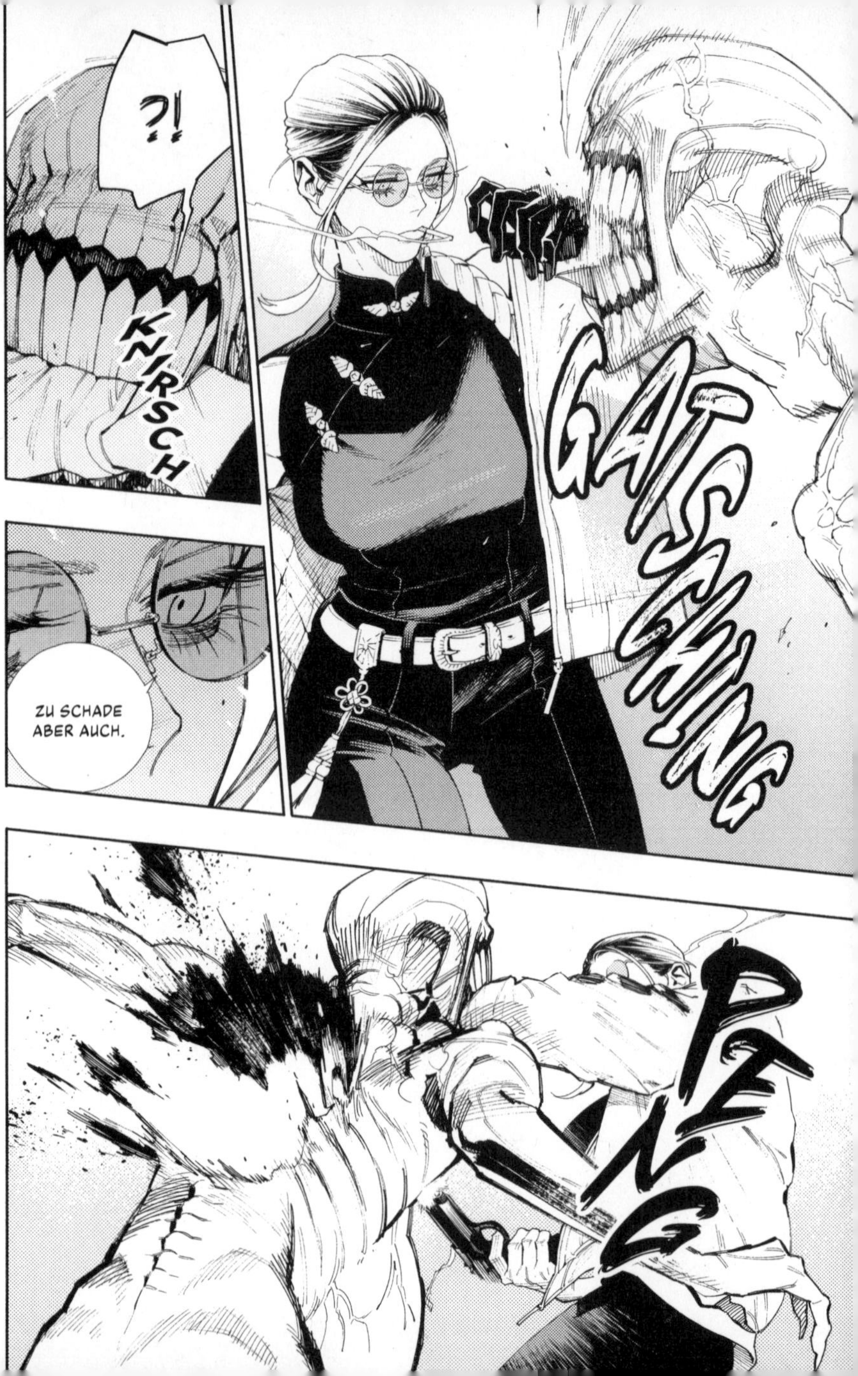
?!
KNIRSCH
GATSCHING
ZU SCHADE ABER AUCH.
PENG

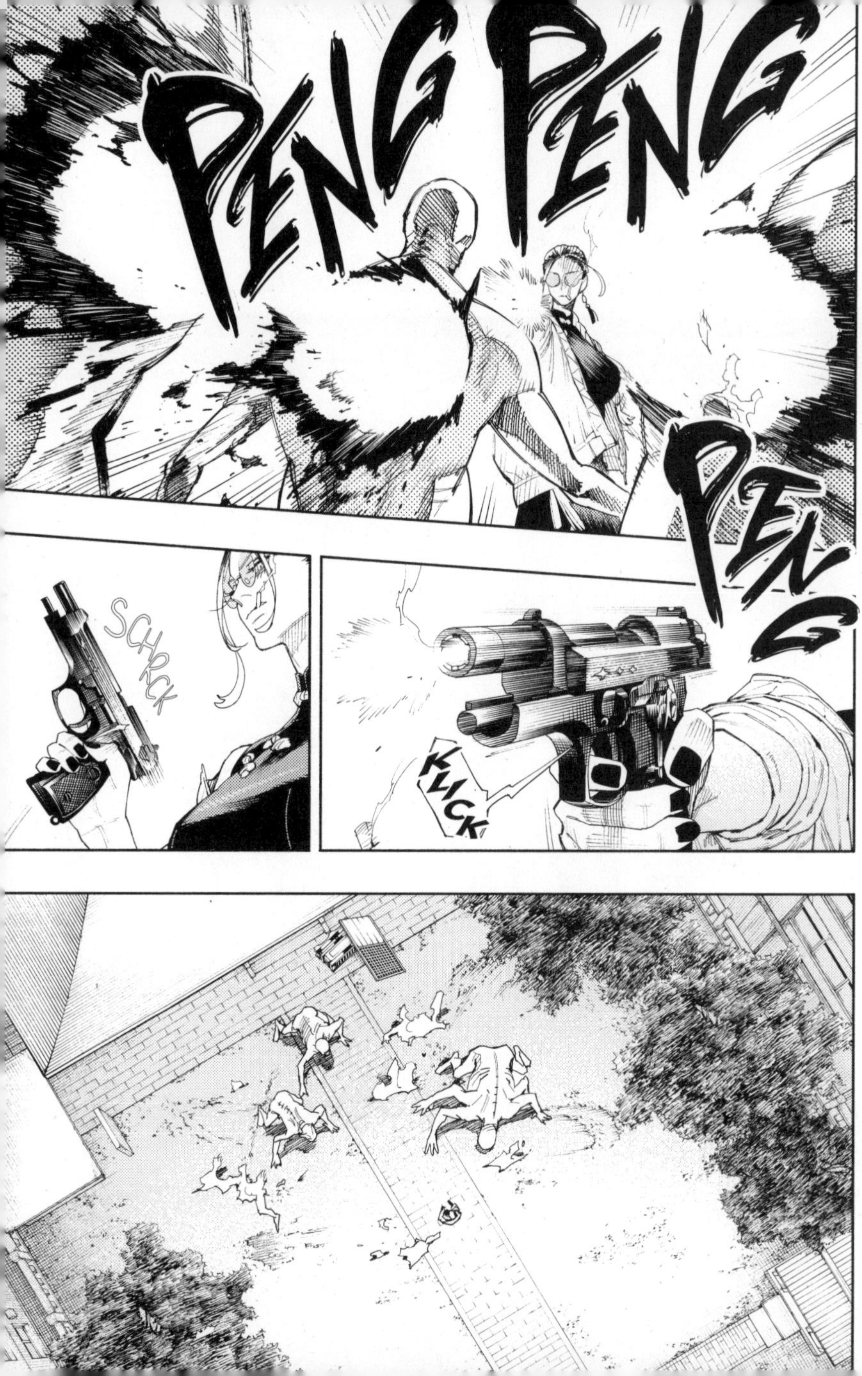
PENG PENG
PENG
SCHRCK
KLICK

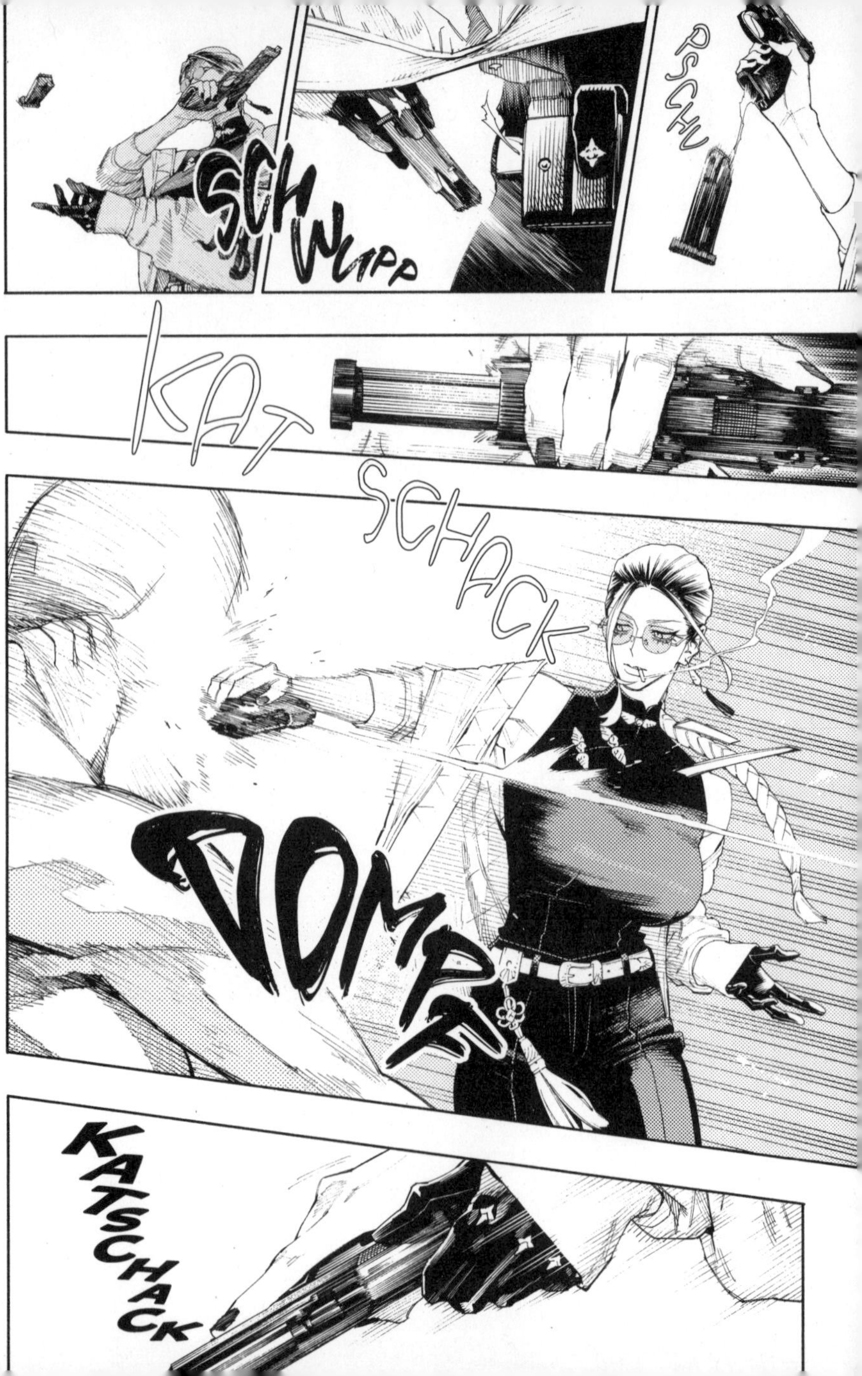
PSCHU
SCHWUPP
KAT SCHACK
DOMP
KATSCHACK

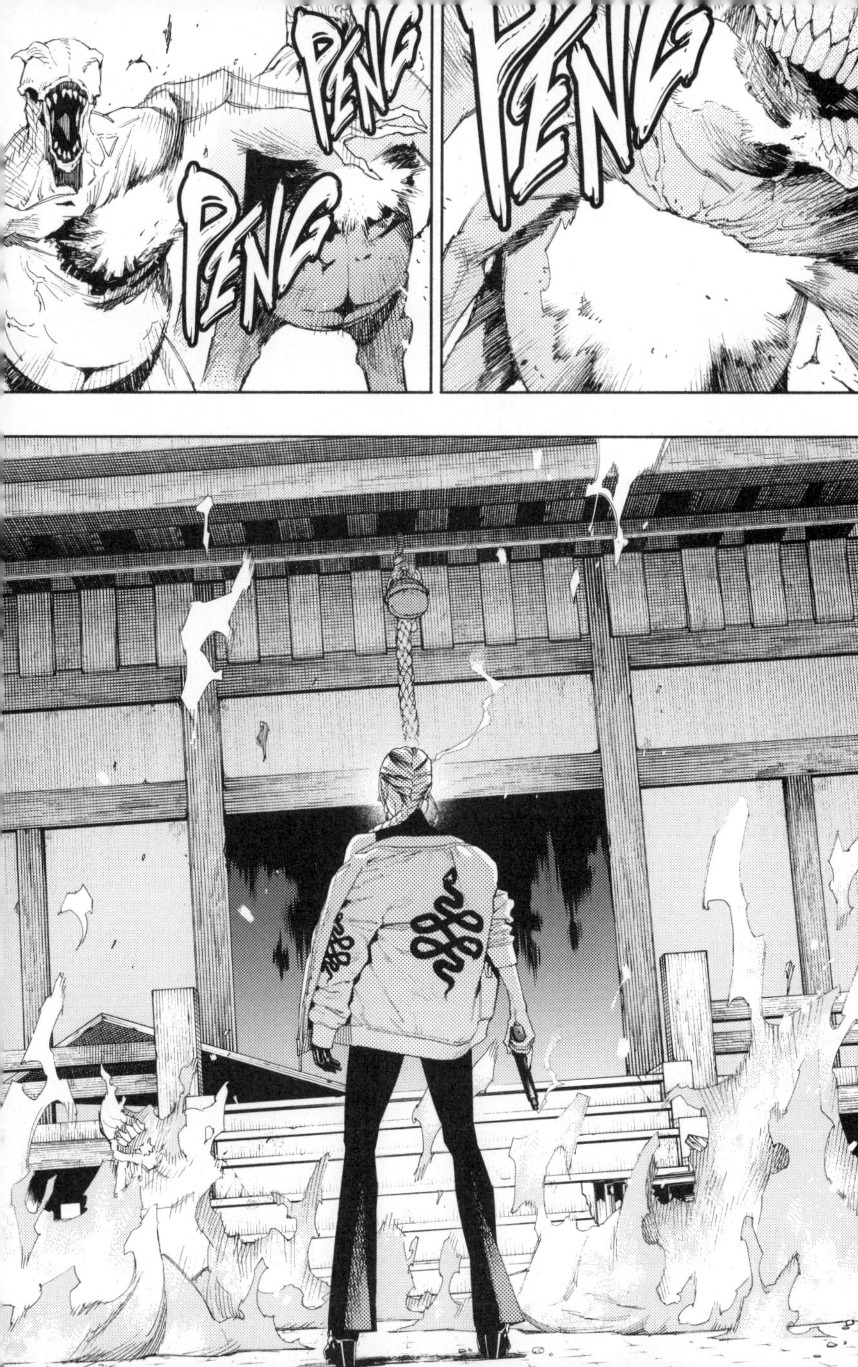
PENG
PENG
PENG

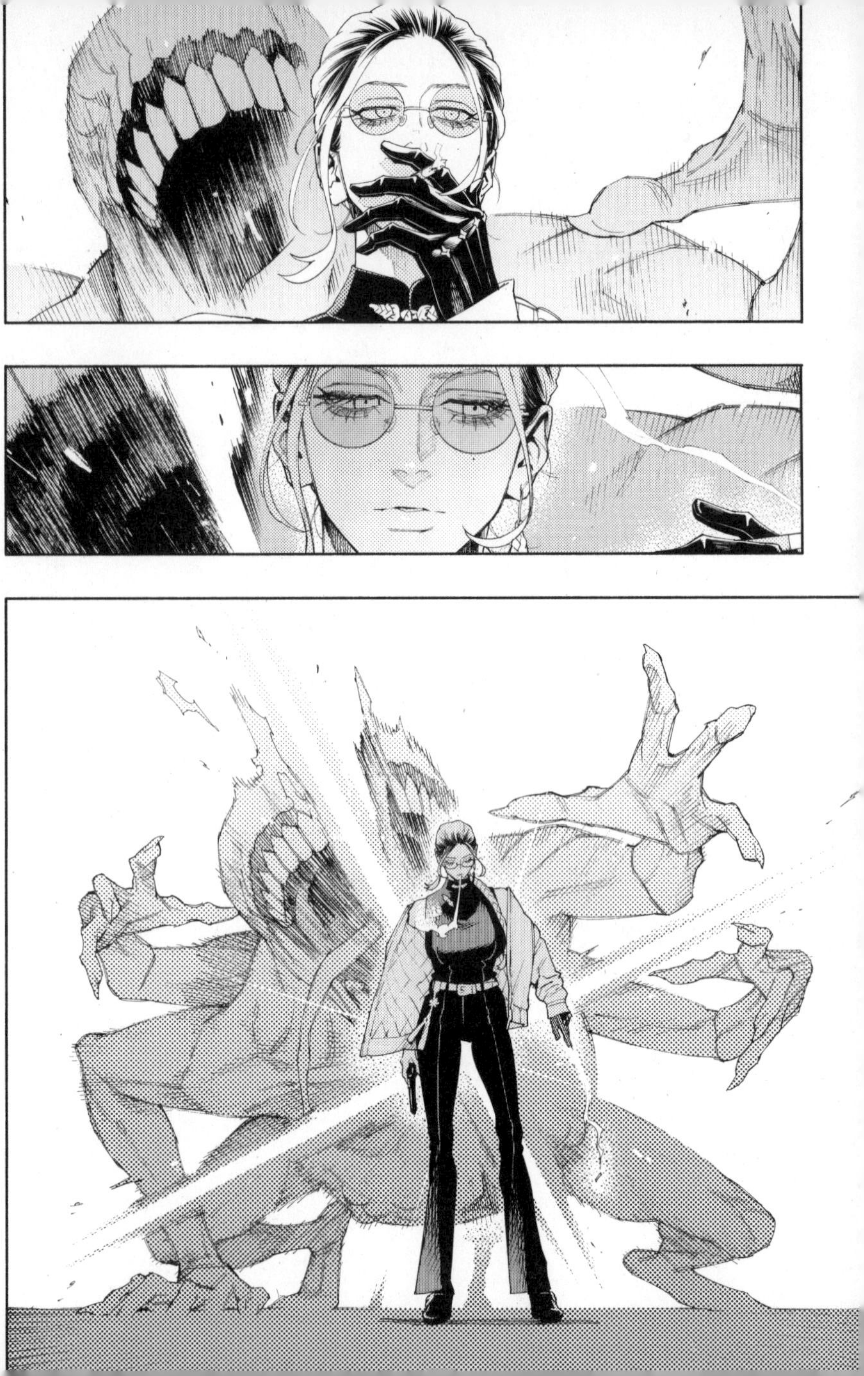

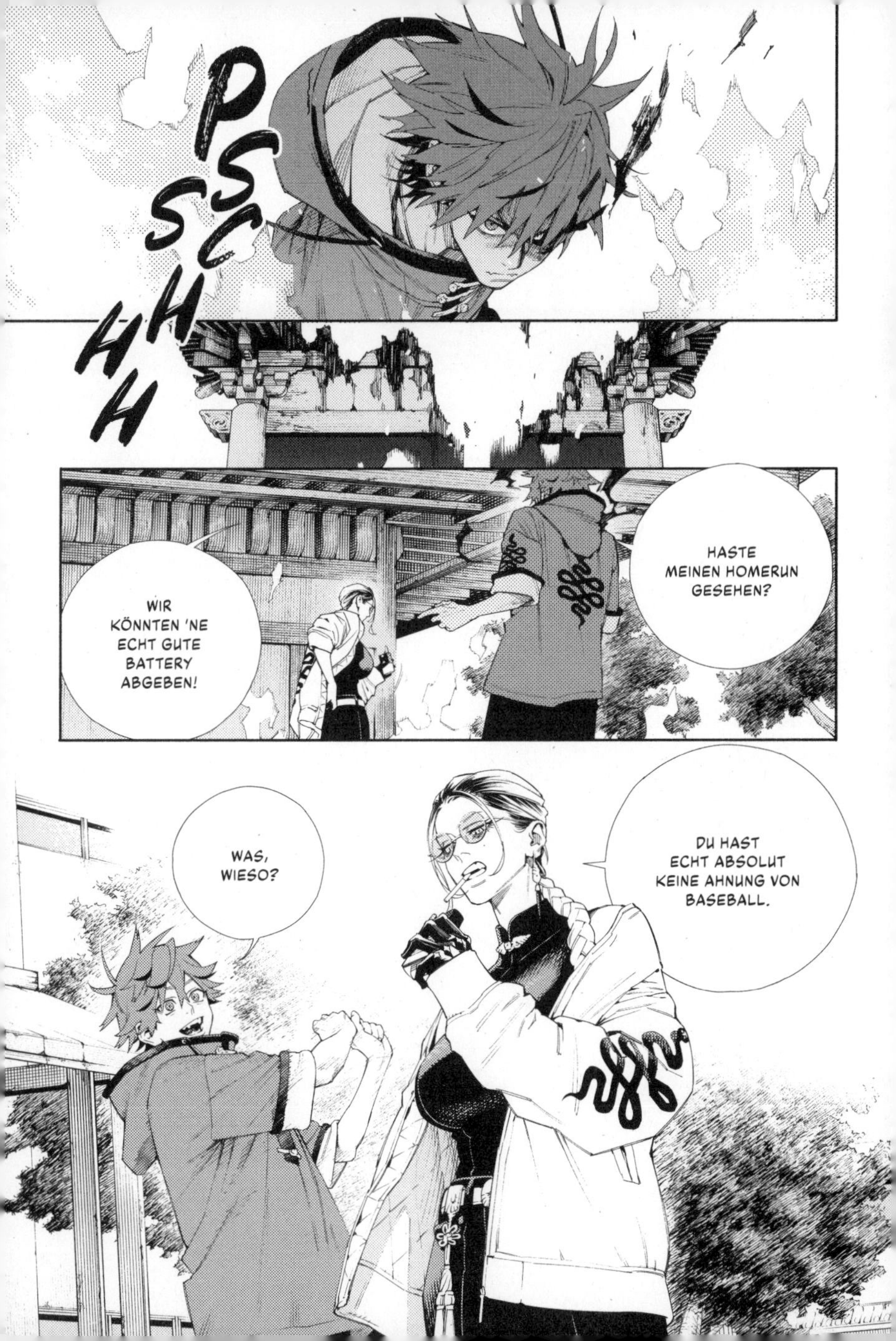

PSSCHHHH
HASTE MEINEN HOMERUN GESEHEN?
WIR KÖNNTEN 'NE ECHT GUTE BATTERY ABGEBEN!
DU HAST ECHT ABSOLUT KEINE AHNUNG VON BASEBALL.
WAS, WIESO?

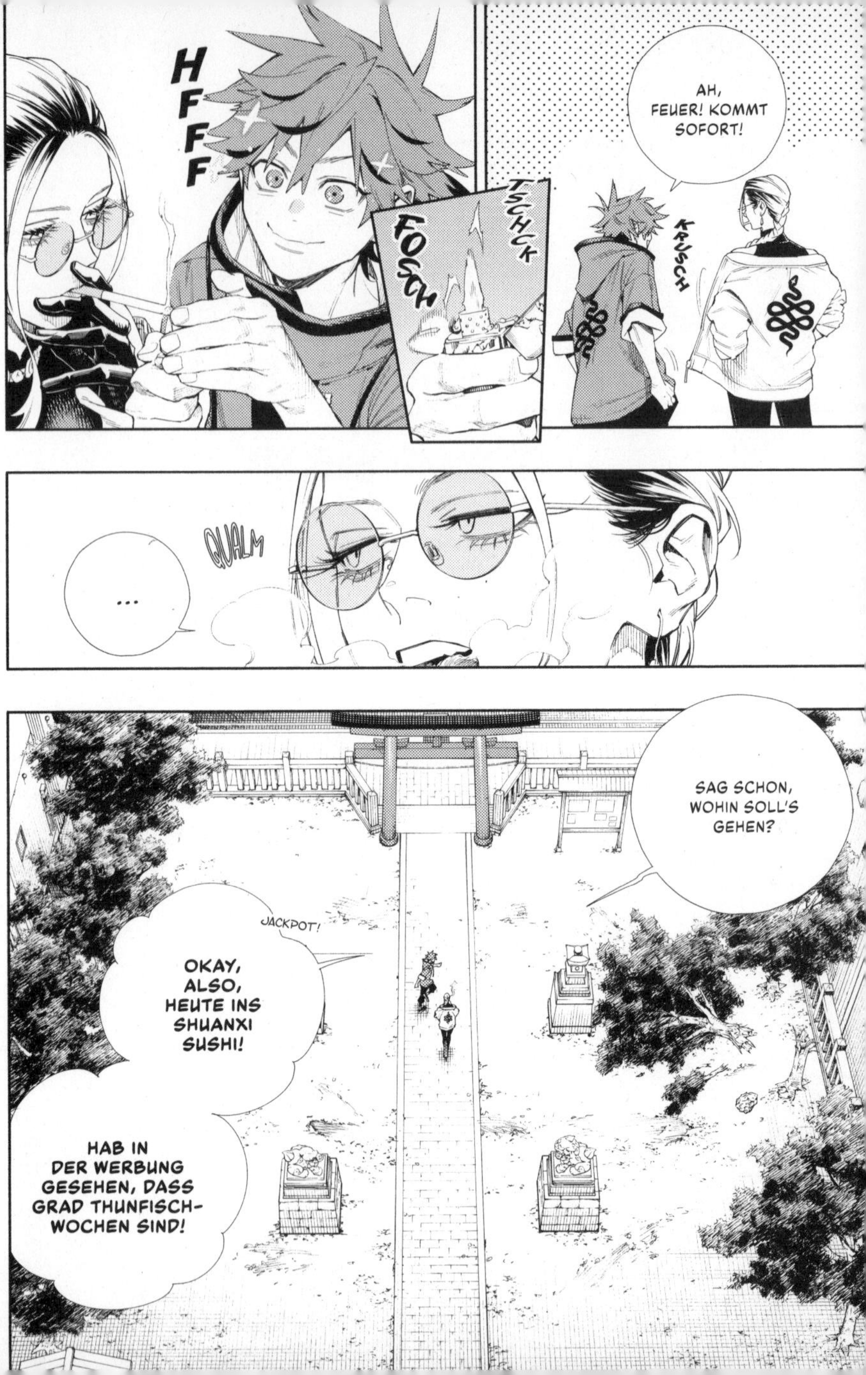

AH, FEUER! KOMMT SOFORT!
KRUSCH
TSCHCK
FOSCH
HFFF
QUALM
...
SAG SCHON, WOHIN SOLL'S GEHEN?
JACKPOT!
OKAY, ALSO, HEUTE INS SHUANXI SUSHI!
HAB IN DER WERBUNG GESEHEN, DASS GRAD THUNFISCH-WOCHEN SIND!

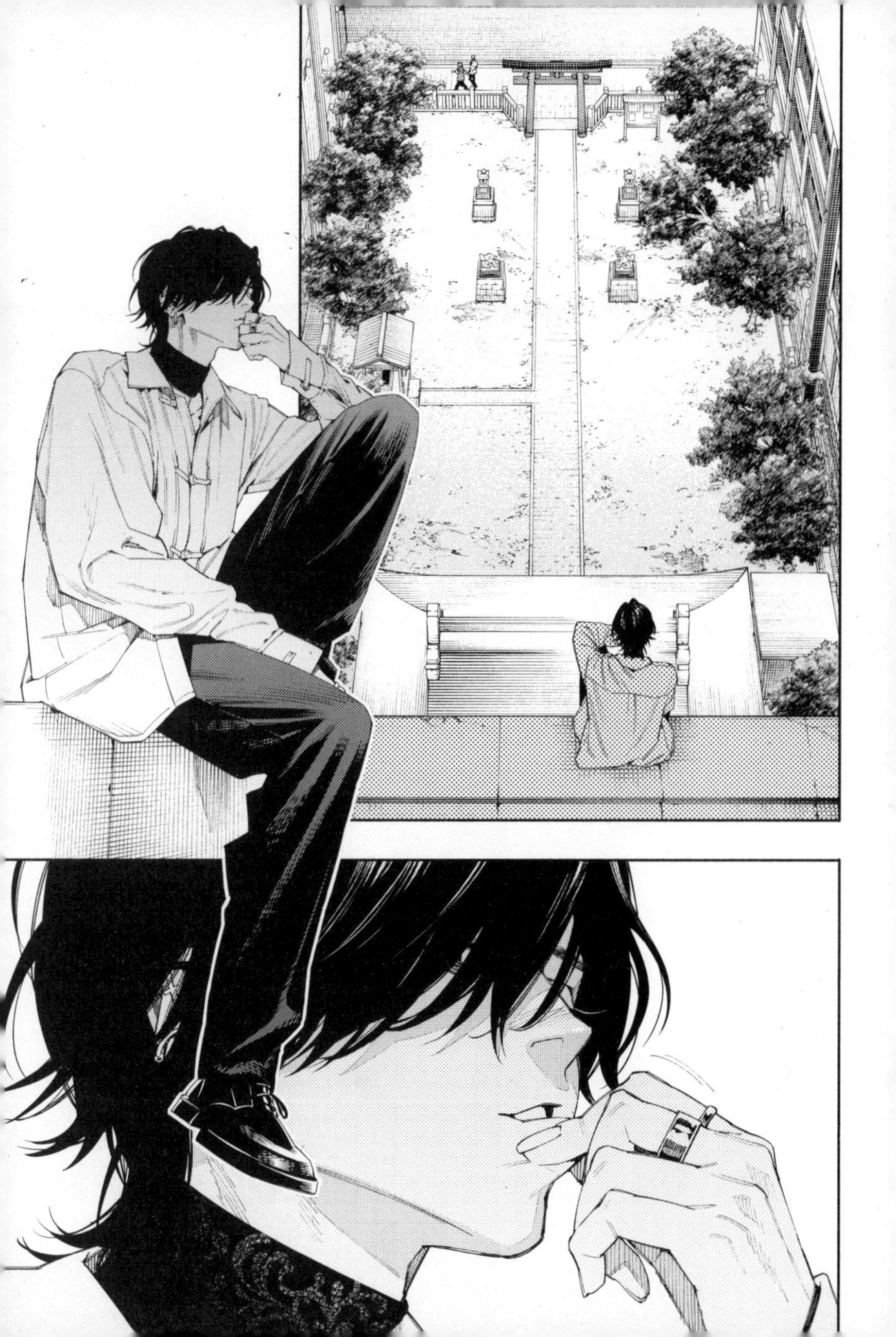

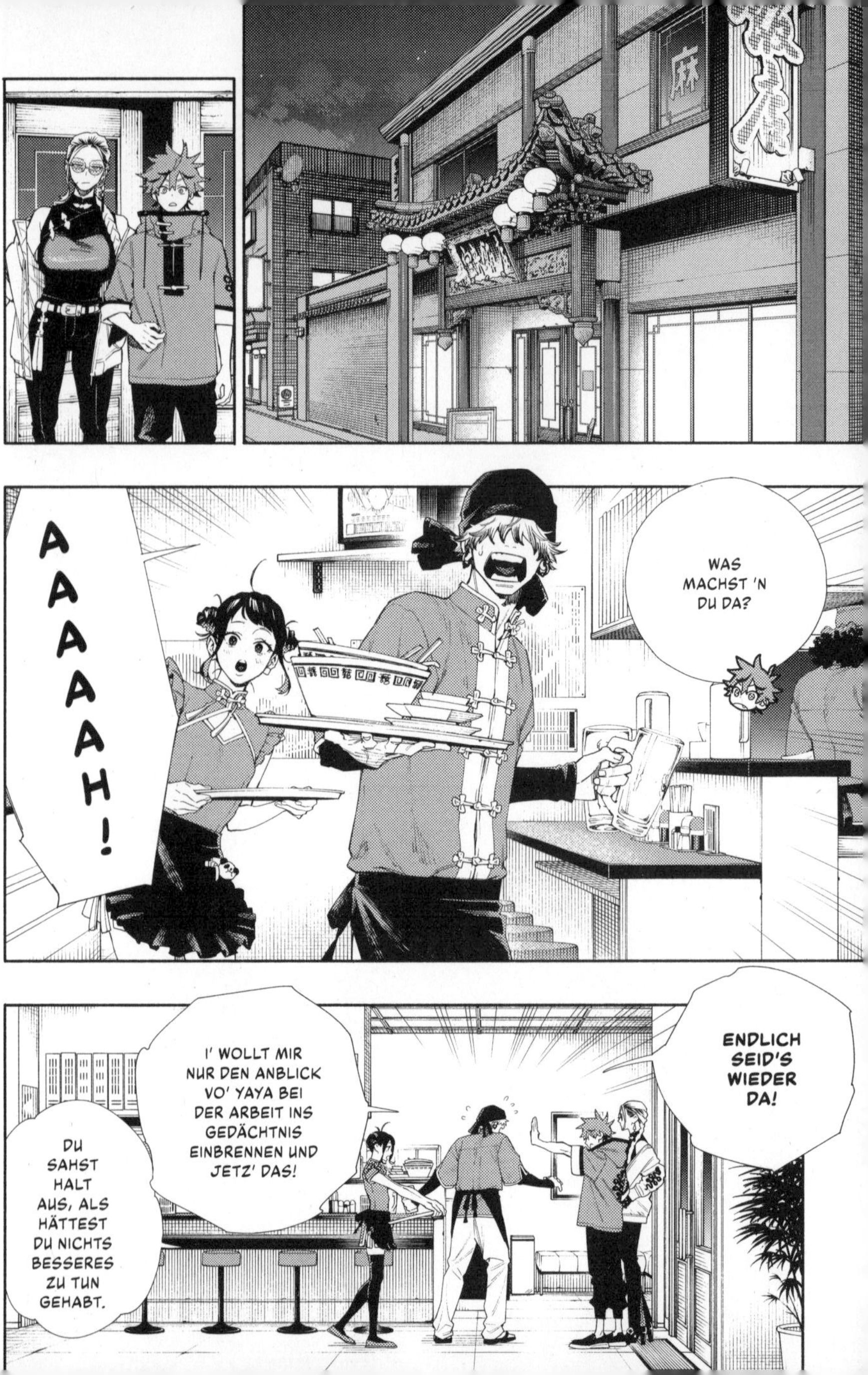
WAS MACHST 'N DU DA?
AAAAAH!
ENDLICH SEID'S WIEDER DA!
I' WOLLT MIR NUR DEN ANBLICK VO' YAYA BEI DER ARBEIT INS GEDÄCHTNIS EINBRENNEN UND JETZ' DAS!
DU SAHST HALT AUS, ALS HÄTTEST DU NICHTS BESSERES ZU TUN GEHABT.

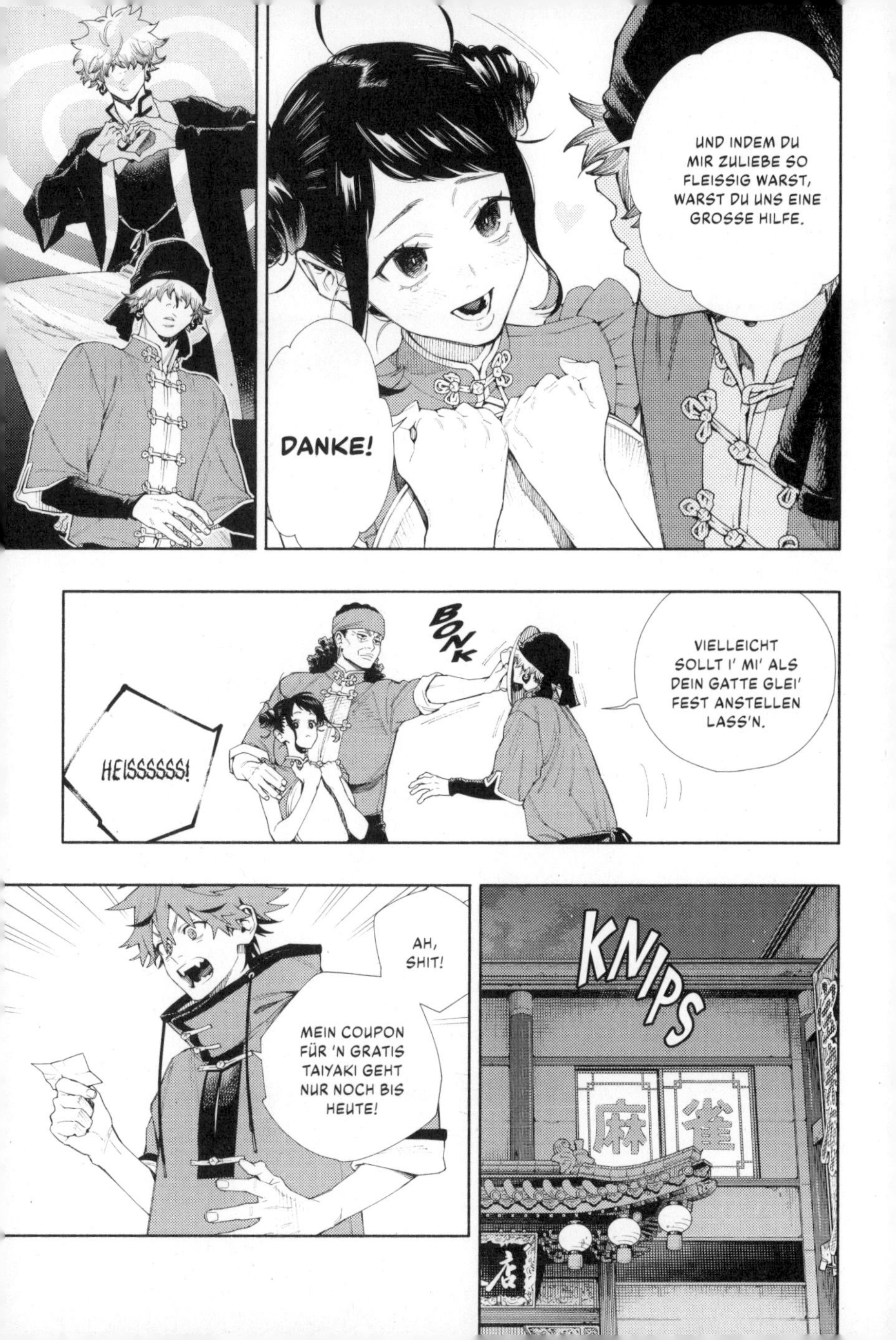
UND INDEM DU MIR ZULIEBE SO FLEISSIG WARST, WARST DU UNS EINE GROSSE HILFE.
DANKE!
VIELLEICHT SOLLT I' MI' ALS DEIN GATTE GLEI' FEST ANSTELLEN LASS'N.
BONK
HEISSSSSS!
KNIPS
AH, SHIT!
MEIN COUPON FÜR 'N GRATIS TAIYAKI GEHT NUR NOCH BIS HEUTE!
麻 雀
店

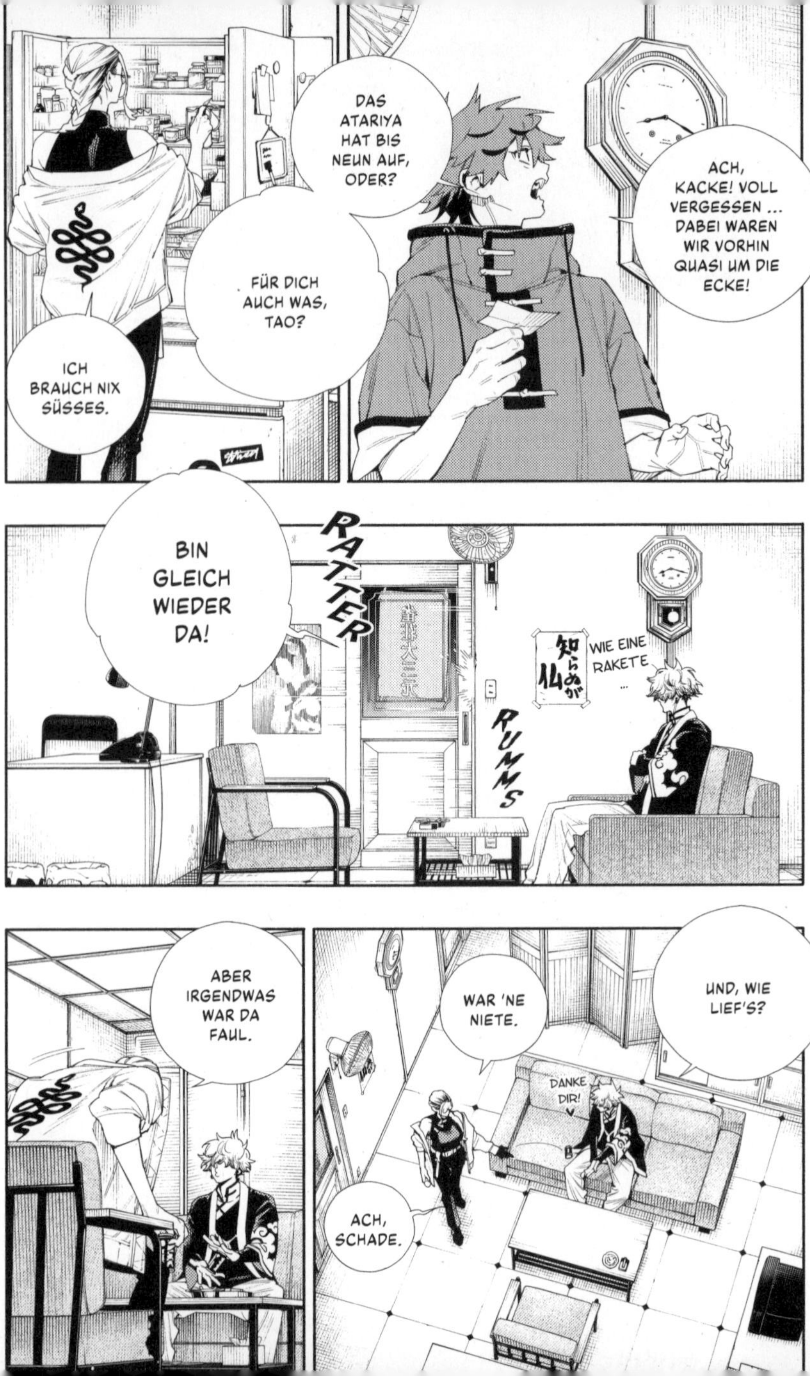
ACH, KACKE! VOLL VERGESSEN ... DABEI WAREN WIR VORHIN QUASI UM DIE ECKE!
DAS ATARIYA HAT BIS NEUN AUF, ODER?
FÜR DICH AUCH WAS, TAO?
ICH BRAUCH NIX SÜSSES.
BIN GLEICH WIEDER DA!
RATTER
RUMMS
知らぬが仏
WIE EINE RAKETE ...
UND, WIE LIEF'S?
WAR 'NE NIETE.
DANKE DIR! ♥
ACH, SCHADE.
ABER IRGENDWAS WAR DA FAUL.

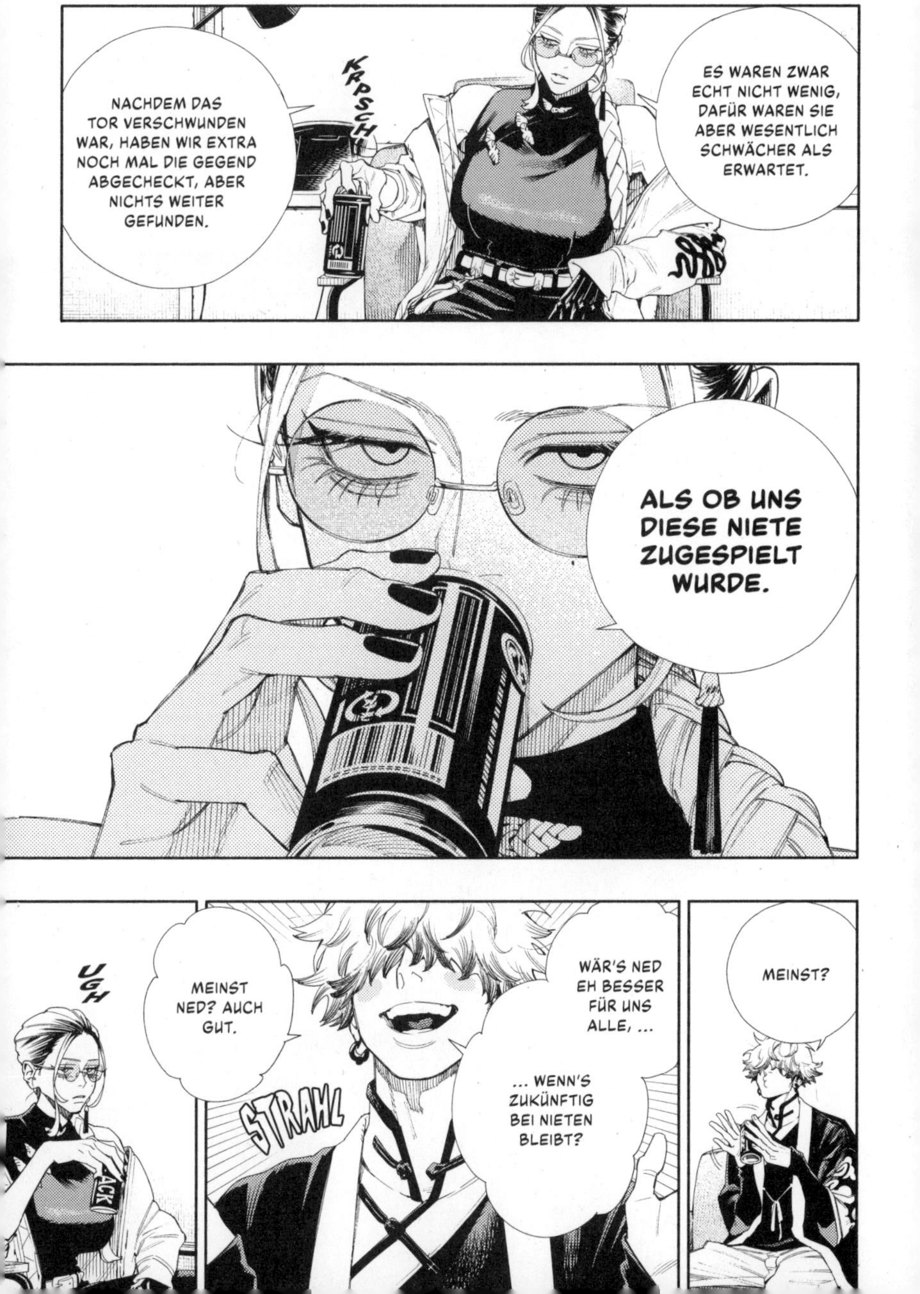
ES WAREN ZWAR ECHT NICHT WENIG, DAFÜR WAREN SIE ABER WESENTLICH SCHWÄCHER ALS ERWARTET.
KRPSCH
NACHDEM DAS TOR VERSCHWUNDEN WAR, HABEN WIR EXTRA NOCH MAL DIE GEGEND ABGECHECKT, ABER NICHTS WEITER GEFUNDEN.
ALS OB UNS DIESE NIETE ZUGESPIELT WURDE.
MEINST?
WÄR'S NED EH BESSER FÜR UNS ALLE, ...
... WENN'S ZUKÜNFTIG BEI NIETEN BLEIBT?
STRAHL
MEINST NED? AUCH GUT.
UGH

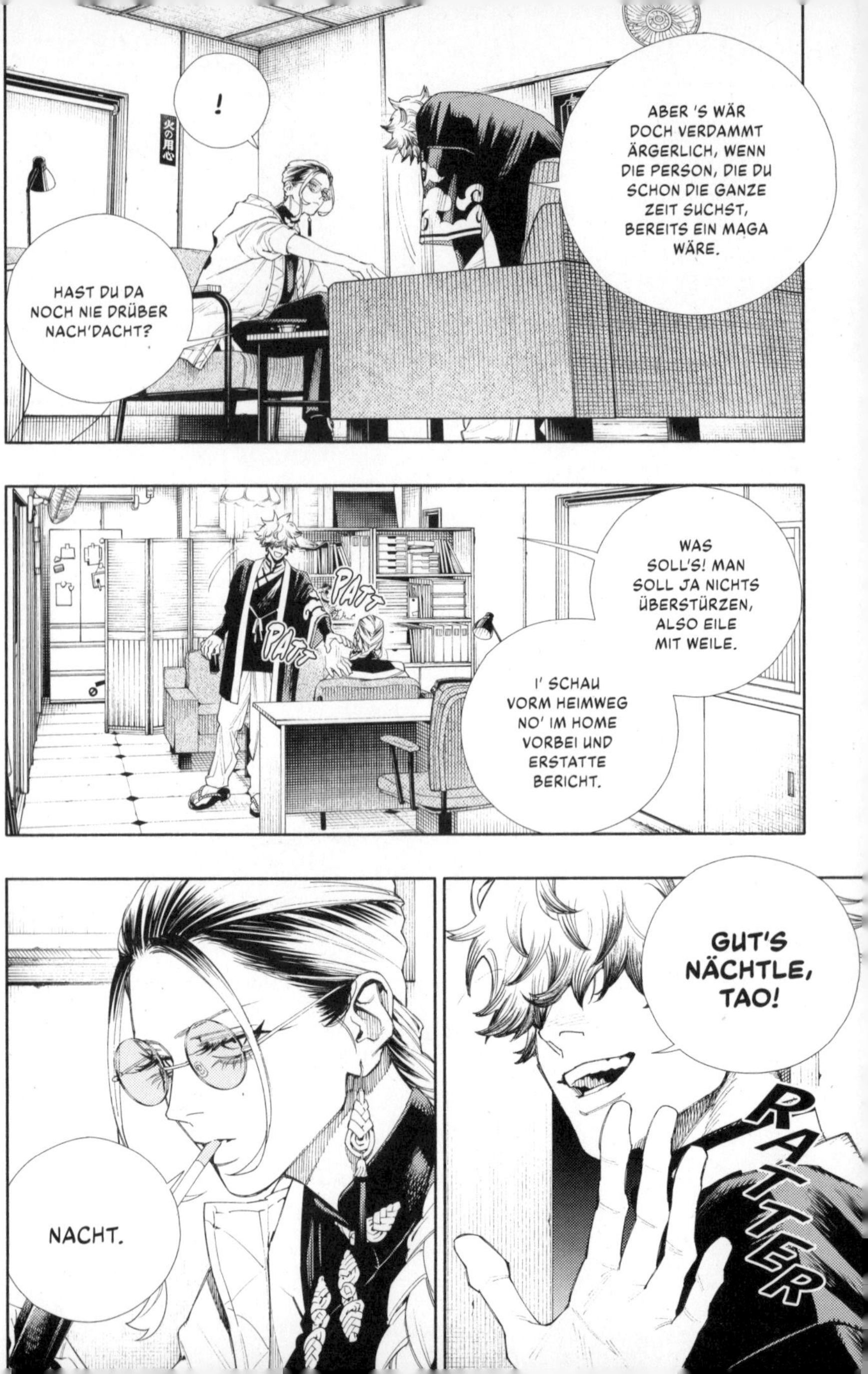

ABER 'S WÄR DOCH VERDAMMT ÄRGERLICH, WENN DIE PERSON, DIE DU SCHON DIE GANZE ZEIT SUCHST, BEREITS EIN MAGA WÄRE.
!
火の用心
HAST DU DA NOCH NIE DRÜBER NACH'DACHT?
WAS SOLL'S! MAN SOLL JA NICHTS ÜBERSTÜRZEN, ALSO EILE MIT WEILE.
I' SCHAU VORM HEIMWEG NO' IM HOME VORBEI UND ERSTATTE BERICHT.
PATT
PATT
GUT'S NÄCHTLE, TAO!
RATTER
NACHT.

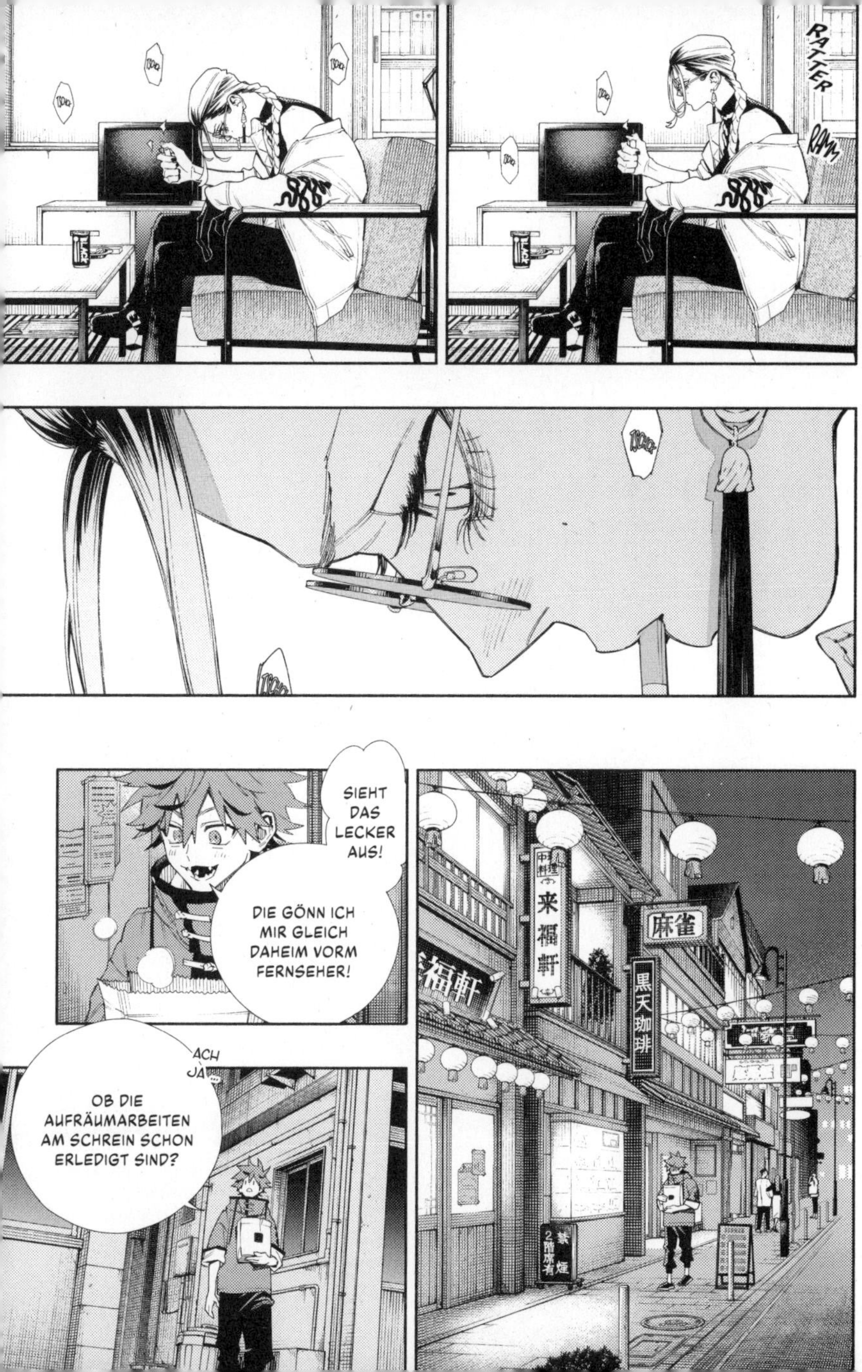
RATTER
RAMM
TSCHCK
TSCHCK
TSCHCK
TSCHCK
TSCHCK
TSCHCK
TSCHCK
来福軒
麻雀
黒天珈琲
SIEHT DAS LECKER AUS!
DIE GÖNN ICH MIR GLEICH DAHEIM VORM FERNSEHER!
ACH JA...
OB DIE AUFRÄUMARBEITEN AM SCHREIN SCHON ERLEDIGT SIND?

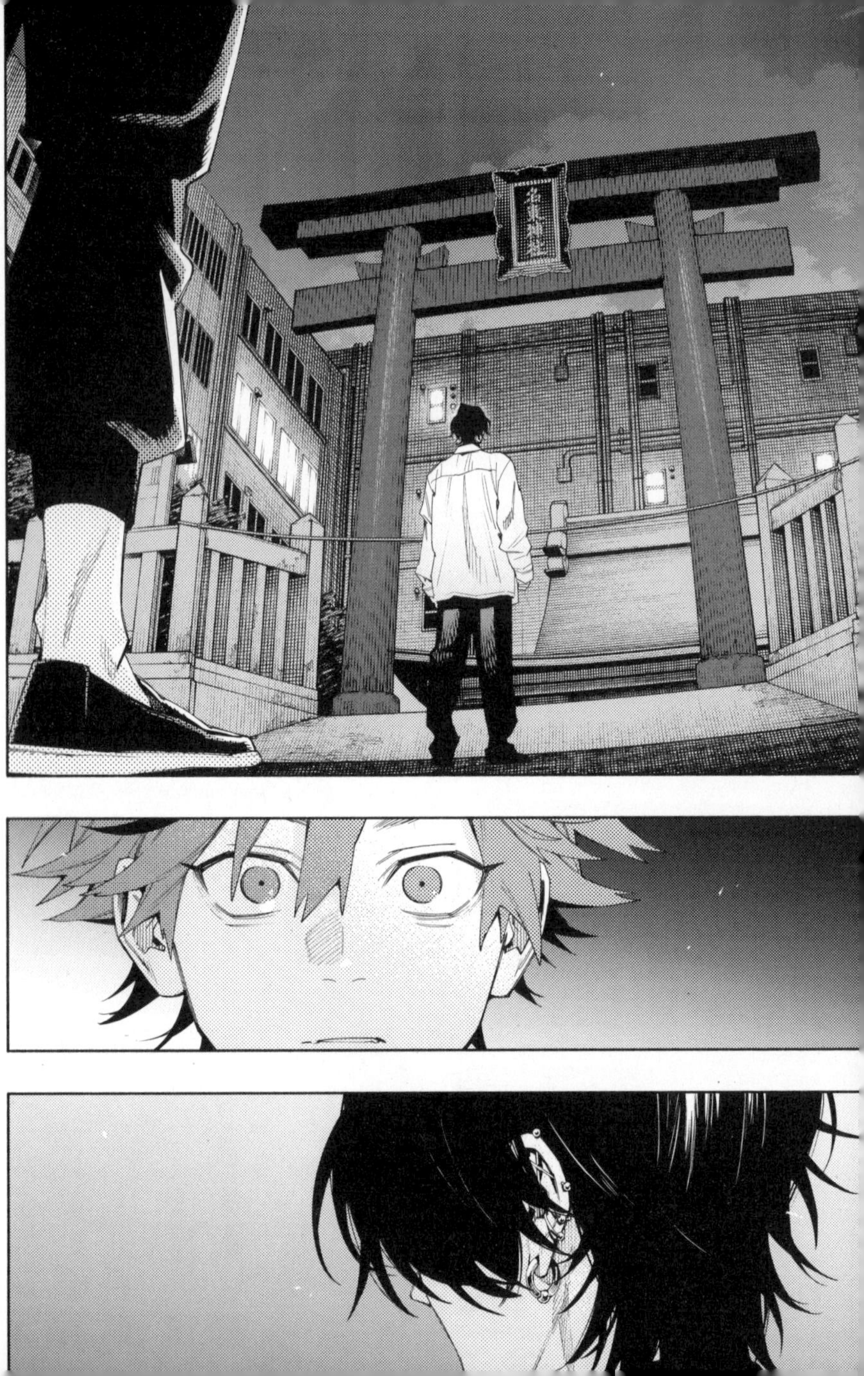

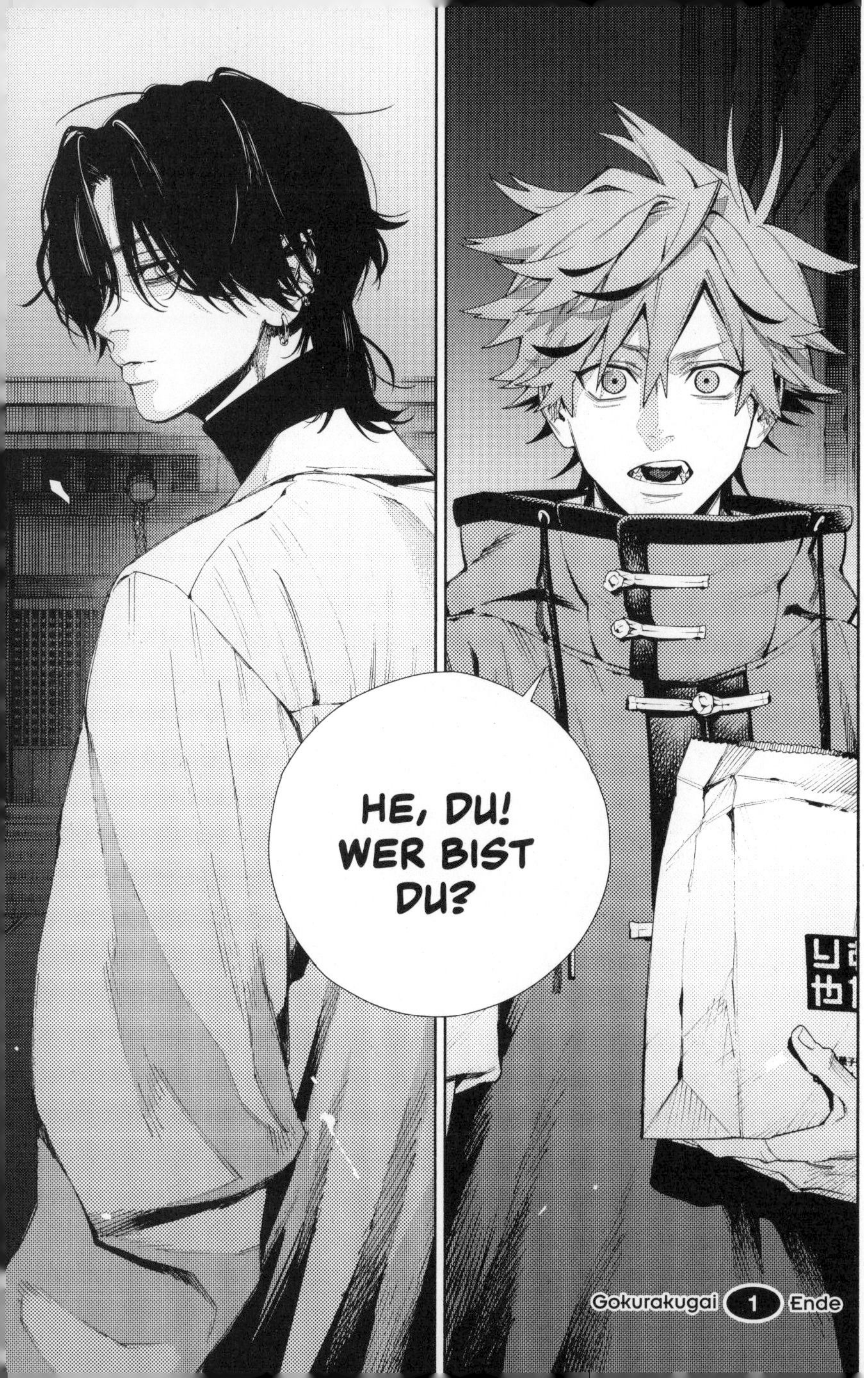
HE, DU! WER BIST DU?
Gokurakugai 1 Ende

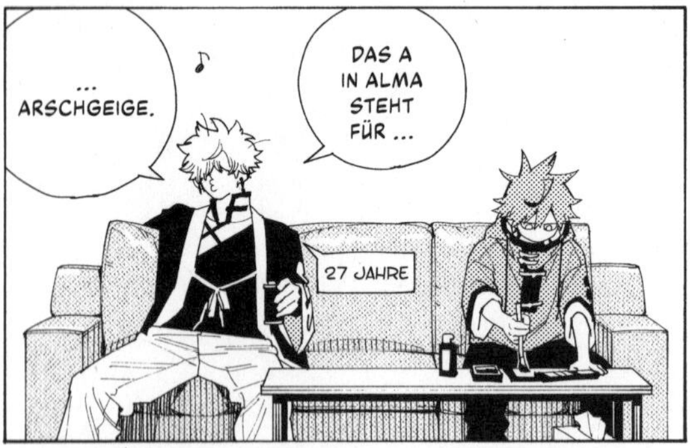
DAS A IN ALMA STEHT FÜR ...
... ARSCHGEIGE.
27 JAHRE

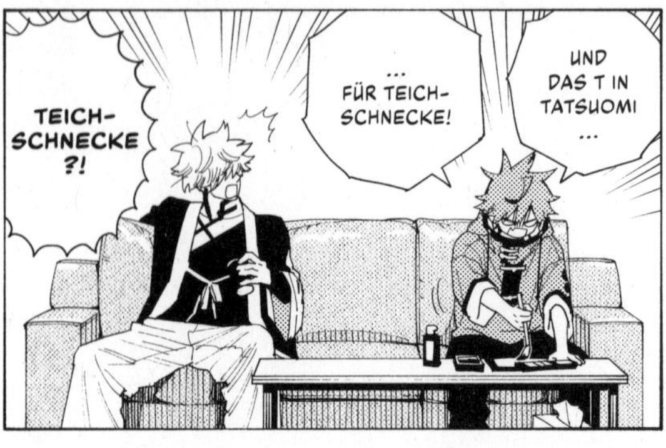
UND DAS T IN TATSUOMI ...
... FÜR TEICH-SCHNECKE!
TEICH-SCHNECKE ?!

First published in Japan in 2022 by SHUEISHA Inc., Tokyo.
German translation rights in Germany, Austria, German-speaking Switzerland and Luxembourg arranged by SHUEISHA Inc. through VME PLB SAS, France.

Deutschsprachige Ausgabe / German Edition

CH-1007 Lausanne
3. Auflage

Aus dem Japanischen von Carina Dallmeier

Programmleitung: Hideki Iyama / Lizenzkoordination: Ai Kono
Redaktion: Christopher Micksch / Herstellung: Sonja Lesch, Jessy Knipprath
Deutsche Logogestaltung: Maaya Wakasugi
Lettering: Studio Charon
Druck und Bindung: GGP Media GmbH, Pößneck

ISBN 978-2-88951-942-2

Special Thanks

- Comicdesign - NARTI;S: Airi Inoue
- Comicredaktion - Yuna Kato
- Redaktion - Yujiro Hattori

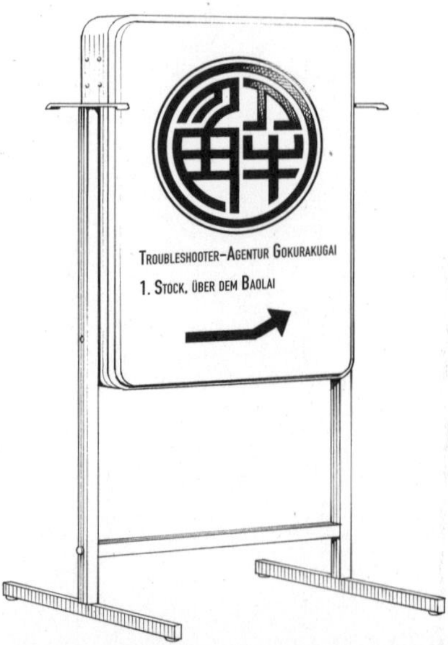